NATOの教訓

世界最強の軍事同盟と日本が手を結んだら

グレンコ・アンドリー
Gurenko Andrii

PHP新書

まえがき

日本の新聞やテレビ、雑誌で「日本が侵略されたら、アメリカは日本を守るのか？」という議論をたまに聞きます。「必ず守る」と答える人もいれば、「絶対に守らない」という人もいる。

しかし、このような議論は意味がない、と私は考えます。

実際のところ、日本が侵略を受けた際にアメリカが日本を守るかどうかは、その時にならないとわかりません。その時点での侵略した敵の強さ、アメリカ自身の国力、国際情勢全体の勢力図など多くの事象が絡むからです。

また「守る」という言葉の内容にもよります。武器を提供する、後方支援を行う、空軍で参戦する、日本と一緒に戦う、日本の代わりに戦うなど、守り方は様々です。ハードルの高さから言うと、1番目は100％するでしょうし、5番目は恐らくしません。3番目、4番目まではしてほしいところだと、個人的には思います。

でも、この議論にも大事なところが抜けています。「アメリカが日本を守る気になるには、どうすればいいのか」という点です。

ちなみに、いざという時にアメリカが守りに行く可能性が高い国々があります。ＮＡＴＯ（北大西洋条約機構）の加盟国です。同加盟国が侵略を受けた場合、アメリカや他のＮＡＴＯ主要国は必ず軍を出して守りに行くでしょう。それはなぜなのか、というのが本書のテーマです。日本はＮＡＴＯから何を見習い、自国の安全保障政策に活かすべきか、考察してみたいと思います。

本書のメインテーマはＮＡＴＯですが、ＮＡＴＯの歴史や詳しい仕組みについては全体像が分かる程度にとどめ、具体例を詳述します。なぜならこの本は教科書ではなく、実際に日本人の「国防《くにまもり》」に役立つことを目指すからです。具体例の範囲は米ソ冷戦時代の初期から現在まで。重要なのは「今の日本が直面している問題の多くは、すでに他国が経験している」ということです。他国が試練を克服して自国の安全保障を確立した過程は、日本にもきっと参考になるでしょう。

もちろん１００％同じ状況は起きないので、単純に他国を真似すればうまくいくわけではありません。しかし諸外国の努力の例から、自国に役立つヒントが見つかることは保証します。もちろん、決して真似してはいけない国の事例もあります。反面教師も大事ですから。

これから、世界は新冷戦と言うべき状態に突入するでしょう。アメリカをはじめとする自由・民主主義陣営と、中国・ロシアが率いる独裁主義陣営の対立が、だんだん鮮明になってきます。ヨーロッパ・大西洋方面においては、かつての米ソ冷戦と同じく、ＮＡＴＯの存在が戦略的に極めて大事な役割を果たすでしょう。他方で東アジア・太平洋方面において、第一の敵は中国です。とりわけ太平洋地域において、日本などの自由・民主主義国が強力な軍事同盟を作れるかどうかは世界の流れを大きく左右するはずです。

日本の動き次第で、太平洋情勢は大きく変わると思います。でもはっきり言えば、今のままでは駄目です。

本書の目的は、日本の読者の方々に「甘い期待」も与えず、「無意味な絶望」も与えないことです。状況はたしかに厳しい。ですが、現在の厳しさをありのまま冷静に認識した上で、努力しなければなりません。本書で私は、世界情勢を正確に理解するために必要最低限の情報をまとめ、具体的にどのように努力すればよいかを考え抜きました。本書が皆さんの国際情勢の理解と、日本が取るべき方針の再構築に役立てば、大変嬉しく思います。

二〇二一年四月

グレンコ・アンドリー

NATOの教訓

世界最強の軍事同盟と日本が手を結んだら

目次

第2章 同盟における妄想と現実

第3章 平和ボケするヨーロッパ諸国

第1章 ◉ 世界最大の平和維持装置

第1節　NATOは最も成功した地域平和の実現例である

奇跡のような出来事

「世界平和をどうすれば実現できるのか」。この疑問に確実に答えられる人は、この世にいないのではないだろうか。もし答えを知っていたら、どんなに素晴らしかったであろう。

人類は今まで、世界平和を実現するために計り知れない努力を重ねてきた。しかし、残念ながら現時点でも世界平和には程遠い。というか、そもそもその実現が可能かどうかも分からない。確実に言えるのは、仮に世界平和が実現可能だとしても、極めて難しいということだ。

では「地域の平和」はどうか。同じく実現は極めて難しい。一見、対象の規模が小さくなるほど、平和の実現が容易なように見える。だが、実際はそうとも限らない。

たしかに、約200カ国がある全世界よりも、数カ国で構成された地域の方が平和の実現は簡単に見える。

しかし、実際は全く異なる。仮にその地域内の国同士が平和を望んでいたとしても、国ごとに「平和」の定義は異なるし、外部から平和を乱そうとする敵も存在するからだ。したがって、実際は地域限定であっても、長期的な平和の実現は非常に難しい。

しかし、世界で一つだけ、長期的な地域平和を実現した成功例がある。それは「ＮＡＴＯ」（北大西洋条約機構）である。

ＮＡＴＯには、世界で他に例のない実績がある。ＮＡＴＯ加盟国の本土は70年間、一度も武力攻撃を受けたことがないということだ。世界史において、一国が70年間も武力攻撃を受けない事例は珍しい。なおかつ、複数の国が加盟する同盟の全構成国が70年間も平和でいられた、というのは奇跡のような出来事なのだ。

だからもし、いつか世界平和が可能になるとすれば、その原型や模範はＮＡＴＯにあると言ってよい。ＮＡＴＯは最も成功した地域平和の実現例だからである。世界平和の実現を考える上で、ＮＡＴＯの経験の分析は不可欠である。

「ＮＡＴＯはアメリカの意向で動いている」は間違い

そこで、ＮＡＴＯができた経緯と辿った歴史を簡単に振り返ってみよう。

第二次世界大戦後、世界の各国が望んでいたような安定した時代は訪れなかった。世界平和を維持するために国際連合が作られたが、国連の力だけでは平和維持が不可能であることがすぐに明らかになった。ソ連に占領された東欧諸国は、自分達の意思で社会体制を選ぶ権利を奪われ、ソ連に強制的に社会主義体制を強いられた。1948年のソ連によるベルリン封鎖（西ベルリンへの鉄道・道路の封鎖）などの敵対行為に対して、西欧諸国は新しい集団安全保障と集団防衛の仕組みづくりを検討することにした。

1948年にイギリス、フランス、オランダ、ベルギー、ルクセンブルクは、ブリュッセル条約を結んだ。この条約の目的は、ソ連による侵略に対して、連帯して共同防衛体制を整えることであった。しかし、署名国は5カ国だけで巨大な軍事力を持つソ連を撃退できるわけがない、ということを分かっていた。本当の目的は、アメリカを巻き込んで、大西洋を挟んだ集団防衛体制を構成することであり、ブリュッセル条約はその前段階として考えられていたのだ。

NATOと言えば、アメリカのイメージが強い。たしかにアメリカはNATOの最強国であり、同盟の盟主と言ってよい。しかし「NATOはアメリカが作った」「NATOはアメリカの意向で動いている」というのは間違いだ。西欧諸国はもともと、アメリカがヨーロッパの防衛体制に参加することを狙いに、集団防衛構想を打ち出したのである。

同じ1948年の春、英仏はアメリカに防衛構想を打診し、同年夏にはアメリカ上院がアメリカ大陸以外の国との同盟締結を容認する決議をした。その後、北大西洋条約の作成作業が始まり、多くの国へ参加が打診された。最終的に、1949年4月に12カ国が北大西洋条約に署名し、北大西洋条約機構（英：North Atlantic Treaty Organization、略称：NATO）が発足した。

NATO創設の調印式（ワシントン、写真提供：AFP＝時事）

ＮＡＴＯの形成に対し、ソ連はＮＡＴＯが覇権主義を目指す同盟であり、その形成は国連憲章違反だ、と主張して猛反発した。それに対して加盟国は、ＮＡＴＯの目的は覇権拡大ではなく防衛であり、国連憲章が認める集団的自衛権の範囲内にあたり、憲章違反ではないことを主張した。

ソ連のＮＡＴＯ形成に対する反発から、ソ連がいずれヨーロッパで勢力圏を拡大することを狙っていたことが窺える。そして、ソ連はＮＡＴＯ形成に対抗して東欧の衛星国と一緒にワルシャワ条約機構を結成し、東欧社会主義国の軍事同盟体制を築いた。

「盾と剣」の防衛戦略

ＮＡＴＯの発足当初は、同盟全体の運営について模索する時期であった。

第一の課題は、平和を維持するための効率のよい防衛体制の構築である。NATOは後に作られたEUと異なり、超国家組織を作らなかった。NATOの運営機関は、加盟国の外務大臣からなる北大西洋理事会であった。理事会は防衛委員会を作り、防衛大臣がメンバーを務めた。軍事問題を直接、担当するのは防衛委員会の下に作られた軍事委員会であり、各国の参謀総長によって構成された。

初期のNATOにおける防衛戦略は「盾と剣」というものである。「盾」とは、ヨーロッパに駐屯していたNATOの陸軍と空軍のことである。「剣」とは、核兵器が搭載可能なアメリカの戦略爆撃機を指す。盾の役割は、剣を使う前に敵による攻撃を食い止めること、すなわち核抑止を基本戦略としていた。

第二の課題は、NATO加盟国の連帯と共通認識の形成だ。そのため、加盟諸国は防衛の分野だけではなく、経済、交通、情報など各分野における交流、協力が行われた。加盟国同士の交流は、サミットなどの大イベントの時だけではなく、日常的に行われることで、連帯強化と共通認識の形成の実現に大きな効果をもたらした。

第三の課題は、加盟国同士の不満と不信の防止だ。そこでNATOにおける決定は過半数や3分の2ではなく、全会一致で決める仕組みとした。おかげで、全加盟国の意見は反映され、利益をめぐる相互不満をできるだけ抑止する効果を発揮した。

緊張緩和の時代でも軍縮を行わなかった

しかし、問題がなかったわけではない。１９５８年に、フランスのド・ゴール大統領はＮＡＴＯに対して英米仏の三国が主導する体制を提案し、ＮＡＴＯにフランスの核武装に協力するよう要請した。ところが加盟国が提案を拒否すると、ド・ゴールは激怒し、フランスの同盟参加を事実上、停止した。正式な脱退こそしなかったが、ＮＡＴＯの活動には参加せず、フランス国内からＮＡＴＯのインフラを撤去させた。

その後の約30年間、フランスとＮＡＴＯの関係は時期によって差はあれども、基本的に冷え込んだものだった。フランスがＮＡＴＯの活動に再び参加し始めたのは１９９０年代で、完全な復帰はサルコジ大統領時代の２００９年であった。

フランスの事例から分かるのは、たとえ同盟国であっても、各国にはそれぞれの思惑と国益があり、利害が一致しない場合もあるということだ。同盟国同士でも友好な間柄とは限らず、関係がぎこちなくなることもある。

１９７０年代はデタント、いわゆる緊張緩和の時代だった。ＮＡＴＯ諸国は、共産圏との核戦争は世界の壊滅を意味することから当面、ソ連と共存せざるを得ない、と判断した。この時代に東西関係は一時的に改善され、１９６８年に核拡散防止条約、１９７２年に弾道弾迎撃ミサイル制限条約、１９７２年にベルリン４カ国協定、１９７０から１９７３年に西ドイツとソ連、ポーランド、チェコスロバキア、東ドイツとの諸条約、１９７５年にヘルシンキ合意（ヘルシンキ宣言）などが結ばれた。

しかし、緊張緩和の時代でもＮＡＴＯは軍縮を行わなかった。ＮＡＴＯ諸国は東西の平和が大事だと認識しながら、その平和を維持するために、抑止力としての軍事力が必要だと理解していた。緊張緩和はあくまで外交、国際関係の話であり、ＮＡＴＯの軍事、防衛戦略に影響を与えたわけではない。ここが現代の日本、また独立後の筆者の母国ウクライナと違う点である。周りの国との緊張緩和や共存は即、軍縮に繋がるわけではないのだ。

たしかにデタントの時代に、西側はソ連に対してかなりの譲歩を行なった（プラハの春の弾圧への不問、ドイツの新国境の容認、南ベトナム壊滅の放置など）。

しかし、譲歩と屈服は違う。西側は東側に従うのではなく、西側の安全が確立された上での共存を試みた。だから、軍備による抑止力を低減することは決してしなかった。

西側の判断は正解だったことが、すぐに明らかになった。デタントの時代はソ連のアフガニスタン侵攻で終了し、東西対立が再燃して両側の軍拡競争が再開した。

デタントの失敗は、現在の国際政治を考える際に参考、教訓となる。あの時、西側は本当に東側と共存するつもりで、前述のように譲歩を行なった。西側としてはＮＡＴＯがソ連を潰すつもりはないということを理解してくれたら、ソ連も敵対より共存の方がお互いのためになると判断する、と予想していたのであろう。体制の違いはあれども、東西対立のない平和はあり得ると思っていたのかもしれない。

しかし、この考え方は甘かった。覇権を目指す独裁共産主義体制はその性質上、自由や人権尊重に基づく西側の価値観とは相容れない。両方が同時期に存在したら、いずれ必ず衝突が起きる。これは根本的な価値観の問題だ。他の章でも触れるが、デタントの教訓があったにもかかわらず、ＮＡＴＯはその後再び独裁国（中国とロシア）に対して宥和政策をとり、同じ失敗を繰り返している。「宥和政策は独裁国を増長させ、状況はより悪化する」というのは歴史上、何度も繰り返された事態である。

東方拡大は条約や法律に違反していない

１９８０年代、当時のレーガン大統領とサッチャー首相はＮＡＴＯ加盟国を結束させ、ソ連に軍拡競争を仕掛けることで、ソ連を追い込むことに成功した（詳細は次章）。周知のようにソ連はペレストロイカを余儀なくされ、それでも最終的に自らの崩壊を防げなかった。

ワルシャワ条約機構の解体、東欧解放、ソ連崩壊はヨーロッパにおける安全保障環境を一変させた。当時、ロシアはもはや脅威ではないと思われ、ヨーロッパに平和が訪れるだろう、という雰囲気であった。

そして、NATOは勝利した。1949年の創設時、最終目的とされていたヨーロッパをソ連の脅威から守ることが達成されたのだ。

直接の軍事的な脅威が去った後、NATOは新しい環境に相応しい戦略を打ち出すことにした。NATO陸軍の総兵力が縮小され、代わりに機動力の強化に力が入れられた。ソ連崩壊後の新しい課題は偶発的に起きる予測不可能な事態、たとえば民族の対立や領土紛争、テロ攻撃などであった。それらに対応できるように、機動力の高い部隊が必要になったのである。

同時に、自由や人権尊重の価値観に基づく組織として、NATOの価値観を共有できる国は新たに加盟が承認された。NATOは創設期以降、長年にわたり西ヨーロッパ諸国の軍事同盟であった。当然、東ヨーロッパ諸国の加盟は想定されなかったし、常識としてあり得ないことだと認識されていた。「西ヨーロッパの国に東ヨーロッパの国を守る義務はあるのか」という疑問が呈されたのも当然だろう。

しかし、NATOは過去の経緯より現在の価値観を重視することで、複雑な思いはありつつもNATOの基準を満たす旧ワルシャワ条約の国の加盟を認めた。すなわちNATOの東方拡大である。

ロシアは当然、NATOの東方拡大に反発した。その際、よくある主張の誤りは「NATO

はロシアと東方拡大をしないという約束を交わした」というものだ。しかし、これは嘘である。ロシアは「NATOは東ヨーロッパの国を加盟させることで約束を破った」と言うが、実際にはそのような条項はどこにもない。交渉のどこかの段階でNATOとロシア（あるいはソ連）との口約束はあったかもしれないが、少なくとも何らかの拘束力を持った条文は存在せず、東方拡大はいっさい条約や法律の違反には当たらない。そもそも北大西洋条約の条文そのものを読めば、NATOがその性質上、不拡大などという約束をすることは不可能だし、あり得ないのだ。以下、ご覧いただきたい。

北大西洋条約第10条

「締約国は、この条約の原則を促進し、かつ、北大西洋地域の安全に貢献する地位にある他のヨーロッパの国に対し、この条約に加入するよう全員一致の合意により招請することができる。このようにして招請された国は、その加入書をアメリカ合衆国政府に寄託することによってこの条約の締約国となることができる。アメリカ合衆国政府は、その加入書の寄託を各締約国に通報する」

つまりヨーロッパにあるどの国も、NATOに加盟することができるということだ。もちろん加盟条件は厳しく、加盟の意思だけでは締結国にはなれない。しかし、加盟を目指す権利自体は全てのヨーロッパ諸国が持っている。これは条約の規定であり、揺るぎない原則だ。

もしNATOが本当にロシアと東方拡大を禁じる「約束」をしていたとすれば、条文にあるヨーロッパ諸国の加盟を目指す権利を奪うことになる。つまり、条約違反になるのだ。「北大西洋条約機構」が「北大西洋条約」違反を犯すわけがない。したがって、前述したロシアの主張はたんなる誤解か、プロパガンダ（政治宣伝）のいずれかである。

勢力圏でしか国際政治を考えられないロシア

ロシアという国は基本的に、勢力圏でしか国際政治を考えられない。覇権を目指す独裁国にはNATOの自由と人権をめぐる価値観や国家主権、法治主義という概念を理解することは無理である。もちろんロシアも価値観を持ってはいるが、その価値観は自由・民主主義陣営とは相容れないから、ロシアは西側の価値観を理解しようとしない。

さらにロシアは、国家主権とは大国だけの権利だと思っている。小国の主権については全く理解せず、尊重しない。だから同じ価値観を共有する国を、その国の自由意思に基づいてNATOに入れる、という論理が分からない。したがって、NATOがロシアと敵対するつもりがなくても、ロシアはNATO加盟国の増加自体を敵対行為として認識するのだ。

この例を見るだけでも、独裁国家ロシアと自由・民主主義陣営が論理的に共存できないことがよく分かるであろう。基本的な考え方が全く異なる以上、必ずどこかで衝突が起きるのだ。

１９９９年に、旧ワルシャワ条約の加盟国だったポーランド、チェコ、ハンガリーはＮＡＴＯに加盟した。これは東ヨーロッパ諸国に自由・民主主義の道が開けたという意味で、象徴的な出来事であった。５年後の２００４年には他の旧ワルシャワ条約加盟諸国とバルト三国（エストニア、ラトビア、リトアニア）、つまり旧ソ連の国も加盟した。

現在までのヨーロッパ諸国のＮＡＴＯ加盟歴は以下の通りだ。

１９４９年　（創設メンバー）アイスランド、アメリカ、イギリス、イタリア、オランダ、カナダ、デンマーク、ノルウェー、フランス、ベルギー、ポルトガル、ルクセンブルク
１９５２年　ギリシャ、トルコ
１９５５年　西ドイツ
１９８２年　スペイン
１９９０年　ドイツの再統一による東ドイツ編入
１９９９年　チェコ、ハンガリー、ポーランド

２００４年　エストニア、スロバキア、スロベニア、ブルガリア、ラトビア、リトアニア、ルーマニア
２００９年　アルバニア、クロアチア
２０１７年　モンテネグロ
２０２０年　北マケドニア

9・11の支援は軍事作戦ではなくパトロール

ＮＡＴＯが、集団防衛を定める北大西洋条約第５条に基づいて集団的自衛権を初めてかつ現時点で唯一行使したのは、２００１年９月11日のアメリカ同時多発テロの時だ。アメリカは第５条に基づいてＮＡＴＯに支援を要請し、ＮＡＴＯ軍はアメリカ領空のパトロールを始めた。

ここでもよくある勘違いは「9・11テロの勃発により、ＮＡＴＯは第５条に基づきアフガニスタン戦争に参戦した」というものである。たしかにＮＡＴＯはアフガニスタン戦争に参戦している。しかし、それは同盟国を守る第５条に基づく軍事作戦ではなく、有志連合（国連が定めた平和維持活動に該当しない国家連携）による軍事介入であった。

ＮＡＴＯが第５条に基づいてアメリカを守る義務として行なったのは、前述したアメリカ領空のパトロールである。9・11テロの後、同様のテロ攻撃が起きる懸念からＮＡＴＯは早期警

戒管制機７機を派遣し、パトロールを行なった。パトロールは２００１年10月から２００２年5月まで、ほぼ24時間行われた。

北大西洋条約の第５条が初めて発動されたのがテロ攻撃後のパトロールのためだった、という事実は、ＮＡＴＯが機能していた証拠である。つまり、それまで正面からＮＡＴＯ加盟国の領土を攻撃する度胸のある国が現れなかった、ということだ。

もちろんＮＡＴＯ創設の時点で、第５条がこういうテロ対策のかたちで発動されることは想定しなかったであろう。あくまでも加盟国の領土が敵軍に攻撃され、ＮＡＴＯ軍が攻撃を受けた加盟国に援軍を送り、一緒に反撃する状態を想定していたと思われる。１９９０年代、ＮＡＴＯ加盟国の防衛だけではなく、ヨーロッパ全体の平和維持に対する理解が進んだ。ＮＡＴＯの非加盟地域に紛争が起きた場合でも、飛び火となってＮＡＴＯ加盟国の安全を揺るがす可能性はあるからだ。地域安全保障の観点から、ＮＡＴＯは加盟国以外の地域の平和維持活動にも貢献するようになった。

圏外の民族紛争の終結に成功

ＮＡＴＯが初めて武力紛争の解決に取り組んだのは、ボスニア・ヘルツェゴビナ紛争（１９９２―１９９５年）の時である。旧ユーゴスラビアの構成共和国であったボスニア・ヘルツェゴビナにはボスニア人（またの名をボシュニャク人、全人口の44％）、クロアチア人（17％）、セルビア人（33％）という三つの民族がいるが、各民族の利害関係と思惑が対立し、紛争が勃発した。ボスニア（ボシュニャク）人は独立を目指し、対するセルビア人はセルビア本国との再統合を狙った。クロアチア人は、クロアチア人が多数を占める地域をクロアチアへ合併させようとしたのである。

紛争当初はセルビア本国がセルビア人勢力に大規模な軍事支援を行い、セルビア人が優勢だった。同様に、クロアチア人勢力もクロアチア本国から支援を受けていた。一方、ボスニア以外の国を持たないボスニア人は、苦しい戦いを余儀なくされた。

このそれぞれに正義がある、複雑な民族紛争の解決に取り組んだのがＮＡＴＯである。三つの民族が互いに戦い合う状況のなかで、ＮＡＴＯはまずクロアチア本国に支援打ち切りの圧力をかけ、クロアチア人とボスニア人に和平を結ばせた。

その後、ボスニア人とクロアチア人の軍がセルビア人と戦い、１９９５年にはクロアチア本国軍も参戦した。この参戦もまた、ＮＡＴＯとの話し合いで決めたものである。クロアチア本国軍は当時、同国の一部を占領していたセルビア人勢力を排除した上で、ボスニア国内のセルビア人勢力に攻撃を加えた。最後にＮＡＴＯ空軍がセルビア人勢力の地域に空爆を行い、大きな存在感を示した。ＮＡＴＯの空爆によりセルビア人は戦争継続が困難になり、和平合意に応じざるを得なくなったからである。

その後、デイトン合意と呼ばれる和平合意が締結されてボスニア・ヘルツェゴビナは形式上、一つの国として存続することができた。国境線は変わらず、領土を失うこともなかった。ただし、国内は二つの独立性の強い自治国（ボスニア・ヘルツェゴビナ連邦とスルプスカ共和国）に分割されてしまった。

ボスニア人とクロアチア人はボスニア・ヘルツェゴビナ連邦を形成し、同連邦はボスニア・ヘルツェゴビナ全土の面積の51％を占める。セルビア人はスルプスカ共和国を形成し、面積は49％を占める。統一した国家元首はおらず、各民族から一人ずつ大統領が選ばれる国家機関「大統領評議会」が存在し、常に三人の大統領がいるという状態である。

ボスニア・ヘルツェゴビナ紛争に関して、NATOの対応は完璧ではなかった。デイトン合意は完璧からほど遠く、多くの問題を孕む中途半端な合意である。しかしひとまず紛争終結は実現でき、現在ボスニア・ヘルツェゴビナに住む人びとは平和を享受している。NATOが圏外の民族紛争の終結に成功した、一つの功績と言ってよいであろう。

このようにNATOは、加盟国の平和を守るために創設した同盟でありつつ、以来、時代によって課題や戦略が変わってきた。NATOの歴史には成功も失敗もある。しかし間違いなく言えるのは、前述のように70年間も加盟国の領土が一度も武力攻撃を受けず、NATO加盟国に侵略意図を見せる愚か者がいない、という点だ。あの凶暴なロシアでさえ、侵略の標的にはNATO非加盟国を選ぶ。これは本当に驚嘆すべきであり、模範にすべき事例である。NATOは自らの第一の役割を完璧に果たしているがゆえに、疑いなく世界最大の平時維持装置である、と言えるのだ。

第2節　実例で見る北大西洋条約の特徴

NATOが保有する抑止力は、北大西洋条約の第5条と第6条に基づいている。同条約では、NATO加盟国に対する武力攻撃は、全ての加盟国に対する攻撃だと見なされ、全員が反撃を行う。たとえばルクセンブルクを攻撃すれば、英米仏独が反撃する。軍事大国による報復の恐れが抑止力となり、NATO加盟国の平和は維持される、というプロセスである。条文は以下のとおりだ。

北大西洋条約第5条

「締約国は、ヨーロッパ又は北アメリカにおける一又は二以上の締約国に対する武力攻撃を全締約国に対する攻撃とみなすことに同意する。従って、締約国は、そのような武力攻撃が行われたときは、各締約国が、国際連合憲章第51条の規定によって認められている個別的又は集団的自衛権を行使して、北大西洋地域の安全を回復し及び維持するためにその必要と認める行動（兵力の使用を含む）を個別的に及び他の締約国と共同して直ちに執ることにより、その攻撃を受けた締約国を援助することに同意する。

　前記の武力攻撃及びその結果として執った全ての措置は、直ちに安全保障理事会に報告しなければならない。その措置は、安全保障理事会が国際の平和及び安全を回復し及び維持するために必要な措置を執ったときは、終止しなければならない」

同時に、条約の適用範囲も明確に定められている。

第6条

「第5条の規定の適用上、一又は二以上の締約国に対する武力攻撃とは、次のものに対する武力攻撃を含むものとみなす。

- ヨーロッパ若しくは北アメリカにおけるいずれかの締約国の領域、フランス領アルジェリアの諸県、トルコの領土又は北回帰線以北の北大西洋地域におけるいずれかの締約国の管

轄下にある島
・いずれかの締約国の軍隊、船舶又は航空機で、前記の地域、いずれかの締約国の占領軍が条約の効力発生の日に駐とんしていたヨーロッパの他の地域、地中海若しくは北回帰線以北の北大西洋地域又はそれらの上空にあるもの」

ある条約が適用される空間的な範囲は、非常に大事だ。適用の範囲内で加盟国が武力攻撃を受けた場合、全加盟国が該当国を守る義務がある。適用範囲の外なら、守る義務は生じない。これはある意味で、NATOの限界とも言えるかもしれない。

インドによる問答無用のゴア制圧

前章で「NATO加盟国の領土は他国から武力攻撃を受けたことがない」と書いたが、一つだけ例外がある。この例外が生じたのは、攻撃を受けた加盟国の領土がNATOの定める空間的な範囲、つまり欧州・北米・北大西洋の圏外だったからである。

それはインドによるゴア制圧である。ゴアはインド西南部にある地区で、大航海時代初期の1510年にポルトガルが征服した。ゴアはポルトガル植民地帝国の全盛期（16—17世紀前半）に繁栄し、オランダとイギリスの台頭によりポルトガル帝国が衰えた後も451年ものあいだ、連綿としてポルトガルの領土であった。ポルトガルはゴア以外にもインド内の小さな飛び地としてダードラーとナガル・ハヴェーリー（４９１㎢）そしてダマンとディーウ（１１２㎢）を領有していた。

ところが、１９４７年にインドは独立する。世界中に脱植民地化、民族解放の空気が広がり、ゴアの立ち位置は危うくなった。１９５０年、インド政府はインドにあるポルトガルの植民地の返還交渉を申し込んだ。しかし、ポルトガルはゴアが植民地ではなくポルトガル本国の一部であり、脱植民地化の対象にはならない、と主張してインドの申し出を却下した。さらに、ポルトガルはインド共和国ができるはるか前からゴアを領有しており、インドはゴアを領有する権利がないとも主張した。

ゴアの領有権をめぐってポルトガルとインドの関係は悪化し、１９５４年に前述の飛び地ダードラーとナガル・ハヴェーリーがインドに制圧された。ポルトガルはダードラーとナガル・ハヴェーリーに支援を送ろうとしたが、インドが領内の通行を禁止した。これに対して、ポルトガルは国際司法裁判所にインドを提訴した。国際司法裁判所は、ポルトガルがインド領を通る権利を認め、ダードラーとナガル・ハヴェーリーにおけるポルトガルの主権を確認したが、インドは判決を無視し、ダードラーとナガル・ハヴェーリーをポルトガルに返還しなかった。

その後、インドは次第に強硬になり、ゴアの武力制圧も視野に入れていることを示唆した。

危機感を抱いたポルトガルは国際社会に対し、インドを牽制するように要請した。当時のポルトガルは、武力でゴアをインドから守るのは不可能だと理解していた。力の差を補うために国際社会を味方につけようとしたのである。アメリカはインドに対して、武力ではなく外交交渉で問題を解決するべきだと伝え、武力侵攻した場合は国連安保理でインドを牽制する、とも伝えた。国際社会、とくに西側諸国は全体としてポルトガルの主権を認め、インドに武力行使をしないよう要請した。

しかし、インドの対応は問答無用だった。インドによる侵攻が避けられないと分かった時、ポルトガルは武力による自衛を選んだ。国内には降伏論もあったが、独裁権力を持つサラザール首相は、ゴアに駐屯していたポルトガル軍に徹底抗戦を命令した。

サラザールの戦略では、圧倒的な力を持つ侵略者インドに対して数少ないポルトガル兵が勇敢に戦う姿を見せることで、国際社会が一丸となってインドのゴア侵攻をやめさせることを期待していた。

そしてついに、インド軍の総攻撃が１９６１年12月18日に始まった。同日、ポルトガルは国連安保理にゴア情勢に関する議論を要請した。ポルトガルの期待どおり、安保理の会議で西側諸国はポルトガル側に立った。アメリカは強い口調でインドを批判し、インドの行動は国連憲章違反であり、国連の死を意味するとも発言した。

英米仏が提案した決議案は「1. 直ちに停戦すること、2. インド軍は12月17日以前の状況に戻ること、3. ポルトガルとインドに、平和的な解決について話し合うことを促す」という内容で、賛成が多数だった。ところが、インドを支持するソ連が拒否権を発動したため、否決されたのである。

10倍の兵力で攻撃してくるインド軍を、ポルトガルの駐屯兵が食い止める術はなかった。36時間の抵抗の後、ポルトガル司令官はこれ以上戦っても死者が増えるだけだと判断し、12月19日の夜に降伏を決めた。

ゴア制圧の後、西洋諸国のあいだではインドが猛烈な批判に晒《さら》された。メディアでは、それまで非暴力を唱えていたインドのゴア侵攻に非難が集中した。

「他国には非暴力を訴えるが、自国は暴力を振るう」という矛盾が批判と皮肉の的となり、インドは侵略国家と見なされた。それまでのインドには道徳的に優れた国という印象があったが、もはや西洋を説教する資格がない、という意見が主流になった。

条文と運用の関係

このように、西側がポルトガルの主権を認め、インドを非難したものの、ポルトガルへの援軍も、インドに対する大規模な制裁も行わなかった。インドとの完全な敵対を望まなかったからである。西側としては、大国インドが完全にソ連側に流れることを避けたかった。

ここで問題になるのが、先ほどの北大西洋条約の適用範囲である。もし、ゴアが北大西洋条約第5条の空間的な範囲内であれば、ポルトガル救済をめぐる状況は違ったかもしれない。だが直接守る義務のない領土のために、NATOが大国との戦争を起こさないことが、ゴア制圧の一件で明らかになった。

また、アフリカにおけるポルトガルの植民地戦争（ギニアビサウ、モザンビーク、アンゴラ）の時もNATOからの支援は全くなく、ポルトガルはやむなく単独で三カ所同時に戦争をせざるを得なかった。戦争はポルトガルにとって大きな負担になり、最終的にアフリカ大陸における植民地を放棄してギニアビサウ、モザンビーク、アンゴラの独立を認めることになった。

他方でポルトガルの例と異なり、フランスが戦った第一次インドシナ戦争では、英米は積極的にフランスを支援し、大量の兵器や物資を支援した。しかしこれもNATOの枠組みで行われたのではなく、英米が自主的にフランスを支援したものである。

その意味で、アルジェリア戦争は難しいケースである。アルジェリアは、1830年からフランスの植民地であった。しかし、フランスはアルジェリアを植民地としてではなく、本土の一部として統治していた。1954年に独立を目指すアルジェリア人が蜂起し、蜂起した勢力とフランス軍のあいだで戦争が始まった。戦場ではフランス軍が優勢だったが、フランス本土で政局が混乱し、クーデターの可能性があった。

１９５８年に、一部の軍幹部が第二次世界大戦の英雄、シャルル・ド・ゴールを大統領にすることを要求した。当時、ド・ゴールはすでに政治を引退していたが、多くのフランス人は「今の危機を打破できるのはド・ゴールしかない」と考え、結果的にド・ゴールが大統領になった。

ド・ゴール大統領は就任当初、強硬派を宥《なだ》めるためにアルジェリアにおけるフランス軍の大規模作戦を実施した。アルジェリア人勢力は大きな打撃を受け、アルジェリア戦争はフランス軍の勝利で終わった。

しかしその後、ド・ゴールはこれ以上、植民地を抱えるのは難しいと判断してアルジェリアの独立を認めたのである。

アルジェリアは、北大西洋条約の適用範囲内であった。にもかかわらず、第５条は発動されなかった。なぜだろうか。北大西洋条約は、加盟国に対する、他国による武力攻撃を想定している。したがって加盟国内の地域住民が独立を望み、住民が蜂起を起こした場合は、適用が曖昧である。

ここで大事なのは、条文と運用の関係である。条約の条文に何が書いてあるかは極めて大事だ。しかしさらに大事なのは、実際にそれを運用することである。はっきりした条文ならよいが、条文に解釈が必要な場合は、決定権のある人間の判断が重要になる。

ド・ゴールにとって当時、世界的に植民地解放の空気が強まるなかで、植民地維持のため同盟国に参戦を要請する状況ではなかった。また軍事的に見れば、フランス軍は単独でもアルジェリア人勢力に勝てたので、援軍を要請する必要はなかった。さらに、フランス国内でもアルジェリアの扱いについて意見が分かれていた。以上の状況から、NATOに援軍を要請するような状況ではない、と判断したことが推測される。

国連とは比べ物にならない機能ぶり

このように、NATOもまた完璧な組織ではない。「加盟国の領土を守る」という基本的な役割は果たしているが、加盟国の全ての国益を守り、加盟国が戦う全ての戦争に援軍を送るわけではない。

北大西洋条約を読むと、条約の本文に何度も「国連」が出てくる。条約の作成者が当時、いかに国連憲章と矛盾しないように条文を書くかを意識していたことが、よく伝わってくる。北大西洋条約の締結当時、NATOはあくまで国連の秩序の中の組織にすぎず、国際秩序を保つ最も重要な組織は国連である、と見なされていたのである。

しかし時が経つと、国連の下にあるはずのNATOが、国連よりはるかに役に立っていることが明らかになった。この70年間、国連はほとんど機能せず、時代に合わない無用の長物となっている。ＮＡＴＯは完璧ではなくても、国連とは比べ物にならないぐらい機能している。

国連の最も重要な役割は国際紛争の平和的な解決や戦争、紛争の防止である。だが、その役割は全く果たされていない。なぜだろうか。筆者の意見は、これは価値観の問題なのではないか、ということである。

国連には世界のほとんどの国が加盟している。各国にはそれぞれの国益や戦略、価値観がある。対立関係にある国も少なくない。なかには戦争中、紛争中の国もある。対立する国同士を内に抱える組織が、順調に機能するはずがない。

さらに、価値観の問題は極めて重要だ。国連加盟国の中には、根本的な価値観が異なる国も存在する。一例を挙げれば、日本と北朝鮮だ。両国は国連に加盟しているが、二国間における人権や法、国家運営に関する基本的な考え方は全く異なる。

加えて、構造的な問題もある。国際紛争解決を担当する国連安全保障理事会では、常任理事国が拒否権を持つが、その中に中国とロシアがある。多くの国際紛争に自分たちが直接的、間接的に関わっているので、安保理が問題を解決しようとすると、中ロが拒否権を発動する。結果、何も決められない状態が今日まで続いている。

国連とは対照的に、ＮＡＴＯには価値観や基本的な安全保障政策を共有している国のみが加盟している。前述のように、NATOの加盟条件は厳しく、加盟したくてもできない国がある。多くの基準の中で、自由や人権、法治主義などについて共通の認識、つまり共通の価値観が求められる。これが国連と最も異なる点だ。

さらに、新しい国が加盟するには全加盟国が賛同しなければならない。重要な決定は全会一致というNATOの原則のおかげで、加盟国同士の対立やわだかまりが生じにくい。全員が納得しないと決定しないので、多数派が少数派の意見を無視して自分達に都合のよい方向に話を進めることができない。同じ価値観を共有する国が全会一致の原則で構成する多国間同盟は、国連よりも明らかに機能している。

なぜ同時加盟でなければならなかったのか

ところで上記の仕組みを考えると、たとえばギリシャとトルコが両方NATOに加盟できたのが、ある意味で奇跡的な出来事なのかもしれない。両国は1952年、同時にNATOに加盟した。ギリシャとトルコは仲が悪い。もしあの時、同時に加盟しなければ、その後どちらかが加盟できなかった可能性が高い。両国の仲違いの理由としては様々な歴史的事情があるが、1950年代以降で最も大きいのはキプロス問題である。

キプロスは1878年からイギリスの植民地であり、1960年に独立した。独立後、ギリ

南北キプロス問題

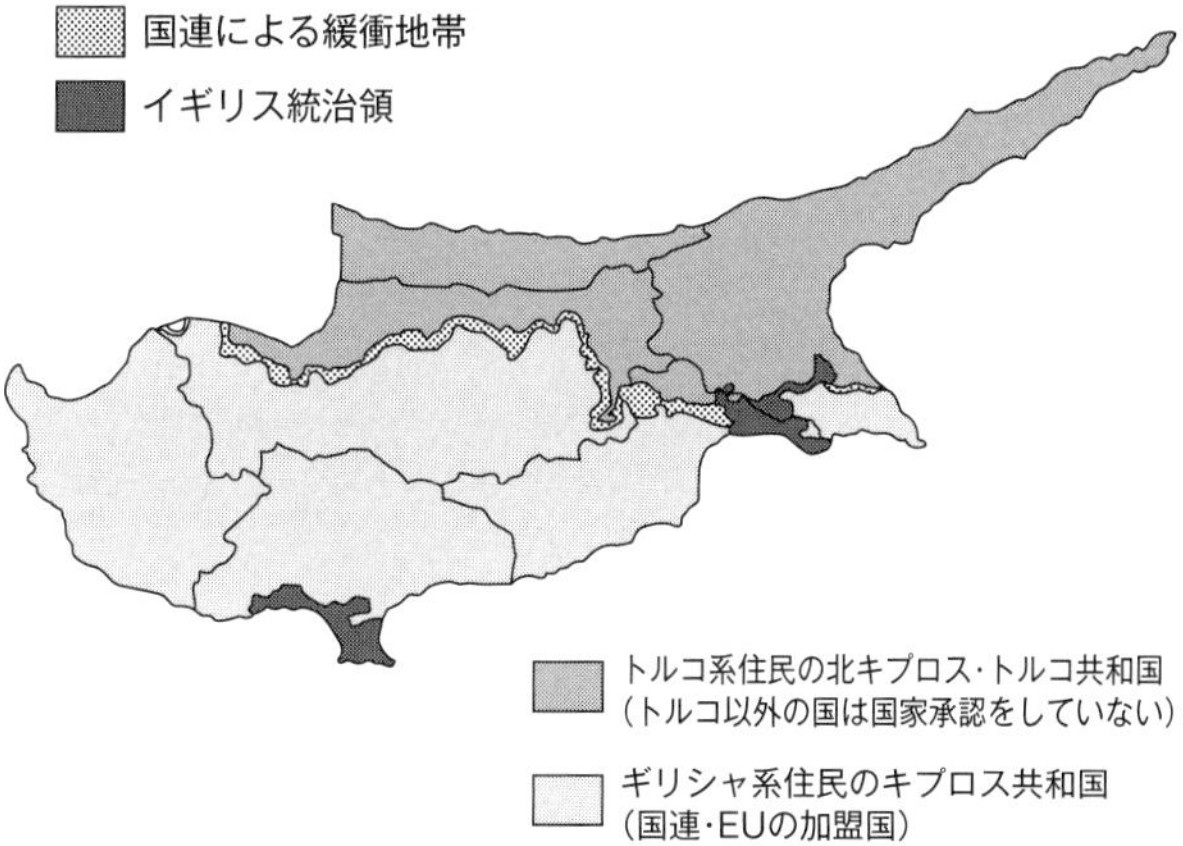

シャ系住民とトルコ系住民のあいだに多くの衝突が起こり、両国の関係は急激に悪化した。当時のギリシャ国内では、キプロスを併合する考えもあった。

　ところが１９７４年にトルコ軍がキプロスに侵攻し、島の北部、総面積の37％を占領した。占領後、北部からギリシャ人が追放され、南部からトルコ人が追放された。トルコ人は、北キプロス・トルコ共和国を宣言したが、これを承認しているのはトルコ一国だけである。

　トルコ軍の侵攻以降、キプロスは分断され、ギリシャとトルコの関係は険悪だ。実は以前に一度、キプロス問題を解決する試みがあった。２００４年、アナン国連事務総長によるキプロスの統合提案である。アナン計画によると、統合後のキプロス政府の３分の１はトルコ人、３

分の2はギリシャ人という構成で、キプロス全島は欧州連合に加盟するということであった。

しかし、アナンの計画は南北キプロスで行われた国民投票で否決された。トルコ人の65%は賛成だったが、76%のギリシャ人は反対だった。キプロス島の人口の約80%はギリシャ人、約20%はトルコ人である。ギリシャ人からすると、紛争の勃発前、トルコ人は全人口の18%程度だったのに、33%の主要ポストと28%の面積をトルコ人に与えるのは不公平だ、という意見だった。統合は失敗し、ギリシャ人による南部のキプロス共和国だけが欧州連合に加盟した。

以上の経緯を見ると、もしギリシャかトルコの一方が先にNATOに加盟していれば、必ず他方の加盟をブロック（妨害）していたはずだ。したがって、NATOは両国を同時に加盟させたのは英断だと言える。戦略的にギリシャとトルコを加盟させることによって、ヨーロッパ南東部における地域の安定とソ連の影響力拡大を防ぐ目的が達成されたのだ。

ギリシャとトルコの例から分かるように、NATOの加盟国同士でも問題は存在する。問題があるのはむしろ当然であり、全く問題のない同盟関係などあり得ない。

国名を変えてでもNATOに加盟したかった

もう一つ、象徴的な例は北マケドニアのNATO加盟である。2019年まで、同国の国名は「マケドニア共和国」だった。しかし、この国名にギリシャが反発した。ギリシャにはマケ

NATO旗を掲揚する北マケドニアの衛兵（写真提供：EPA＝時事）

ドニア王国に端を発する同名の地方がある。ギリシャ人からすると、これこそが真のマケドニアであり、ギリシャより北西方面にある国は「マケドニア」の名称を使う資格がない、という。そのため、ギリシャはマケドニアのNATO加盟に反対してきた。

ギリシャとマケドニアが長年、交渉を続けた結果、マケドニアの国名を「北マケドニア」に変更し、ギリシャのマケドニア地方と区別するという妥協案に辿り着いた。2019年に国名は北マケドニアに変更され、2020年に北マケドニアはNATOに加盟した。

外部から見ると、ギリシャによる国名変更の要求は滅茶苦茶に映る。国名を決めるのはその国の人達であり、外国から干渉を受けること自体がおかしい。

しかし、NATOには全会一致のルールがある。ギリシャの要求がどれほど理不尽でも、ルールはルールだ。この件は、前述の「NATOはアメリカの意向で動いている」という説への反証でもある。アメリカはマケドニアを加盟させたかったが、ギリシャの反対を押し切ることができなかった。つまりNATOは一国の所有物ではなく、ルールによる決定を重んじる組織なのである。

では、北マケドニアの例がなぜNATOにとって象徴的なのかを考えてみよう。マケドニアは不本意ながら、自国の国名変更について妥協し、受け入れた。なぜマケドニアはそこまでしたのか。それは、国名を変えてでもNATOに加盟したかったからである。外国の主張に譲歩するという嫌悪感を凌ぐメリットがNATO加盟にある、とマケドニアは判断したのである。

マケドニアが理解したのは、NATOに加盟すれば将来にわたって自国の安全が保たれる、という安全保障の利点についてである。つまりNATO加盟は、国名変更と引き換えにするほど魅力的なのだ。マケドニアの行動は、どんな理論や評論、イデオロギーよりも正確にNATOの価値を評価している。言葉よりも行動の方が、物事の本質を正確に表すものなのだ。

実際に、NATOが加盟国を守っている例を挙げよう。NATOに加盟している「バルト三国（エストニア、ラトビア、リトアニア）」と、加盟していない筆者の母国ウクライナと同じ旧ソ連の「ジョージア」との比較である。

バルト三国は人口も面積も小さい国々である。エストニアは人口133万人、面積は45000㎢。ラトビアは人口200万人、面積は65000㎢。リトアニアは人口280万人、面積は65000㎢。ロシアのような軍事大国には、どんなに頑張っても太刀打ちできない。もし攻撃を受ければ即座に占領されるだろう。

しかもエストニアとラトビアは、人口の四分の一がロシア人だ。そのロシア人達は、「バルト諸国を再びロシアが支配してほしい」とすら思っている。もし実際にロシアが侵攻したら、バルト三国に住んでいるロシア人達は必ず侵略に協力する。そしてロシアも当然、バルト三国を支配したいと思っている。ユーラシア大陸に囲まれたバルト海はロシアにとって戦略的に重要な拠点であり、当然のごとくこの海を抑えたい。

常識的に考えれば、ロシアにとってのバルト三国はすぐに捕まえられる獲物である。ところが、ロシアはバルト三国に侵略したくてもできない。バルト三国がNATO加盟国だからである。いくらロシアでも、NATO全体を敵に回しての戦争は不可能である。NATOに入れば、バルト三国のような小国が軍事大国ロシアの隣にあっても安全でいられるのだ。

侵略の有無は「NATOに加盟しているかどうか」の相違

バルト三国と対照的なのは、ウクライナとジョージアである。両国はNATO加盟国ではない。2008年に一度、NATO加盟のための行動計画への参加を申請したが、却下されて参加できなかった。その半年後、ロシアはジョージアに侵略し、領土を占領した。

2008年以前にも、ロシアはジョージアの領土を占領しており、同年に再びジョージアに戦争を起こし、占領地を拡大した。2021年の現在でも、その領土はロシアに占領されたままだ。さらに2014年、ロシアはウクライナに侵略してウクライナ領土の7%を占領した。戦争は現在でも続いており、ウクライナ側ですでに1万3000人以上の死者が出ている。

ウクライナの人口はバルト三国の総人口の7倍、面積はバルト三国総面積の3・5倍である。バルト三国よりはるかに大きいウクライナは侵略され、バルト三国は侵略されていない。その相違はまさに「NATOに加盟しているかどうか」という一点だけである。つまり、NATOに加盟しなければ、それなりの大きさのある国でも侵略される可能性がある。しかしNATOに加盟すれば、どんなに小さくても安全が保障されるのだ。

第3節　バグダーディー殺害はどの条約に基づくか？

本章の第1節と第2節で解説してきたように、NATOが基本とする北大西洋条約は優れたものだ。

しかしNATOの成功の理由は、条文だけによるものだろうか。実はそうではない。たしかに北大西洋条約の条文は素晴らしいが、組織が機能し、成功するかどうかは運用次第だ。なぜなら、条文の中に複雑極まるこの世の現実を全部組み込むことはできないからだ。全ての起こり得る事態に対して、万能の処方箋があるわけでもない。

多国間の同盟が長年、機能し続けるかどうかは、その時々に決定権を持つ人達の適切な判断にかかっている。簡単に言えば「条文は大事だが、紙に書かれたものが全てではない」ということである。これは多国間同盟に限ったことではなく、国際政治全体についても言えることだ。

たとえば、テロリストの殺害である。テロ行為に関してはどの国の法律でも禁じられており、厳しい罰則が記されている。その半面、テロ防止を目的に一国の当局や軍隊が海外へテロリストを殺しに行くことを認める国際条約は存在しない。

ところがアメリカでは、大統領の命令によって国外に潜伏するテロリストが殺害されたことがある。有名な事例は、ウサーマ・ビン・ラーディン、アブー・バクル・アル＝バグダーディー、ガーセム・ソレイマーニーの三人の殺害である。

2010年、ウサーマ・ビン・ラーディンが身を潜めていたパキスタン国内の住居が特定され、アメリカの諜報機関は監視を始めた。そして2011年5月2日、殺害作戦が当時のオバマ大統領の命令によって実行された。アフガニスタンにあった米軍基地から、数台のヘリに乗った特殊部隊（ネイビー・シールズら）がビン・ラーディンの潜伏先に向かって出動した。

特殊部隊は住居を襲撃し、数人の側近とビン・ラーディンの息子、そしてビン・ラーディン本人を殺害した。ビン・ラーディン自身は武器を持っていなかった。特殊部隊員は彼を捕まえることが可能だったが、生け捕りはせずに射殺した。パキスタン政府はアメリカの殺害作戦について、いっさい知らされていなかった。

2019年10月27日、イスラム過激派組織ISILの指導者アブー・バクル・アル＝バグダーディーが拠点とする施設もまた、イラクのアメリカ軍基地からヘリで出発したアメリカ軍の特殊部隊（デルタフォースら）によって攻撃された。砲撃の後、特殊部隊が降下し、ISILの施設を包囲した。アメリカ軍は降伏を勧告し、それが無視されたため攻撃が始まった。アメリカ軍部隊は隠れ家の壁を爆破し、室内に突入した。

銃撃戦によりISILおよびバグダーディーの関係者十数名が死亡し、バグダーディー本人はトンネルで脱出を試みた。しかしトンネル内に追い詰められ、絶望的な状況に陥ったバグダーディーは、二人の息子と一緒に自爆した。

2019年4月、アメリカはイランのイスラム革命防衛隊をテロ組織に指定した。ガーセム・ソレイマーニーは同組織の少将であり、外国における軍事作戦に関わっていた。２０２０年1月3日、ソレイマーニーがイラクを訪問した際、バグダード国際空港付近で彼の乗る自動車の車列がアメリカの無人機によるミサイル攻撃を受け、ソレイマーニーを含め約10名が死亡した。この攻撃も、トランプ大統領の命令で実行された。先述した2人と異なり、ソレイマーニーは独立国の正規軍人である。

彼らの殺害については、いかなる条約、法的根拠に基づいて行われたのか、という疑問の声が挙がった。たしかに彼らは、正式な裁判を受けなかった。また、彼らが起こしたテロ攻撃の際、被害者の正当防衛行為によって死亡したわけでもない。さらに、軍事衝突における戦闘中に殺害されたわけでもない。あくまでも、アメリカ軍が特定の個人を殺害することを目的とした作戦であった。

紙に書かれた条文が全てではない

では、アメリカは何を根拠にテロリストを殺せるのか。テロリストというのは特別に危険な存在だから、対処の際に「許可されたこと以外は行なってはいけない」という原則ではなく「禁止されたこと以外は全て行なってよい」という原則が使われる。

テロリストは一般の犯罪者と異なり、治安を乱すだけではなく国家安全保障を脅かす危険な存在だから、一般の警察権を超えた範囲で取り締まりを行なわなければならないからだ。

「禁止されたこと以外は全て行なってよい」という前提に立つならば、「テロリストを殺してはいけない」という内容の法律や条約は存在しない。もしこのような条約が存在すれば話は別だが、当然、そのような条約ができることは100%あり得ない。したがって「テロリストを殺してはいけない」という条約がないことが、テロリストを殺す十分な根拠になる。

上記の理屈により、アメリカにとってテロリストを殺すことは何ら問題ない。それどころか、積極的にテロリストを殺さなければならない。未然に封じなければ、テロリストは罪のない人を必ず殺すからだ。

この考え方に対しては当然、反対意見もある。「どの命も同等に尊く、たとえテロリストでも罪を犯す前に殺すことは悪だ」という主張である。この考え方は理解できる。だが、現実の世界には命を天秤にかけざるを得ない場合があるのも事実だ。つまり、本当は全ての命を救いたいが、テロリストの命と一般市民の命のどちらかを選ばざるを得ない局面がある。

凶悪なテロリストの場合、生きているだけで多くのテロ攻撃が行われ、多くの命が奪われる。そういう人間は前もって殺すしかない、と考える国の指導者がいるのもまた事実である。

アメリカにおける対テロ戦の最高指揮官は、大統領である。さらにアメリカ大統領は自国の運命だけではなく、時として世界全体の運命を背負う。仮にこういう立場の人物が感傷的になり、「全ての命を救いたい」と考えた結果、逆に多大な犠牲者が出る恐れがある。

要するにアメリカ大統領は立場上、時に冷酷な判断をしなければならない、ということだ。端的にいえば「一人を殺し、多数を救う」あるいは「悪人を殺し、善人を生かす」。苦しい判断であろうが、それを実行しなければならない時がある。

繰り返すが、紙に書かれた条文は大事だが、全てではない。とはいえ法の縛りが全くなければ何でもありの世界になるので、紙に書かれたものを行動の基本にするのは当然である。しかし、紙に書かれたものに「のみ」縛られてはいけない。

国際社会の現実は、紙に書かれた文章よりもはるかに複雑である。常に現実の状況に即した判断をしなければならない。紙に書かれた条文に基づきながら、かつ現実を見る。両者のバランスが取れる人間こそ、真に優秀な指導者なのである。

第4節　タラ戦争――「弱者の恫喝」で核大国に勝った

すでに述べたように、紙に書かれた条文は全てではなく、国際関係は往々にして時の指導者の判断に左右される。さらに同盟国同士だからといって、全ての利害が一致するわけではない。そして同盟国のあいだには当然、力の差がある。強者と弱者が対立する場合、より弱い国が使う戦術は「弱者の恫喝」である。
「弱者の恫喝」とは、一対一の国力勝負ではなく、弱い国がその時の国際情勢を上手に利用して、強い国の企図を諦めさせる作戦である。敵国に対する効果はないが、利害が対立する同盟国に対しては有効な場合がある。

ＮＡＴＯ加盟国同士で起きた「弱者の恫喝」の事例は、アイスランドとイギリスのあいだで繰り広げられた、いわゆる「タラ（鱈）戦争」（英：Cod Wars）である。

土地が肥沃でなく、収穫量が少ないことから、アイスランドの農業は盛んではない。アイスランド人の生活を数百年間支え、経済の基盤となったのは漁業である。

したがって、アイスランドにとって近海の漁業権は死活問題である。ところが１９０１年に、イギリスとデンマーク（当時のアイスランドの宗主国）がアイスランドの領海を海岸線から3海里に定め、海域の外側でイギリスが自由に漁業をできるようにした。ここから生じたのが「タラ戦争」である。

各国の領海や接続水域、排他的経済水域の範囲とそれらにおける権利を定める「海洋法に関する国際連合条約」が署名されたのは１９８２年、施行は１９９４年のことである。それ以前は、領海や海域における経済活動について、しばしば争いが起きることがあった。「タラ戦争」

もその一つである。

名称は「タラ戦争」だが、アイスランドとイギリスが争っていたのは漁業権全般である。主たる海産物がタラであったことから、そのように呼ばれた。

アイスランドの独立後、前述のように同国近海でヨーロッパ、主にイギリスの漁船が活発な漁業活動を行い、アイスランドの漁獲量が急減した。そこでアイスランドは1901年の条約を破棄し、1952年に自国の領海を3海里から4海里に拡大し、海域内の他国の漁業活動を禁止すると宣言した。

これに対し、イギリスはアイスランド船の自国への入港を禁止した。アイスランドにとって、イギリスの報復措置は大きな打撃だった。イギリスは魚の主要な輸出市場だったからだ。

そこで当時、すでに冷戦下で勢力圏拡大を狙っていたソ連が動いた。余ったアイスランドのタラを買うことにしたのである。

創設間もないNATOの加盟国であり、戦略的に重要な拠点であるアイスランドに対するソ連の影響力を恐れたアメリカは、ソ連に対抗してアイスランドのタラの輸入を開始した。二国間の「タラ戦争」が、米ソを巻き込んだ複雑な事件にまで発展したのである。

米ソ両国にタラを輸出できるようになったアイスランドは、イギリスの禁輸措置による打撃から立ち直った。イギリスの報復は効果を失い、1956年にイギリスはアイスランドの4海里を承認した。

「NATOの施設を国内から撤退させる」という脅し

それ以降、1958年、1972年、1975年に3回も「タラ戦争」が起きた。毎回、「戦争」の流れは同じだった。まずはアイスランドが、他国が許可なしで漁業してはいけない海域の拡大を一方的に宣言する。1958年は4から12海里、1972年は12から50海里、1975年は50から200海里まで。イギリスはアイスランドの宣言を無視して、漁業活動を続けた。

次に、アイスランドはイギリスの漁船の物理的な妨害を行なった。それに対して、イギリスは漁船に海軍の護衛をつける。船の大きさや性能の面でも、数の面でも、イギリスの方が圧倒的に強いので、アイスランドによる妨害活動はうまくいかず、イギリスが漁業活動を続ける。

その次に、アイスランドは「NATOの施設を国内から撤退させる」「NATOから脱退する」「ソ連と接近する」という脅しを行なった。

これを受けて、アメリカは焦ってイギリスに対し、アイスランドに譲歩するように圧力をかけ、最終的にイギリスは怒りを噛み殺しながら、しぶしぶと譲歩する、という繰り返しだ。

このように、アイスランドは3回も「NATOからの脱退」「ソ連との接近」という「弱者の恫喝」に及び、その脅しは3回とも無敵の切り札として効果を発揮した。アイスランドは当時の国際情勢を見極めて利用し、本来、勝ち目のない非対称戦争に見事、勝利したのだ。

実行しないからこそ交渉材料に

では、アイスランドが使用した「弱者の恫喝」は常に「無敵の切り札」なのか。これについては冷静に考える必要がある。アイスランドの場合は恫喝に成功したが、その裏には以下のように多くの条件が介在していた。

- 米ソ冷戦
- 英米が国家主権を尊重したこと
- アメリカのソ連に対する恐怖
- アイスランドの地政学的位置

これら四つの絶対条件が重ならなければ、アイスランドの「弱者の恫喝」が成功するはずはなかった。

一つ目は、米ソ冷戦だ。これはタラ戦争をめぐる話の大前提であり、冷戦がなければ、アイスランドはそもそも恫喝のカードがなかった。イギリスはアイスランドの主張を無視し、軍艦で漁船の護衛を行い、漁業活動を続けただろう。軍事力のないアイスランドは打つ手なしだ。

二つ目に、英米が国家主権を尊重したことである。この点は非常に重要だ。タラ戦争をめぐる問題のもう一つの前提条件は、アイスランドの国家主権を尊重することであった。英米がたまたま国際法を守る国だったことは、アイスランドの運がよかったと言ってよい。

もしこれがソ連、もしくは中国相手なら、「弱者の恫喝」は効かない。もし中ソ（ロ）の衛星国が「わが国の国益を認めろ、さもないと敵陣営に寝返るぞ」と脅しをかけたとしたら、待っているのは占領と恫喝を口にした指導者の処刑（運が良ければ投獄）である。NATO内の交渉だったからこそ、アイスランドの主張は認められたのだ。

仮に英米が相手でも、タラ戦争があと50～60年前に起きたとすれば、大砲外交でアイスランドを屈服させるか、それこそ占領するという事態は十分に想像できる。

時代によって国家主権に対する考え方は異なる。時代や相手が異なれば、「弱者の恫喝」は無効である。戦後の西洋諸国に「大きな理由もなく、勝手に他国を占領してはいけない」という認識が広まったことは、アイスランドの「弱者の恫喝」を可能にしたのだ。

三つ目に、アメリカがソ連を恐れていたことも大きな要素であった。アイスランドが「弱者の恫喝」を使った時、英米がそれを無視して「やるならやってみろ」という態度を取ったら、どうなっただろうか。そもそも、アイスランド自身はNATO脱退とソ連との接近をあくまで交渉材料として使うつもりで、実際にやる気はなかった可能性がある。つまり、ブラフ（こけ脅し）だったのだ。

アイスランドが実行できたかもしれないことを挙げると、NATO軍のアイスランドからの撤退、NATO脱退、ソ連からの兵器購入、貿易拡大といったことであろう。だが、仮にアイスランドがこれらのカードを本当に切ってしまえば、もう二度と「弱者の恫喝」はできない。恫喝は、実行されないからこそ交渉材料として有効なのだ。本当に実行してしまったら、ほとんど効果がない。実行した場合、アイスランドは西洋における嫌われ者となり、国際社会から孤立する可能性があった。ソ連と接近すれば多少の援助をもらえたかもしれないが、完全にソ連に寝返ること＝ソ連軍を国内に駐屯させることは、さすがに主権国家としてはしなかっただろう。

一方アイスランドがソ連に寝返った場合、NATOは大事な戦略的拠点を失うことになるが、冷戦全体の力関係には大きな変化がない。仮にアイスランドを失っても、NATO自体は存亡の脅威に晒されるわけでもなく、冷戦における勝利は揺るがなかったはずだ。

おそらくイギリスだけの立場なら、アイスランドの「弱者の恫喝」を無視するという選択肢もあった。しかし、アメリカはソ連を恐れていた。冷戦の一局面において、ソ連の影響力拡大の可能性をどうしても阻止したかった。イギリスとアイスランドの漁業権をめぐる対立の結末は、ロンドンやレイキャヴィークではなくワシントンで決まっていたのだ。

四つ目は、アイスランドの地政学的位置だ。アイスランドは海に囲まれているだけではなく、ソ連や当時の共産圏からも離れている。大陸ヨーロッパのNATO加盟国と違い、目の前にソ連の脅威がない。だからこそ、ソ連との接近をちらつかせることでアメリカを脅せたのだ。たとえばソ連と地続きのノルウェーやトルコ、もしくは共産圏に領土の一部を奪われたドイツが同じような「火遊び」をすれば、それこそソ連圏に組み込まれる可能性があった。

以上のように、「弱者の恫喝」とは多くの条件が重ならないと実行できない。勝利の条件が揃っていない状況で恫喝のカードを使ってしまったら、逆にひどい目に遭う可能性が高い。したがって使用については、慎重に考えなければならない。この手段の使用を検討する場合は常に「『やるならやってみろ』と言われたらどうするか」を考えなければならない。本当に踏み切るのか、それとも泣き寝入りをするのか。泣き寝入りの可能性があるなら、最初からやらない方がよい。

また「弱者の恫喝」を使えば、強い同盟国との関係が悪化する可能性がある。この場合は恫喝で獲る利益と失う利益、さらに同盟国との信頼関係を天秤にかける必要がある。どの選択がより自国にとって最適かつ重要か、熟慮しなければならないだろう。

第5節　吉田ドクトリン――本当に平和と繁栄の礎だったか

強国が定めたルールを逆手に取る

前節で述べように、アイスランドは「弱者の恫喝」を使って自国の国益を確立した。つまり、小国にも国益を守る手段はある、ということだ。

では、日本は「弱者」「小国」の立場で国益を守り、独立国として生存していけるのか。その点を考える上で戦後、日本を国際関係の「弱者」「小国」として固定させたのは、いわゆる「吉田ドクトリン」である。

吉田ドクトリンとは、安全保障をアメリカに依存することで、軽武装を維持しながら経済の復興、発展を最優先させることによって、国際的地位の回復を目指した戦後日本の外交の基本原則である。アメリカは朝鮮戦争勃発のため、日本に軍事費増加を要求したが、吉田茂首相は日本国憲法第9条を盾に、この要求を拒否した。

当時の吉田茂政権の態度は「恫喝」とまでは言えないが、弱小国が強国に対して物を言う時に使う手段の一つである。つまり、強国が定めたルールを弱小国は自分にいいように解釈して

「あなた達が定めたルールだから、われわれは守っているだけです」と主張するわけである。憲法第9条を日本に押し付けたのはアメリカである、という経緯をアメリカの要求を拒否するために利用したのだ。これはアメリカにとっても痛い主張で、軍事費増加をゴリ押ししにくい状況であった。

吉田首相が退陣した後も、吉田ドクトリンの路線は日本に定着した。安全保障をアメリカに任せたおかげで、日本は復興や発展に集中でき、高度経済成長を成し遂げて世界第2位の経済大国となった。吉田ドクトリンに基づく方針はおおむね現在も続いており、多くの人から評価されている。

弱小国の振りを続けてよいのか

それでは、実際に吉田ドクトリンは正解だったのだろうか。日本が高度経済成長を成し遂げたのは紛れもない事実だから、成功だという意見は理解できる。一方、吉田ドクトリンが日本の足枷になっていることもまた、事実である。主権を回復してから70年近く経っているにもかかわらず、日本は憲法9条を改正できず、自国の防衛、安全保障政策を自主的に制限している。

もしあの時、アメリカの要求通り軍事費を増やしていれば、その後の再軍備も現実的になり、今の日本は自立した軍隊を持つ「普通の国」になっていた可能性が高い。

吉田ドクトリンが妥当だったかについては、やはり議論の余地がある。百歩譲って、吉田首相の在任当時は経済の復興を一刻も早く実現する手段として合理的な判断だったとしても、その後もずっと日本の安全保障政策の基本になっている状態は明らかにおかしい。吉田首相自身も、再軍備の拒否と復興、発展の最優先を敗戦直後に置かれた状態を踏まえた上で決断したと思われ、同じ状態が未来永劫、続くことは想定しなかっただろう。

「21世紀の日本は小国として、大国の中国やアメリカ、ロシアとバランスを取りながらうまく付き合う」という方針は、驚くべきことに今でもかなりの支持を集めている。実際、自民党から共産党まで程度の差はあれども、国政政党が軒並み小国路線を支持している。

しかし、これでいいのだろうか。まず言えることは、人口が1億人以上で、世界第3位のGDPの国は、どう見ても「弱小国」ではない。弱小ではない日本がなぜ「弱小国」の振る舞いをしなければならないのか（たしかにこのまま経済停滞が続き、人口も減少し続けたら本当の弱小国になる可能性もある。だがこれは別の問題であり、本書では論じない）。

仮にもし日本が、前節で取り上げたアイスランドや、ニュージーランドあるいは西ヨーロッパの国であるならば「弱小国ではないが、弱小国の振る舞いをする国」という選択肢はあるかもしれない。

しかし、日本は東アジアにある。隣に中国とロシアのような凶暴な軍事大国と、日本人を拉致する犯罪国家の北朝鮮がある。このような地域に位置すれば、弱小国は必ず危険に晒される。仮に直接の軍事侵攻を受けなくても、隣国に振り回される運命を免れない。

実際にいま日本の領土はロシアと韓国に不法占領されており、尖閣諸島も中国に狙われている。中国をはじめ、近隣諸国は日本の外交・内政問題への干渉を繰り返している。この状態で、日本が弱小国として振る舞うことは決して許されない。今は当たり前の平和な日常が破壊されても構わないなら、そのままでもいいのかもしれない。だが、現在の暮らしを守りたいなら、弱小国の振る舞いを続ける余裕は、日本にはもうない。

戦後日本の現実は「親米」ではない

筆者は、地政学的な思考としては「親米」を選ぶ。そして「日本の安全保障政策の基本は、日米同盟を軸にした親米路線しかあり得ない」とも考えている。しかし、戦後復興を成し遂げた後もなお吉田ドクトリンを続ける路線は、決して親米ではない。さらに言えば、それは対米従属ですらない。もし日本が本当に対米従属であれば、アメリカの要望通りある程度の再軍備を実行したはずだ。

再軍備を拒否した時点で、日本は対米従属の国ではない。現在でも吉田ドクトリンを支持している論者には、アメリカに対する愛も尊敬も、執着もないといえるだろう。自分で生活を守る努力をせず、ただ楽をしたいためにアメリカを利用しているだけである。

ここが注意しなければならない点だが、「日本人がアメリカに対して何ら特別な感情もなく、アメリカを利用している」ということ自体は悪いことではない。重要なのは、「何のためにアメリカを利用しているか」である。もし日本を守るため、日本の国益のためにアメリカを利用するのであれば、決して悪いことではない。しかし、吉田ドクトリンを信奉する人達は「努力をしたくないためにアメリカを利用する」「日本を弱い国のままに保つためにアメリカを利用する」ということを何十年も続けている。究極の本末転倒だ。

実際に戦後、日本はアメリカと同盟国でありながら、アメリカの世界戦略と海外派兵に付き合っているわけではない。朝鮮戦争、ベトナム戦争には参加せず、申し訳程度で基地を提供していただけだ。米ソ対立においても、積極的にソ連を追い詰めることには協力しなかった。近年でも、２０１４年から続く米ロ対立、２０１９年から激化した米中対立においても、日本は明確にアメリカの側に立たず、中ロとも喧嘩せずに、のらりくらりと中立を保とうとしている（この路線の危険性については、次章で詳述する）。

つまり、戦後日本は現実に親米路線を取っていないのに、親米だと思われている。このため、多くの人が勘違いしているのだ。

たとえばまず、反米左翼は吉田ドクトリンに基づく自民党政権の外交を「親米外交」「対米従属」と呼んで批判している。自民党政権の路線は親米ではなく、十分に弱小国の路線なのに、反米左翼はそれで足りずに、まるで「もっと弱くなれ、日本！」と叫んでいるかのようだ。

反米左翼はもちろん、日本が弱くなったら、どうやって彼らが好きな「暮らしを守る」「やさしい社会」「平等な国」を確立できるのかは、全く答えない。現実に「弱い日本」ではこれらは達成できないので、反米左翼が答えられないのも当然のことだ。

つまり、左翼が掲げる理想の社会は、左翼が主張する政策では絶対に実現できない。左翼は以前に「強い国よりやさしい社会」というスローガンを掲げたが、強い国でなければやさしい社会は実現できない、という当たり前すぎる事実を彼らが理解していない。反米左翼の論理は完全に破綻しているのだ。

「対米自立」の間違い——アメリカと離れた分、中ロと近づくだけ

次は、いわゆる反米保守だ。反米保守もまた反米左翼と同様に、自民党政権の外交を「親米路線」と呼び、批判している。たしかに反米保守は、日本の再軍備や自主防衛を主張する点、そして日本の文化や伝統、国体を否定しない点で反米左翼よりだいぶましだ。しかし反米保守

が主張する、いわゆる「対米自立」は大きな危険性を秘めている。

本当の対米自立、つまりアメリカと緊密な関係を保ちながら、対米依存度を減らすのは素晴らしいことだ。しかし反米保守は、「日本はアメリカの世界戦略と全く付き合わない」という意味で「対米自立」という言葉を使っている。これは完全に間違った考えだ。

日本がアメリカとの同盟を解消すれば、日本の敵国である中国とロシアの属国になるしかない。現実問題として、日本自身が世界有数の軍事大国にならない限り、アメリカと離れた分だけ中ロと近づくことになる。中立の外交などまやかしに過ぎない。

さらに不可解なことだが、反米保守はロシアやその指導者のプーチンに対して好意的な考え方を持っている。アメリカが憎いあまりに、そのアメリカと対立するロシアのことを好きになる、という倒錯した思考構造ではないかと推測できるが、ロシアはためらうことなく人を殺せる凶暴な侵略国家である。

過去に日本をさんざん痛めつけ、現在も北方領土を占領する敵国のロシアに好意的な考えを持つ人達が、国際情勢や国際政治を正確に理解するのは不可能だ。

以上の反米左翼および反米保守の見当違いの批判により、全く親米ではない自民党政権の外交があたかも親米に見えてしまう。彼らの批判は結局、自民党を利するだけである。

「できるのにしなかった」安倍政権

ちなみに、これは外交に限った話ではない。2020年まで7年8カ月も首相を務めた安倍晋三氏は、「反米保守」「反米左翼」以外の日本人のあいだで評価が高い。たしかに安倍政権には実績があった。特定秘密保護法や集団的自衛権行使容認、安保法制など、以前の時代と比べれば前進したと言える。

しかし、6回連続で国政選挙に圧勝した政権としては、全く不十分だ。安倍政権を常に擁護する人達は「安倍首相は懸命に頑張っているのだから、批判して足を引っ張るな」と言っていた。

筆者は、実現不可能なことで安倍政権を批判するつもりはない。あくまでも「できるのにしなかった」点、そして「してはいけなかったこと」「しなくてもよかったこと」をした、という点を問題視しているだけだ。

外交政策では、安倍首相は「日米同盟は軸」と言いながら、中ロに対して宥和路線を取ってきた。先述のように、同盟国を重視するなら、アメリカが対立する中ロとなぜ仲良くしようとしたのか。ちなみに、その中ロはアメリカの競争相手であるだけではない。日本の安全保障の最大の脅威でもある。

日本の第一の脅威は中国、第二の脅威はロシア、第三の脅威は北朝鮮である。日本を脅かす国と仲良くしようとした安倍政権は、残念ながらこれまでの自民党政権の外交路線を受け継ぎ、相変わらず吉田ドクトリンを基軸にしていた、と言わざるを得ない。そして後継の菅政権もまた、同じ路線を継続している。

ドル換算で防衛費は減っている

防衛政策においても、似た状況だ。安倍政権の時代に、防衛費の「額」は毎年、最高額を更新していた。しかし別の角度から見ると、民主党の菅直人政権の時代に、防衛費の対ＧＤＰ比は約０・99％だった。安倍晋三政権の時代は約０・94％である。つまり防衛費のＧＤＰに占める「比率」は、民主党政権と比べて減っているのだ。

さらに「ドル建て」で見ると、菅直人政権時代の防衛費は約６００億ドルであり、安倍晋三政権時代は約４８０億ドルだった。つまりドルに換算した日本の防衛費は大幅に減っている。

もちろん、この現象は安倍政権になってから日本のＧＤＰが増え、円安が進んだために起きたものだ。しかし同時にそれは、安倍政権時代の防衛費の増加は、ＧＤＰの増加と円安だけで、統計の数字に反映されなくなる程度の微増に過ぎなかったことを意味する。実際の増加額はあの「悪夢の民主党時代」から少しましになった程度で、大きな改善はない。

しかし、日本のメディアの多くは対GDP比率とドル建ての額にいっさい触れずに毎年、防衛費について「過去最多」の見出しを付けて報じていた。日本の左翼、野党勢力は「過去最多」の防衛費を批判し、安倍・菅政権を「軍国主義の復活」だと批判している。

日本の左翼と野党が的外れの批判を行なった結果、自分たちの恥を晒すだけなら、べつに構わない。問題は、的外れの政権批判をすることによって、与党の自民党に援護射撃をしていることだ。

左翼が安倍・菅政権を「軍国主義だ」と罵ることによって、多くの愛国的な国民は「安倍・菅政権は、日本のために働いている」と勘違いしてしまう。先述したように、自民党政権は現在でも吉田ドクトリンに基づく外交を行なっており、国防の努力を怠っている。

しかし左翼の間違った批判によって、国民は自民党が国防の努力を十分に行なっていると誤解してしまう。もちろん左翼の言うことを直接、信じる人はほとんどいないだろう。しかし「左翼の評価を真逆にしたら、正しい評価になる」と信じる人は少なからずいる。実際は、左翼の評価基準自体がおかしすぎるので、真逆にすらならない。左翼の言う「軍国主義」は「国防の努力」ですらなく、吉田ドクトリンの継続に過ぎない。

外交・防衛の問題に限らず、左翼と野党は長年、自民党の政権を支えている。自民党が高支持率を保ち続けているのは、ひとえに勘違いした左翼野党のおかげである。日本の左翼と野党があらゆる問題についておかしなことを言い続けるので、国民は「こういう人達には政権を絶対に任せられない」と思う。無能な左翼野党と比べたら、自民党政権はまるで有能な政権に見える。自民党は決して優れた政権ではない。立憲民主党や共産党が比較対象だから、相対的によく見えるだけだ。

だから、本当に自民党一強政治を打破し、日本の政界を正常化したいのであれば、まず今の左翼野党をなくし、政策提言のできる責任ある野党勢力を作る必要がある。

アメリカが日本を守る気になるには

吉田ドクトリンの支持者は、「いざというときにアメリカは日本を守ってくれる」と言う。それを批判する反米左翼は「話し合えば分かり合える」と言う。さらにそれらを批判する反米保守は「アメリカは絶対に日本を守ってくれないから、対米自立しかない」と言う。しかし、全部間違いなのである。

吉田ドクトリンの支持者と反米左翼は「日本が努力しなくても済む」という点で共通している。また、反米左翼と反米保守は「アメリカとの同盟は要らない」という点で共通している。

さらに、いずれの一派も「アメリカが日本を守る気になるように、日本は今まで何か努力をしたのか」「アメリカが日本を守る気になるように、どうすればいいのか」を真剣に考えていない、という点で共通している。

実際の安全保障において、「アメリカは日本を守る」「守らない」という議論は無意味であり、現状に何の影響も与えない。むしろ「アメリカが日本を守る気になるために、何をすればよいか」を語る議論こそ現状に影響を与え、日本の安全保障に役立つ可能性が十分にある。

日本は、今までアメリカが日本を守る気になるための努力をせずに、日米安保の条文だけに甘えてきた。NATOについて記したように、条約の条文は大事だが、それが全てではない。実際に各時代の政権が条約をどう運用するかが重要である。当然、日米安全保障条約も例外ではない。

日本人が日米安保条約の第5条（「各締約国は、日本国の施政の下にある領域における、いずれか一方に対する武力攻撃が、自国の平和及び安全を危うくするものであることを認め、自国の憲法上の規定及び手続に従つて共通の危険に対処するように行動することを宣言する」）の条文に頼るだけの態度を続けるなら、いずれアメリカも条文を守る気にならず、条約が形骸化する恐れがある。

アメリカが日本を守る気になるには、まずは日本が国防のための努力を行い、少なくともアメリカが諸同盟国に要求する防衛費の対GDP比2％の予算を実現し、アメリカの地政学的な戦略に付き合う必要がある。反米左翼と反米保守は「対米従属」と言うであろうが、これは従属ではない。日本の国家安全保障を確立するために必要な外交政策であり、何よりも日本の国益に適うのだ。

吉田ドクトリンに基づく外交を続け、日米安保条約の条文だけに頼っても、日本の主権と独立を守ることはできない。また、左右の反米主義者の極論を聞いても、日本は危うい道を歩むだけだ。今の日本に必要なのは、防衛費の倍増と再軍備だ。複雑かつ危険極まる現代の世界において、危機はいつ、どこから迫ってくるか全く予測できない。

不測の事態は必ず起きる。有事にいち早く対応するには、平時のうちに危機に備える必要がある。日本の国民一人ひとりが、国家安全保障が日常生活に直結することに気づき、国防の努力の必要性を理解すべきだろう。政治家もまた、利権や自分の政治生命ばかりではなく、国家の主権と独立を守ることを第一の目的にしなければならない。

第６節　朝鮮戦争のチャンスを活かしたトルコ

何としてもＮＡＴＯ加盟国に

戦後の日本は、平時における国防の努力をしないだけではなく、世界情勢の変化のなかで時々現れるチャンスも利用してこなかった。

具体的には朝鮮戦争、ベトナム戦争、ニクソン大統領による対ソ連戦略への協力要請、レーガン大統領のソ連追い詰め、ソ連崩壊、そして現在進行中の米中対立。これらは全て緊迫した状況において日本が「永遠の敗戦国」の立場から脱却し、再軍備と国際的地位を得るためのチャンスであった。

しかし、日本はそれらの好機を一つも活かせなかった。多くの国は、日本よりも必死に国防の努力をしている。本節では「国防努力とは何か」「国家の運命を100年先まで保障する英断とは何か」という問いに答える、最も象徴的な事例を取り上げたいと思う。

それは、朝鮮戦争におけるトルコの決断である。トルコの例は歴史や政治、国際関係に関わる人だけではなく、全ての国民が知っておくべきだ、と筆者は確信している。義務教育の歴史の授業に取り上げてもよいほどの教訓である。

第二次世界大戦直後、トルコの最大の脅威はソ連だった。トルコ北東部の一部は1878年にロシア帝国がトルコから奪い、領有していたが、ロシア帝国の崩壊後、1921年にソビエト政府がトルコにその領土を返還した。返還した地域は、グルジア・ソビエト社会主義共和国とアルメニア・ソビエト社会主義共和国に隣接していた。ソ連は一度トルコに返還した隣接地域に対して再び領有権を主張し、割譲を要求した。また、公式に割譲を要求した地域以外にも、他のトルコ領を奪う機会を狙っていた。ソ連が奪取を計画した最大版図は、トルコ北東部全体に及ぶものだった。

ソ連は同時にトルコに対して、黒海と地中海を結ぶボスポラス海峡とダーダネルス海峡における通行権も要求した。両海峡において民間船の通行は自由だが、戦時においてはトルコは他国の軍艦の通行を止めることができる。そこでソ連は軍艦の通行も自由にすること、そして海峡付近にソ連の軍事基地を置くことを要求した。

ソ連の野心を警戒したトルコは西洋との接近を模索し、とくに1949年に設立されたNATOへの加盟は、トルコの切願となった。トルコは第二次世界大戦において中立国だったが、西洋の一員になる意識が強かったので、アメリカによるヨーロッパに対する復興支援計画、マーシャル・プランに基づく支援を受けていた。

しかし、ヨーロッパ諸国はトルコとの接近や、トルコのNATO加盟には冷ややかだった。ヨーロッパ諸国の政府は歴史的、文化的、宗教的な特徴から、トルコをヨーロッパではなくアジアの国だと認識していたので、ヨーロッパの集団防衛体制にトルコを組み入れることに否定的だった。

トルコはソ連の脅威を恐れ、何としてでも西洋の一員としてNATO加盟国になりたかったが、ヨーロッパ諸国はトルコを仲間として受け入れることに否定的だったのだ。

すぐさま派遣部隊を編成

以上の状態で、トルコは１９５０年の夏を迎える。１９５０年6月25日、北朝鮮軍は38度線を越え、朝鮮戦争が勃発した。直後に国連安全保障理事会は二度、北朝鮮を批判して韓国への支援を呼び掛ける決議を採択した。

国連の決議を受けて、トルコはすぐさま朝鮮に派遣する部隊の編成を始めた。なぜだろうか。

トルコ人は「どの国も韓国と同じく、ソ連の間接侵略を受ける可能性がある」という認識をもっていた。朝鮮半島の情勢を見たトルコ人は、韓国の立場をトルコに置き換え、自国が共産主義勢力に侵略されることを想像したのだ。「もし今トルコが韓国を助けなければ、次にトルコが共産主義者に侵略された場合、誰がトルコを守る気になるのか」と。

同時にトルコは朝鮮戦争への参加を、自分たちが西洋社会の一員であることを行動で示すチャンスと考えた。侵略を受けた韓国に対する積極的な支援によって自国の国際的な地位の上昇を図り、トルコのＮＡＴＯ加盟に反対する西ヨーロッパ諸国の意見を変えさせようとした。だからトルコに対する援軍の要請を待たずして、国連決議を受けて即座に部隊編成を始めたのだ。

国連事務総長によるトルコ政府への正式な援軍要請日は7月24日だった。翌日、トルコ政府は4500人の旅団を朝鮮戦争に派遣することを発表した。この迅速な判断から、トルコ人の本気度が窺える。

しかし当然、懸念もあった。派遣を速やかに決断したトルコのアドナン・メンデレス首相はまた、トルコの参戦がソ連を刺激し、報復としてトルコが侵略を受けるのではないか、ということを恐れていた。

さらに、トルコの政界内でも反対論があった。トルコで総選挙が行われ、それまで野党だった保守派の民主党が選挙で勝利したのは朝鮮戦争の勃発直前、1950年5月である。つまり、メンデレス首相は就任後わずか2、3カ月で、国家の命運を決める重要な決断をしなければならなかった。1923年から1950年5月まで政権を握り、総選挙後の最大野党となった中道左派の共和人民党は、参戦に反対していた。

共和人民党の反対論は「もし参戦中にトルコが韓国と同じように侵略を受けた場合、国際社会はトルコを守らないのではないか」いう疑義であった。また、緊迫した国際情勢のなかでトルコ本土を守る戦力を4500人も減らすこと、さらにトルコが攻撃を受けた場合、安全を保障する約束をトルコ政府が西洋諸国に要求しなかったことを批判した。

しかし、自らの懸念や国内の反対論があったにもかかわらず、メンデレス政権の決断は揺るがなかった。トルコの宿願であるNATO加盟に関し、サルペル国連大使はトルコ軍の参戦をNATO加盟への推進条件にすることを訴えたが、エルキン駐米大使が反対した。トルコ軍の派遣を西洋との接近に使うことには賛成したが、韓国への支援とNATO加盟の努力を結びつけず、両方を個別かつ同時に行うことを主張した。結局、条件を付けずにトルコ軍の部隊派遣が決定された。

海外派遣に条件を付けてはいけない

朝鮮戦争でトルコが下した条件なしの援軍は、じつに見事な判断だったと言える。普通の人の思考では、この状態で条件を付けたくなるのは当然だろう。直接の利害関係がない朝鮮半島に自国の部隊を送り、なおかつソ連を刺激するからだ。しかも当時の戦況から、トルコ人の死者が出ることは一目瞭然であった。確実に相当数の死者が予想される戦いに対し、軍人を送る代わりに、トルコ本国の安全を保障する約束を要求するのは当然のように思われる。

しかし、だからこそ海外派遣に条件を付けてはいけないことを見抜いたトルコの指導者は見事だった。先述のように当時、トルコのNATO加盟に西ヨーロッパ諸国は否定的であったからだ。この状態でトルコがNATO加盟を参戦の条件にしたら、反発は強まるだけである。

また、たしかにアメリカは強力な共産主義勢力と戦うために、できるだけ多くの国から、多数の部隊が来ることを望んでいた。しかし、朝鮮戦争は両軍で数十万人が戦う大規模な戦争だった。加えてトルコの４５００人という兵数は、加勢としては有難いが、大局的に見て勝敗を左右する規模ではない。

　この状況でトルコがＮＡＴＯ加盟を条件にしたら、加盟反対国に新たな批判材料を与えたことだろう。「トルコは取引外交をしている」と批判を浴びれば、西洋におけるトルコのイメージは悪化し、最悪のケースでは「条件をつけるなら参戦してもらわなくて結構だ」と言われる可能性があった。そうなればトルコのＮＡＴＯ加盟の計画自体が頓挫し、ヨーロッパの集団防衛体制に加わる千載一遇の機会を失うことになる。

　しかし逆に、条件を付けなければトルコの参戦に反対する国はなく、むしろ歓迎される。だからトルコは条件を付けずに部隊派遣を決定し、朝鮮戦争への参加とは別のプロセスとしてＮＡＴＯ加盟のための動きを続けたのだ。

　ちなみに当時、トルコの野党は参戦に反対だったが、国民の多数とメディアは部隊派遣を支持していた。多くのトルコ人は共産主義に対する恐れと憎しみを持っていたので、トルコ人が直接、共産主義と戦えることに誇りを抱いていた。朝鮮戦争への参戦を「トルコ人の力を世界に示すきっかけだ」と感じ、愛国心の高揚が国内で生まれていた。

　そして派遣を控えた１９５０年８月１日に、トルコは二度目のＮＡＴＯ加盟の申請を行なった。トルコの外務大臣は、ギリシャとトルコなしでは軍事同盟は完成しないこと、東地中海を集団防衛体制から排除してはいけないことを主張した。

トルコ兵の戦いがアメリカの意見を変えた

しかし同年9月、トルコの申請は再び却下されてしまう。NATO加盟国はトルコの加盟にまだ懸念を持っており、とりわけソ連と直接国境を接する状態を避けようとする声が強かった。

二度の加盟拒否にもかかわらず、トルコは参戦の準備を続けた。編成された部隊が訓練に入り、1950年10月にトルコ兵団が朝鮮に到着した。部隊は先述のように4500人だが、交代要員を入れると、1953年7月の停戦までに合計15000人のトルコ兵が朝鮮戦争を経験した。国連軍のなかでアメリカ、イギリス、カナダに次ぐ、4番目の派兵数である。

朝鮮半島に上陸したトルコ兵は、トルコ語以外の言葉を理解せず、現地の天候や食文化にも不慣れだった。最初は後方にいる予定だったが、中国軍の攻勢による戦局悪化のため、朝鮮到着の約1カ月後、前線への出動を余儀なくされた。しかしアメリカ軍との意思疎通という大きな欠点がありながら、トルコ兵の戦いぶりは勇敢かつ献身的であり、アメリカ軍の司令部に高く評価された。

トルコ軍の存在を西洋世界に知らしめたのが、１９５０年11月末のクヌリの戦いである。当時、国連軍を包囲寸前まで追い込んだ中国軍を、トルコ軍が多くの犠牲を出しながらも必死に食い止めることで、圧倒的な数を誇る中国軍の攻勢を数日間遅らせ、国連軍撤退のための時間を確保したのだ。

クヌリの戦いでは２１８名のトルコ兵が戦死し、約１００名が捕虜になった。20％の人員と70％の装備を失ったトルコ人部隊は壊滅状態だったが、その貢献は高く評価された。その後も、トルコ兵は複数の戦いに参加した。アメリカ軍の司令部は、他の国連軍兵（インド、タイ、フィリピン兵）よりはるかに高い士気と戦闘力を高く評価し、トルコ軍の活躍をアメリカ本国にも報告した。

このトルコ兵の戦いぶりが、アメリカ指導部の意見を変えた。１９５

朝鮮戦争に従事するトルコ軍兵士（写真提供：GRANGER /時事通信フォト）

1年5月にアメリカは同盟国に対し、トルコをNATOに加盟させることを提案した。次いでイギリスも方針を転換し、1951年7月にトルコのNATO加盟を支持した。

同月、トルコとギリシャの加盟がオタワにおける北大西洋理事会で議題になった。当初はノルウェーやデンマークなど、北欧の国が遠く離れた中東の紛争に巻き込まれることを恐れて反対を主張した。しかし長時間の議論の末、トルコとギリシャの招請は全会一致で決定された。1951年10月に両国のNATO加盟の議定書が署名され、1952年2月15日に同議定書が発効、18日にトルコ大国民議会は圧倒的多数で加盟を議決してトルコは正式に加盟国になった。

時の政権の正しい判断は、100年先まで国家の運命を安定させる。トルコのNATO加盟に至るプロセスは、まさにそれを証明した事例である。トルコの加盟後、ソ連はトルコに対する領土の主張も、海峡の通行権の要求も取り下げた。冷戦中のソ連との緊迫した関係は続いたが、直接の軍事侵略の脅威は大幅に減少した。もしNATO加盟国のトルコを攻撃したら、確実に第三次世界大戦に繫がるからだ。

トルコは安全保障の観点から見ると、複雑な地域に位置している。だがNATO加盟後、トルコの領土が他国に攻撃されることはなかった。現在でもNATO加盟国であるおかげで、トルコは安寧を保つことができる。

たとえば2015年11月24日、トルコ空軍は領空侵犯したロシア空軍の爆撃機を撃墜した。ロシアは激怒し、トルコに対して「二国間関係に深刻な影響を与えるだろう」との脅迫と、反トルコのプロパガンダを国内外で大々的に流し始めた。しかし、直接の軍事的報復の手出しはしなかった。3日後の27日に、ロシアの元首相でもあるセルゲイ・ステパーシン都市改革推進会議議長が「もしトルコがNATO加盟国でなければ、ダーダネルス海峡もコンスタンティノープル（イスタンブール）もロシア領だっただろう」と発言している。

ステパーシン議長の発言は、たんなる過激なロシア帝国主義者の暴言とは異なる。彼は元首相であり、現役の官僚である。実際にロシアでは、下位の官僚や政治家が、プーチンをはじめとするロシアの指導部が「本当はそう思っているが立場上、言えないこと」を代弁することがよくある。つまり、ステパーシン発言の内容はプーチンの認識でもある可能性が高い、ということだ。

トルコによるロシア領空侵犯機の撃墜事件が、NATOがトルコを守っている現実を証明している。ロシアは多くの近隣諸国に手を出したいが、NATOの存在によって実行できない。1952年のNATO加盟が、いかに大事だったたか。もしあの時トルコが加盟しなければ、その後の加盟は不可能に近かった。第2節で解説した理由により、ギリシャが先にNATOに加盟すれば、トルコの加盟を間違いなく妨害し続けたからだ。

トルコと異なり、ギリシャはヨーロッパの国として認識されていたので、ギリシャはいずれ加盟していただろう。しかし、トルコにとってNATO加盟はハードルが高かった。朝鮮戦争という絶好の機会を逃したら、ギリシャが加盟したが最後、トルコの加盟は永遠になかったかもしれない。

自国の安全保障をめぐる高い壁を乗り越えるために、当時のトルコの政治家も外交官も軍人も共通の認識を持ち、各人の分野で全力を尽くした。そこには多分、自分たちが国家の運命を背負っている、という使命感があったのではないか。

上記いずれかの段階で、誰かに致命的な失敗があれば、トルコのNATO加盟の機会は失われていたかもしれない。トルコ政府が焦ってNATO加盟を参戦の条件にした場合や、トルコ兵が祖国から遠く離れ、友軍とのコミュニケーションも十分に取れない状況下で、前線で全力を尽くさなかった場合も、加盟が実現しなかった可能性がある。さらに、もしトルコの世論が「若者を戦場に送るな!」という偽善的な「平和主義」に汚染されていたら、やはりNATO加盟は難しかっただろう。しかし幸い、どの事態も起きずに、それぞれのトルコ人が完璧に仕事をこなしたのだ。

トルコ人は国民が一丸となり、全力を尽くし、自国の安全を100年先まで確保する道にたどり着いた。現在のトルコもその恩恵を受けている。ハードルは高く、チャンスは摑みにくかったが、必死の努力と適切な判断で成功を収めた。

共に戦った歴史の重み

トルコの事例は他の国に対しても当てはまる。「国防の努力とは何か」という問いに対する答えは、まさにトルコが遂行したようなことだ。

国防の努力とは、基本的に国内ですることだ。防衛費の増加、再軍備、人材育成、軍事インフラの整備、技術開発等々。しかし国家安全保障を確立するには、国内政策だけでは不十分である。なかでも同盟国、友好国との連携関係は非常に大事だ。そして同盟国、友好国との関係を強化するには、国際貢献、場合によって軍事支援や参戦が必要な場合もある。共に戦うことで築かれた絆は強い。現在でも、韓国の学生が各国の朝鮮戦争経験者と会い、感謝を伝える事業が行われている。翻って、日本人の努力は十分と言えるだろうか。

たしかに、19世紀の常識では「今日の戦友は明日の敵」なのかもしれない。しかし第二次世界大戦以降の国際関係を見れば、そんなことはない。共に戦った歴史には重みがあり、強い絆を生み出している。共に血を流し、犠牲を出した戦友を同盟国は決して見捨てない。もちろん、「共に戦った歴史」は同盟関係や友好関係、攻撃された時に守ってもらうための絶対条件ではない。他の面で努力すれば、同盟関係は十分に成り立つ。しかし「共に戦った歴史」がある状態は、ない状態と比べて同盟関係の重みが圧倒的に違う。

たとえば、イギリスとアメリカの同盟関係は世界基準で見ても盤石なことで知られている。どんな時代に、両国にどのような政権与党ができても、英米関係は揺るがない。イギリスが侵略を受けた時、アメリカがそれを助けない状態など、想像できない。もちろん、戦後の歴史において、世界各地における利権をめぐって両国の摩擦は存在した。しかし、摩擦が同盟関係を突き崩すことはない。

イギリスとアメリカの同盟関係はなぜ盤石なのか。同じ言語や歴史的な繋がりを考慮に入れても、英米関係には特別の強さがある。要因の一つには、やはり「共に戦った歴史」があるのではないだろうか。朝鮮戦争において、イギリスは6万人規模の大兵力を派遣した。しかも当時の極東、とくに朝鮮半島はイギリスの国益と直接、関わる地域ではなかった。イギリスとしては、むしろヨーロッパの安全保障と中東の影響力維持に力を入れたかった時代だ。イギリスは最初、大きな兵力を派遣することに慎重だった。

しかしアメリカからの強い援軍要請を理由に、イギリスは最終的に求められた規模の軍を派遣した。当初は反対論が優勢だったことを踏まえれば、アメリカの要望通り軍を送ったイギリスは、地政学を理解しない左翼や反米主義者、偽平和主義者に言わせれば「アメリカの圧力に屈服した」ことになるのだろう。

だが、援軍はあくまでもイギリス政府の判断であり、拒否しようと思えば断ることもできた。イギリスは、派兵の拒否によって英米間の信頼が低下する状態を招くより、たとえ乗り気でなくても同盟国と歩調を合わせることで、長期的な国益を選んだのだ。

朝鮮戦争勃発時点のイギリスは労働党政権であり、1951年10月に保守党に政権交代した。つまり政権与党がどの党であっても、同盟関係、地政学的な戦略は揺るがない、ということだ。朝鮮戦争以外でも、ベトナム戦争以外の重要な戦争（湾岸戦争、ボスニア戦争、アフガニスタン戦争、イラク戦争など）で、イギリスは必ずアメリカと一緒に戦ってきた。保守党も労働党も関係なく、どの内閣もアメリカとの同盟を重視している。

イギリスも日本も、同じくアメリカの同盟国である。しかし日本では「日本が攻撃された時、アメリカは助けてくれるか」という疑問が起きるが、イギリスでは「アメリカは助けてくれるか」という疑問は起きない。なぜか。答えは明らかで、助けるに決まっているからだ。世界中の誰が見ても、イギリスが他国に攻撃されたらアメリカは助けに来る。この差が、「共に戦った歴史」に基づく強い絆によって生じる。

もちろん日本は、アメリカが世界各地で戦う全ての戦争に無条件に参加しなければならないわけではない。しかし「同盟国に助けてもらう」と考えるばかりではなく、「同盟国を助ける」「同盟国と痛みを分かち合う」思考は常に意識しなければならない。同盟国が戦っているのに、

「死にたくない」「リスクを避けたい」「安全地帯にいたい」「商売の取引が途絶えてしまう」という姿勢を取り続ける国を、いざという時に助けに行く気にはならない。

トルコのNATO加盟の教訓として、自国の安全保障を確立するには、多大な努力をしなければならない。しかも、努力だけでは足りない。一瞬しか現れないチャンスを掴むこと、そのために迅速で適切な判断を行うこと、犠牲を覚悟すること、そして同盟国に誠意を見せることなどが非常に重要である。

たしかに戦後、アメリカは日本を守ってきた。だが、それはあくまでもアメリカが自国の世界戦略の都合上行なったことで、日本が大事だからではない。この状態は脆弱である。アメリカの都合が変わったら、日本を守らなくなる可能性があるからだ。アメリカが日本を大事な同盟国として認識するように、日本もリスクや痛みを覚悟し、チャンスを見極めて国家戦略を展開しなければならない。

第7節 アデナウアーの英断

本章の第５、第６節から分かるように、国家安全保障を確立するには、国防の努力と同盟国との連帯、リスクと犠牲の覚悟を示すことが極めて重要である。

国防の努力と同盟国との協力の前提は、基本的な外交方針である。基本的な外交方針、つまり「陣営選び」を間違えたら、国防の努力も同盟国との協力も無意味、もしくは破綻する可能性が高い。

厳しい国際情勢のなかで、正しい陣営を選び、自国を発展させた事例として、西ドイツのアデナウアー首相の方針を取り上げることができる。

敗戦後のドイツは米英仏とソ連、４つの占領区に分割されていた。ドイツ人は当然、主権回復を望んでいたが、米ソ冷戦が激化するなかで、条件なしの主権回復と再統一が難しいことは明らかになりつつあった。西側もソ連も、口では「ドイツは一つの国であるべき」と言っていたが、本心では両者とも自らの強い影響下でのドイツ再統一を想定していた。

ソ連に占領されたドイツの東部では、ソ連を真似た一党独裁体制の行政が築かれ始めた。危機感を持った西側は米英仏の占領区を統一させ、国家樹立の準備を始めた。１９４９年には、ドイツの西でドイツ連邦共和国が建国され、それに対抗して東ではソ連の手でドイツ民主共和国が建国された。こうして、ドイツは東西に分断されてしまった。

西ドイツにおいて、初代首相となったのはコンラート・アデナウアー（１８７６―１９６７）

である。アデナウアーは帝政末期からヴァイマル共和政時代の１９１７年から１９３３年にケルン市長を務めた。ナチスとも敵対し、全国的に尊敬される人物だった。

首相となったアデナウアーは早速、多くの課題を解決しなければならなかった。焼け野原になったドイツの復興と、敗戦によってドイツから奪われた領土から来る難民のための生活環境の整備など、課題は山積みであった。第二次世界大戦後にドイツを目指した難民の数は、ソ連に占領された東ドイツからの難民と合わせて１０００万人以上。極貧と物資不足から国民を救わなければならず、国民生活の復活と経済復興は急務だった。

アデナウアー首相は同時に、外交方針も選択しなければならなかった。西ドイツに占領軍を残した米英仏は強い影響力を持っていたので、西側の意向を無視した外交を展開するのは不可能だった。ただし全体主義のソ連と異なり、米英仏は自由意志に基づくドイツ人の意向を完全に無視して民意を武力で弾圧するようなことはしなかった。だから選択の余地は少しだけあった。

外交方針の一つは、西側との連帯を強化し、ドイツを西側の一員として据えることだ。最初に浮かぶ、最も適切と思われる判断である。しかしこの選択を行なった場合、ドイツの東西分断は確実に定着する。

もう一つは、ドイツを東西冷戦における非武装中立国にして、東ドイツとの分断を何とか避けることだった。

当時のドイツでは、後者の意見がかなり支持を得ていた。ドイツの非武装中立路線を唱えた中心的人物が、アデナウアーと同じ政党であるキリスト教民主同盟のヤーコプ・カイザーである。カイザーは、一党体制を強いられる前の東ドイツにおいて、キリスト教民主同盟を創立した一人である。その後、西ベルリンに移った彼はドイツの分断に反対し、西側主導の西ドイツの建国と、ドイツの西側への接近を批判した。ドイツはいかなる陣営にも属さない中立国、東西両陣営の架け橋になるべきだ、と主張したのだ。

西ドイツのアデナウアー首相(写真提供:Keystone/時事通信フォト)

カイザーのような意見がドイツでそれなりの支持を集めたのは、理解できることだ。悲惨な敗戦を経験したドイツ人としては、これ以上、地政学的な争いに巻き込まれたくなかった。さらに、西側への接近は国家を分断することから当然、祖国の分断は絶対に避けたい。

一般の国民からすれば、たとえ国家が

弱くても、大国の顔色を窺いながらの消極的外交で内政干渉を許しても、とにかく分断されずに統一されたドイツを望む気持ちは自然なものだ。

東ドイツのオットー・グローテヴォール初代首相は、アデナウアーに対し、祖国の分断が一般人の生活に影響を与えないように協力を提案していた。さらに1952年2月、スターリンがドイツの統一を提案した。スターリンの計画は、統一したドイツが小軍備で大国の影響下にある中立国となり、「平和的な政党」のみが活動する、というものだった。

しかし、アデナウアー首相はこれらの提案をいっさい拒否した。そして西側諸国との連帯を唯一の選択肢として選んだのである。アデナウアーの判断については「西側の軍に占領された状態で、他の選択肢はなかった」という意見もある。しかし、ソ連の強い後ろ盾を得てドイツ政府が強く中立を主張することも可能だったかもしれない。現に、米軍に占領された日本の政府は、アメリカの要請する再軍備を拒否できたのだ。

つまり、アデナウアーの判断は「やむなく西側を選ばざるを得なかった」のではなく、積極的に自分の意思を示した選択肢だった。アデナウアーは中立路線を拒否し、ドイツを西側の一員として据えることで国家の分断を覚悟したのだ。

1950年から、西ドイツは西側と再軍備に関する交渉を始めた。1951年に、西ドイツは欧州連合のための第一歩である欧州石炭鉄鋼共同体の創立メンバーとなった。1955年に

ＮＡＴＯに加盟し、同年にドイツ連邦軍を創立した。１９５７年、西ドイツは欧州連合の前身である欧州経済共同体の創立メンバーになった。このようなかたちで、西ドイツは西側の経済・安全保障体制の一部となった。

「弱い統一国家」より「発展した強い西ドイツ」を選ぶ

ではなぜ、アデナウアーは国家統一を諦めてでも中立を拒否したのか。

彼は、中立のドイツは完全に主権を回復し、完全な独立国にならないことを理解していた。その場合、連邦政府の閣僚は国民に選ばれているにもかかわらず、国内の最高権力を持てず、常に内政干渉を受けながら大国、とくにソ連の思惑に振り回されることになる。この状態で国家の統一ができたとしても、国民の安全も守れないし、経済発展も不可能である。大規模な内政干渉を受けている国の政府は、国家を発展させるための政策を実行できない。必ず妨害が入るからだ。

アデナウアー首相は「弱い統一国家」より「発展した強い西ドイツ」を築くことを選び、見事に成功した。西ドイツは奇跡的な発展を成し遂げ、焼け野原から世界有数の経済大国になった。発展した強い西ドイツという方針が土台にあったからこそ、１９９０年のドイツの再統一は成功し、現在のドイツも強い先進国であり続けるのだ。もしアデナウアーが判断を間違えてしまい、まやかしの中立を選んでいたら、今ごろ世界で知られる大国ドイツの姿はなく、発展途上の弱小国だったのは間違いない。

「中立のまやかし」に惑わされるな

アデナウアーの判断から分かるように、陣営の選択は国家の運命を左右する。これは日本も参考にするべき事例である。もちろん現代の日本と、敗戦直後のドイツの状況は異なる。しかし、似ている部分もある。

日本でも「尖閣諸島や歴史認識の問題があるから中国と喧嘩しない方がよい」「北方領土の問題があるからロシアと喧嘩をしない方がよい」という意見を聞くことがある。「喧嘩をしない方がよい」と言うと聞こえがよいが、実際は「外交、安全保障政策において中ロに配慮するべきだ」という意味で言っているのだ。

しかし、日本がロシアに配慮して波風を立てなければ、北方領土が返ってくるのか。中国に配慮して外交問題や歴史認識で譲歩すれば、経済再生ができるのか。中ロはいずれも、自国に富を貢ぐ「弱い日本」「内政干渉とコントロールが可能な日本」を望んでいる。中ロに配慮し続ければ、日本は必然的に両国の支配下に置かれる。中ロは友好ではなく、従属を望んでいるからだ。

たとえば習近平主席にいくら配慮したところで、中国は尖閣諸島の強奪を絶対に諦めない。仮に日本が中国に従属したとしても、奪えるものは奪える時に奪う。同じように、日本がロシアに配慮して資金、技術、人材を貢いだところで、ロシアは北方領土を返さない。中ロへの配慮に益はなく、害しかない。

日本は「中立のまやかし」に惑わされずに、自由・民主主義陣営の国として外交を展開しなければならない。中国とロシアに配慮せず、二国に制裁や圧力をかける「中ロ包囲網」に参加すべきである。これが日本に与えられた唯一の、復活と繁栄の道である。

領土の一部を奪われても、西ドイツのように強い外交方針や軍事力、経済力の「本体」があれば、独裁国が弱体化した隙に領土を取り戻せる。しかし国家の本体が脆弱なら、発展はできず、奪われた領土も取り戻せない。「中立」という甘い言葉に騙されず、アデナウアー首相に倣《なら》って正しい陣営選びをするのが日本復活の絶対条件である。

第2章 ◉ 同盟における妄想と現実

第1節　ハンガリー動乱——民主化運動を見捨てたアメリカ

ソ連軍をブダペストから撤退させる

日本には、「アメリカは日本を絶対に助けない」という過激な反米論とは対極の考えが存在する。「アメリカは必ず民主主義国を助ける」という甘い論だ。

たしかにアメリカでは民主主義国を支援する論調が強く、実際に多くの民主主義国を支援している。しかし、勘違いしてはいけない。アメリカは民主主義国を助ける時、「善意」もしくは「計算」でやっているだけで、アメリカには救済の「義務」があるわけではない。

義務ではない以上、例外は必ずある。アメリカが助けなかった民主主義国、正確に言えば民主化運動の一つは、ハンガリー動乱である。

第二次世界大戦の結果、ハンガリーはソ連軍に占領され、直後に訪れた冷戦でソ連の勢力圏に組み込まれた。ソ連は軍事力を背景にハンガリーの民主的な言論を潰し、共産主義の「ハンガリー労働者党」による一党独裁を強いた。

最初の独裁者となったのは、「スターリンの一番弟子」とも言われたラーコシ・マーチャーシュである。ラーコシ（ハンガリーでは人名を姓・名の順で言う）はスターリン式の独裁体制を築き、宗教や共産主義と異なる主張を弾圧していた。ハンガリー国家保衛庁は総人口の１割以上に上る個人情報を集め、人口の約５％が投獄か強制労働に従事させられた。

ハンガリーの経済状況が悪く、国民の生活が苦しいにもかかわらず、ラーコシは大規模な式典を実施し、自らの権威を見せつけていた。共産主義者、労働者党員であっても、ラーコシと意見が異なる者は弾圧を受けた。

しかし、１９５３年３月５日にスターリンが死ぬと、パトロンを失ったラーコシの影響力は低下した。モスクワではラーコシの政治がやり過ぎだと判断され、１９５３年７月28日にラーコシは閣僚評議会議長（首相）を解任された。彼に嫌がらせを受けていたナジ・イムレが閣僚評議会議長に就任し、ラーコシは党職のみ（第一書記）を維持した。

ナジ内閣は、国内の弾圧をやめて限定的な恩赦を行うと共に、農業集団化の強制を緩和し、現実的な経済政策を取った。そのため、ナジ首相は一般のハンガリー人には人気だったが、ラーコシ派からの批判が強まった。ナジは国民生活の改善に成果を得たが、ソ連でナジに好意的だったゲオルギー・マレンコフの失脚によって、ナジの立場が揺らいだ。息を吹き返したラーコシは労働者党内の権力闘争に勝利し、１９５５年４月18日にナジの解任に成功した。

１９５５年５月にソ連がワルシャワ条約機構を創設すると、ハンガリーも参加を強いられた。ラーコシ派が実権を握ったものの、国民はナジの再就任を求めていた。そこで国民の不満を宥めるため、ラーコシは1956年7月18日に労働者党の第一書記を辞任した。しかし、国民は形式的な党職の離脱ではなく、本質的な改革を求めていた。

1956年6月、ポーランドのポズナンでデモとストライキが起き、当局によって弾圧された。この事件はハンガリー人に大きな影響を与え、国民がいっそう自由を求めるようになった。様々な社会問題が「ペテーフィクラブ」と呼ばれる座談会で議論されるようになり、大学生の活動家は言論の自由と、ラーコシ時代の弾圧に関わった人達を裁判にかけることを要求した。多くの大学生は、ハンガリー版のコムソモール（全連邦レーニン共産主義青年同盟）である「若者民主同盟」を離脱し、独立した大学生団体を形成した。

同年10月には幅広い国民運動が醸成され、民主化やナジの再就任、ソ連軍のハンガリーからの撤退、スターリン記念碑の解体を求めるようになった。10月23日には20万人のデモが起き、そのまま革命運動に発展した。革命派は警察署などを制圧し、武器を入手した。ブダペストの街中で革命派と当局の衝突が始まり、その日の夜、労働者党はナジの首相任命を決めた。

革命派は一般国民から圧倒的な支持を得ており、一般人で形成されたハンガリー国民軍は革命派に抵抗しなかった。ラーコシ派だったゲレー労働者党第一書記は、ソ連軍の介入を要請した。ラーコシの弾圧の象徴である国家保衛庁やその職員が襲われはじめた。24日に首相に就任

ハンガリー動乱(写真提供:TT News Agency/時事通信フォト)

したナジはラジオで革命派に停戦を呼び掛け、武器を置く者を取り締まらないことを発表した。停戦の成立後、ナジ首相は革命派との話し合いを約束したが、革命派は闘争をやめず、同日、ソ連軍はブダペストに侵入した。

25、26日にソ連軍と革命派の衝突が起きた。ソ連軍は6000人程度で、圧倒的な支持を得た10万人以上の革命派を鎮圧するには明らかに不十分だった。ハンガリー国民軍は弾圧に参加しないように政府から命令を受けた。27日にゲレーは第一書記を辞任してソ連に亡命し、改革派のカーダール・ヤーノシュが第一書記に就任した。各地の労働者党と行政機関は麻痺し、職員は職務を放棄して逃げた。ナジ首相は何度も革命派に停戦と交渉を呼び掛けたが、自分の勝利を信じる革命派は妥協しなかった。

ナジ首相は「ソ連側に寝返って革命の弾圧に加担するか」もしくは「自身が革命のリーダーになって革命の成功に賭けるか」という究極の選択を迫られた。そして、ナジは国民側を選んだ。28日にナジ首相はハンガリー国民軍の解散とソ連との交渉を発表し、革命派に抵抗しないよう労働者党員に指示を出した。

29日、ナジ首相はハンガリー国家保衛庁を解散させた。この日に衝突が止まり、ソ連軍はブダペストから撤退を始めた。革命派の激しい抵抗と、正規の首相であるナジの毅然とした姿勢がソ連を一時、怯ませたのではないか、と語られている。30日にソ連軍に駐屯地への帰還命令が出され、ソ連の防衛大臣であるジューコフ元帥はソ連共産党中央委員会でハンガリーにおける失敗を認め、ソ連軍の撤退に言及した。

多くの刑務所が革命派に制圧され、政治犯（と混乱に便乗した刑事犯）は釈放された。崩壊した党の機関と行政機関の代わりに、新しい統治組織が形成され始めた。その裏で、共産主義者と国家保衛庁の職員に対するリンチ事件が横行していた。

ハンガリー政府は複数政党制の復活と連立政権の樹立を発表し、労働者党一党独裁で禁止された諸政党が復活し始めた。30日の夜、ソ連はハンガリーにおける革命運動を「労働者の進歩的な運動」（つまり、よいこと）として、ソ連軍のハンガリー駐屯についてハンガリー政府と交渉を行う旨の声明を出した。

ナジの副首相だったティルディ・ゾルターンは同日に政府の声明を発表し、革命の勝利を宣言した。ハンガリーの自由化とハンガリー人の民族自決を宣言し、ソ連とはお互いを尊重しあう対等な関係を築く、という内容だった。ゾルターン副首相の声明は喜びと感傷的な表現に溢れ、ハンガリー人の自由精神と勇敢さが称えられた。

この10月30日という日に、革命は勝利で終わったように見えた。ナジ政権は、諦めムードだったソ連軍の撤退とワルシャワ条約からの脱退、ハンガリーの中立化、具体的にはソ連が内政独立を認める代わりに外交的な従属を維持する、というフィンランド方式を目指していた。

激怒するフルシチョフ、介入しないアメリカ

ところが全く同時期に、ハンガリー人の意思とは関係なく、ハンガリーから遠く離れたところで別の大事件が起きた。スエズ危機（第二次中東戦争）の勃発である。エジプトのガマール・アブドゥル＝ナーセル大統領がスエズ運河の国営化を発表し、株主だったイギリスとフランスは反発した。英仏と共に、シナイ半島における領土拡大を狙ったイスラエルが、エジプトに対して軍事行動に出た。

これに当時、エジプトと友好国だったソ連が激怒し、「戦略爆撃機を出す」と言って英仏イを脅した。国際法で見ると、英仏イの行為はエジプトに対する主権侵害であり、アメリカも三

国の一方的な軍事行動を容認しなかった。

戦場では、英仏イ軍はエジプト軍を壊滅させてシナイ半島と運河の占領に成功した。しかし、国際社会の論調は批判的だった。そして米ソの両国が、英仏イに対してエジプト撤退の圧力をかけた。国際的な孤立を恐れた英仏イは圧力を受け入れ、エジプトから軍を引き揚げた。撤退後のスエズ運河付近には、国連の平和維持部隊が入ることになった。

このように、スエズ危機はハンガリーと全く無関係の出来事だった。しかし、英仏イによるエジプト侵攻の日は10月29日、つまりハンガリーの革命勢力がいったん勝利を収め、ソ連がハンガリーを諦めようとした日と同じである。

この偶然が、ソ連の共産党第一書記フルシチョフを激怒させた。フルシチョフの認識では、エジプト侵攻は西洋帝国主義によるソ連の友好国への侵略であった。スエズ危機によって、それまで強硬な措置を躊躇していたフルシチョフは態度を変えた。ハンガリーで革命勢力に譲歩すれば、西洋諸国はこれをソ連の弱さだと思い、調子に乗ってさらに攻勢に出るのではないか、とフルシチョフは考えたのだ。31日にフルシチョフはハンガリーからソ連軍を撤退させないこと、そしてハンガリーにおける共産体制維持のために新たな作戦を練るように指示した。

加えてハンガリーにとっての悲劇は、アメリカがハンガリーに不介入の姿勢を取ったことだ。アメリカは、英仏イのエジプト侵攻を事前に知っており、それを止めるつもりであった。

そして実際に侵攻を止めるには、この一点について同じ意向を持つソ連との協力が必要だった。中東での国益を優先したアメリカは、ソ連に対し、ハンガリーには積極的に介入するつもりはない、という意向を伝えた。

つまりアメリカは不手際や消極的な留保ではなく、政略的な判断としてハンガリーを見殺しにしたのだ。

11月1日、ハンガリー政府はワルシャワ条約からの脱退を表明し、その意向をソ連に伝えた。同時に国連に対して、ハンガリーの主権を守るための支援を要請した。一方でソ連は11月1日からの３日間で、他のワルシャワ条約加盟国との調整と、ハンガリー侵攻作戦の構築を行なった。ソ連は4日、６万人以上の兵力と３０００輌の戦車を投入し、ブダペストに再侵攻を開始した。４日から7日のあいだにブダペスト市街で激しい戦闘が発生し、ナジ内閣はユーゴスラビア大使館に避難した。

ソ連再侵攻の直前、ナジ内閣から解散を言い渡されたハンガリー国民軍は抵抗せず、８日までにブダペストの大部分がソ連軍に制圧された。各地における小規模な抵抗が12月まで続いたが、圧倒的な戦力差により勝負がついた。

ハンガリー動乱では、革命を通じて約３０００人の革命派の隊員、約３０００人の民間人、約７００人のソ連兵が死亡した。筆者から見れば当時、世界最強のソ連陸軍を相手に、軍ですらない革命派の活動家達が4対1の被害で700人のソ連兵を殺傷できたことは、むしろ健闘だったと評価したい。

ナジ首相や側近達は、国外亡命を許すと騙されてユーゴスラビア大使館を出た後、捕まった。ナジは1958年に処刑された。さらに革命弾圧後、約350人の革命派とナジ派が共産主義者によって処刑された。

ハンガリー動乱後に指導者になったカーダール・ヤーノシュは本来、改革派で、ナジの自由化政策を支持していた。しかし、彼はソ連が革命を弾圧するつもりであることを察知し、革命派に勝ち目がないことをいち早く見抜いた。

カーダールは11月1日にソ連軍の駐屯地に向かうと、フルシチョフと話し合うためにソ連に出発した。フルシチョフとの会談でハンガリーの指導者になることを許され、7日にソ連軍と一緒にブダペストに戻り、新しい政府の議長(首相)に任命された。ハンガリー労働者党の代わりに「ハンガリー社会主義労働者党」が創立され、カーダールが書記長に就任した。

カーダールは、ソ連軍の戦車に蹂躙された祖国に、敵の戦車に乗って戻り、敵国の計らいによって自国の指導者になった。一見して完全な売国奴、敵の傀儡にも映る。実際に革命後、カーダールはハンガリー人の不評を買った。

しかし、もともと改革派であった彼がソ連に寝返った理由は、ただの保身と権力欲のみだったかというと、この点については議論の余地がある。

カーダールは革命が敗北することをすでに悟っていた。この状況で彼は座して死を待つか、何とか被害を少しでも減らすか、二つの選択に迫られた。現状のまま行けば自分は処刑され、ソ連の傀儡、もしかするとラーコシ派の人間が指導者になってハンガリー人をさらに苦しめるかもしれない。それなら国民に嫌われようと、まだ自分が指導者になった方がましだ、と考えても不思議ではない。

そして実際に指導者になったカーダールは比較的、穏健な政治を行なった。もちろん、革命で激怒し、警戒するソ連に疑いを掛けられないように革命派の指導部を処刑せざるを得なかった。その半面、一般の活動家は恩赦を受けた。そしてカーダール政権下のハンガリーは、ワルシャワ条約加盟国のなかでは最も自由（あくまで相対的なものだが）で検閲が緩く、市場経済の要素を持つ国となった。ハンガリー人は外国に行くこともできた。

ソ連勢力圏が崩壊した１９８９年に、他のワルシャワ条約機構の加盟国で何らかの革命、もしくは民主化を求める反政府運動が起きたのに対し、ハンガリーでは社会主義労働者党が自主的に権力を譲った。後世から見ると、カーダールは置かれた状況のなかで最大限にできることをした、という評価も可能なのかもしれない。

ハンガリー侵攻によって当然、ソ連は国際的な批判を浴びた。ハンガリー侵攻をめぐって緊急国連総会が開かれ、ソ連を国連憲章に違反し、ハンガリーから自由と独立を奪っているとして非難し、ハンガリーからの即時撤退を求める決議が採決された。しかし言うまでもなく、国連の決議は拘束力がないので、ソ連はあっさり勧告を無視した。

このように、ソ連に歯向かったハンガリーはアメリカによって見殺しにされた。国連は言葉の上ではハンガリーを支持したが、具体的な行動を起こす国は一つもなかった。ハンガリー侵攻については左派からも批判があり、西側の左派インテリの多くがソ連に幻滅した。約20万人はハンガリーから亡命して西側諸国に受け入れられたが、動きはそれだけだった。

片方に態度を断定するのが間違い

ではなぜ、西洋諸国はハンガリーを助けなかったのか。理由としてはやはり、スエズ危機の影響が大きい。西洋は一枚岩ではなかった。英仏はエジプトにおける利権を維持しようと考え、アメリカはそれを阻止しようとした。西洋内で摩擦があったため、統一した軍事戦略を実行できない状況だった。英仏もアメリカも中東の利害への関心が強く、ハンガリーどころではなかった、という点も挙げられる。

英仏を止めるためにソ連との協力を必要としたアメリカにとって、成功の可能性が極めて低いハンガリー救出作戦を行うのはリスクが大きすぎる。したがって、合理的な判断として見殺しを選んだ。見殺しというのは普通、仕方なく行う消極的な選択肢として認識されるが、時として積極的な選択肢にもなり得る。ハンガリー動乱の場合は「助けるつもりだったが、どうしても余裕がなかった」のではなく「様々な要素を考慮して、冷静に見殺しにすることにした」のだ。

では、ハンガリーの革命に成功するチャンスはなかったのか。正確に言うのは難しいが、「可能性は極めて低いが、ゼロではなかった」という表現が正しいかもしれない。仮にソ連軍の撤退から再侵攻の決定までの期間が一日ではなく、一カ月あれば、歴史は違っていたかもしれない。では、その一月のあいだにハンガリーを助ける方法があっただろうか。アメリカがハンガリー救済のために全ての力を投入すれば、もしかしてソ連を再撤退させることに成功したかもしれない。だが、一国だけを救うために、全ての国力を投入することはあり得ない。

ハンガリーの例から分かるように、「アメリカは民主主義国を見捨てない」という認識は間違いである。アメリカは民主主義国を助けるかもしれないし、助けないかもしれない。歴史には、両方の事例がある。アメリカが助けに来るかどうかは、国際情勢やアメリカ国内の情勢など多くの条件によって決まる。だから、日本人が片方に態度を断定すること自体が間違いなのだ。どの状況ならアメリカが助けに来るのか、どの状況なら見捨てるのか、というパターン分析をすべきである。

第2節 プラハの春——助けようがなければ助けない

社会主義圏に残りながら自由化を目指す

ハンガリー動乱の次に、共産圏における改革の試みをソ連が軍事力で潰した事件は、プラハの春である。1968年1月に、チェコスロバキア共産党内の権力闘争で、共産主義守旧派のアントニーン・ノヴォトニーが敗北し、改革派のアレクサンデル・ドゥプチェクが共産党の第一書記になった。ソ連はノヴォトニーに否定的だったので、政権交代を容認した。同年3月、ノヴォトニーはチェコスロバキア社会主義共和国の大統領も辞任した。

自由化に着手したドゥプチェクは4月、共産党と政府の主要ポストに改革派の人間を据えた。検閲を緩和して言論の自由、集会の自由、移動の自由を目指すことが表明され、多くの社会問題に関する公開討論が行われるようになった。さらに、ドゥプチェクはチェコとスロバキアを連邦制にしてそれぞれに権力の一部を移譲する改革を明らかにした。後述するようにプラハの春全体は結局、潰されたが、連邦制は予定通り導入され、チェコスロバキアはソ連やユーゴスラビアと同様の連邦国家となった。

併せて、政治的弾圧の主体であった国家安全部（ＳｔＢ）の活動をコントロールすること、民間企業の設立を可能にして産業の国家管理を緩和するなどの改革も推進された。さらに前政権の時代に抑圧された人びとの名誉回復も実行されたが、対象は共産主義者に限られ、反共活動家には恩恵が及ばなかった。

１９６８年5月にドゥプチェクがモスクワを訪問した際、ブレジネフはチェコスロバキアの状況を厳しく批判した。その時からソ連はすでにチェコスロバキアに対する武力行使を検討していた。

6月27日に、プラハの新聞に作家ルドヴィーク・ヴァツリークの寄稿「二千語宣言」が載り、共産党体制が明確に批判された。自由を目指す改革の機運と共に、旧体制の復活と外国勢力による介入の動きは牽制された。多くの知識人が二千語宣言に署名し、プラハの春の弾圧後に署名者が取り締まりの対象になった。

ドゥプチェクが目指したのは、いわゆる「人間の顔をした社会主義」である。社会主義体制を保ちながらも言論と思想の自由、多様性などを実現することである。

自由化の流れを受け、かつて活動を禁止された政治団体が再開し、先述のように政治問題や社会問題について公開討論する集会や、クラブやサークルの活動が活発になった。

重要な点は、チェコスロバキアのドゥプチェクは、ハンガリー革命のようにワルシャワ条約からの脱退と中立化を目指したわけではなく、社会主義圏に残りながら自由化を目指したことだ。だから安全保障の面から見ると、ソ連や東欧ブロックにとってチェコスロバキアの自由化は脅威ではなかった。

それでもソ連を始め、東ドイツやポーランドなどの指導部はドゥプチェクの改革を危険視していた。彼らは、チェコスロバキアの事例が東欧各国に波及して一党独裁体制を揺るがすのではないか、と恐れていた。奇妙なことに、ブレジネフが武力行使を迷っていた時でも、東ドイツのウルブリヒトとポーランドのゴムウカは武力鎮圧を支持していた。

社会主義諸国の指導部とドゥプチェク政権の溝は、次第に深まっていった。言論の自由を受け、チェコスロバキアの新聞の紙面は、ブレジネフを始め社会主義各国の首脳を揶揄する諷刺画や記事で溢れ、一党独裁体制や社会主義体制が抱える欠陥も遠慮なく痛烈に批判されていた。

ソ連は繰り返しドゥプチェクに不満を伝え、チェコスロバキアの迅速な「正常化」を求めた。これに対してドゥプチェクはアドバイスを受け入れる、と言いながら、面従腹背で自由化の路線をやめなかった。

8月になり、プラハで起きたデモで、ドゥプチェクの改革路線の内容をはるかに超える変革が要求された。明確なソ連と共産主義の批判が行われ、ワルシャワ条約脱退の主張もあった。

ドゥプチェクの意図から離れた激しい言説によってソ連は刺激され、ついに軍事行動の決断に踏み込む。８月17日にカーダールがチェコスロバキアを訪れ、ドゥプチェクに事態の深刻さを伝えた。18日、ワルシャワ条約諸国の指導者は侵攻の最終決定を行なった。

こうして１９６８年８月20日の深夜から21日の未明にかけて、ワルシャワ条約軍の侵攻が行われた。ルドヴィーク・スヴォボダ大統領の命令でチェコスロバキア軍は抵抗せず、ワルシャワ条約軍は速やかにチェコスロバキアを占領することができた。デモ隊も暴力的な抵抗をしなかったが、それでもいくつかの衝突事件が起き、約１００名の死者が出た。

チェコスロバキア人は武力による積極的な抵抗の代わりに、いわゆる消極的な抵抗を行なった。街中の看板や道路標示を付け替えて地理を知らないソ連兵が迷うようにし、本屋などで売られる地図を隠し、ソ連兵への食糧の提供を拒否した。

ソ連の侵攻を受け、ドゥプチェクはチェコスロバキア共産党幹部会を集め、侵攻に対する批判決議を承認した。しかし共産党本部はソ連兵に包囲され、特殊部隊が侵入して建物内にいる全員を逮捕した。

当初、ソ連は改革派を解任させた後、旧体制派の人間を集めてソ連に従属する政府を立ち上げようとした。しかし、プラハにソ連の戦車が大量にいるにもかかわらず国民は大規模なデモを続け、改革派ではなかったスヴォボダ大統領すら、ソ連の傀儡政府の正当性を否定した。ブレジネフはチェコスロバキアの様子を見て、ハンガリーの二の舞にならないように、現在の正当な政権に圧力をかけることにした。

ドゥプチェクはさらにモスクワへ向かい、後を追ってスヴォボダ大統領とフサーク副首相もモスクワに到着した。8月25―26日に交渉が行われると、ソ連は半分人質の身分だったドゥプチェクを脅し、自由化の停止ほか要求の受け入れを迫った。ドゥプチェクはなおも可能な限り抵抗したが、これ以上の死者が出ないように、ソ連の要求を受け入れざるを得なかった。

結果、モスクワ議定書が署名されて自由化の改革が中止となり、チェコスロバキア国内にソ連軍の常駐が認められた。その後、ドゥプチェク改革は段階的に見直された。ちなみにドゥプチェクは翌年4月まで、チェコスロバキア共産党の第一書記の座に残り、その後数カ月間、議会の議長を務めた。

ドゥプチェクの代わりにフサークが共産党の第一書記となり、その後大統領にも就いた。彼はドゥプチェクと同じ改革派だったが、ソ連侵攻後に寝返り、ソ連の要求を全面的に受け入れる姿勢を取った。そのおかげで、彼は社会主義体制崩壊まで権力を握り続けることができた。

ブレジネフ時代の圧政さえ「手ぬるかった」

西洋諸国はソ連のチェコスロバキア侵攻を厳しく非難し、多くの国で連帯デモが起きた。ソ連国内でさえ、反体制派知識人によるデモが発生した。もちろん参加者は全員逮捕され、投獄された。さらに中国、ユーゴスラビアなど社会主義圏の主要国もソ連を非難した。

共産主義独裁体制だったアルバニアは、チェコスロバキア侵攻をきっかけにワルシャワ条約機構から脱退した。ルーマニア共産党のニコラエ・チャウシェスク書記長はドゥプチェクの改革を支持し、ソ連侵攻の一週間前にプラハを訪問してドゥプチェク支持を明言した。侵攻後、チャウシェスクはルーマニアで大規模なデモを集め、演説でソ連を厳しく批判した。

しかし、社会主義圏諸国による批判の理由はもちろん西側諸国とは違う。彼らは自由や民主主義の価値を共有したわけではなく、ソ連に対する嫌がらせ、もしくは牽制を行うのが狙いだった。たとえばアルバニア労働党のエンヴェル・ホッジャ第一書記はスターリン主義者だったので、ブレジネフ時代のソ連の圧政さえ「手ぬるかった」。ホッジャはチェコスロバキア侵攻を、アルバニアのワルシャワ条約からの脱退の口実に利用したのである。

ルーマニアのチャウシェスクは自分の独裁体制を築くつもりだったので、ソ連に内政干渉をされたくなかった。また、独立国の主権を犯す前例を許すと、いつソ連がルーマニアにも侵攻するか分からないので、ソ連の侵攻を厳しく批判し、侵略行動を牽制した。ワルシャワ条約加盟国のなかで、他の加盟国と隣接していないアルバニアを除き、チェコスロバキア侵攻にいっさい協力しなかったのはルーマニアだけだ。

前述のように、ドゥプチェクの改革は社会主義の枠組み内での自由化を目指すものであり、社会主義圏からの離脱や中立化が目的ではなかった。しかし、チェコスロバキア国民は自由化の波を受けて、ドゥプチェク以上の改革を求めた。つまり、ソ連が軍事侵攻に踏み切った直接のきっかけはドゥプチェクの改革ではなく、国民のデモだったという見方もある。ドゥプチェクが国民世論に流され、国民運動を抑えられなくなる事態をソ連が恐れたということだ。だからこそプラハの春の弾圧後、ドゥプチェク本人は権力から追放されながらも逮捕や投獄はされず、普通の暮らしができた。

ここに、ハンガリー革命とプラハの春の大きな違いがある。改革派政権による自由化という類似点はあったが、ハンガリーのナジ政権が踏み込んだワルシャワ条約機構からの脱退と中立化に、ドゥプチェクは踏み込まなかった。またハンガリーではまさに暴力による革命が起き、自由化を求めて立ち上がった国民が共産主義者と戦っていたのに対して、チェコスロバキア国民は（ソ連兵を襲ういくつかの事件を除き）、基本的に非暴力の抵抗を選び、革命にはならなかった。

チェコスロバキアを助ける可能性はゼロ

それでは当時の国際社会、とくにアメリカはチェコスロバキアを助ける可能性があったのだろうか。はっきり「なかった」と言える。

前節で触れたハンガリーの場合は実際に革命が起きたので、アメリカにその気があれば、ソ連の武力行使の前に付け入る隙はあった。前節で記したように、助けるのは非常に難しかったが、可能性はゼロではなかった。

だが、チェコスロバキアの場合はゼロである。アメリカが付け入る隙は、最初からなかった。厳密に言えば、チェコスロバキアを助ける方法は一つだけあったが、それは「第三次世界大戦を起こすこと」であり、現実味の薄いシミュレーションだ。アメリカがチェコスロバキアにできることはソ連を非難するなどのモラルサポート（心の支援）や、亡命者受け入れなどの人道措置以外、とくになかった。

チェコスロバキアの例から分かるように、同盟国、もしくは民主主義の導入や独裁主義からの離脱を目指す国を弾圧から救うには、助ける意思だけではなく、現実的な方法・手段がなければならない。「助けてあげたい」という意思やモラル、立派な政治運動があっても、手段がなければ救助は不可能である。その意味で、プラハの春はまさにアメリカには全く打つ手がなかったケースだと言える。したがって「日本が襲われたら助けてもらえるか」という議論は、そもそも助ける側のアメリカが日本を救う手段を持っているかを知ることから始めなければならない。

第3節 ベトナム戦争——同盟国を救うにも限界がある

なぜベトナムを守れなかったのか

アメリカの民主化運動への支援について、ハンガリーの場合は困難であり、チェコスロバキアの場合は不可能だった。したがって、アメリカは動かなかった。逆に、アメリカが味方を助けるために懸命に戦った事例もある。ベトナム戦争のことだ。

ベトナムの場合は、アメリカは南ベトナム（ベトナム共和国）を助けるつもりで介入し、実際に多くの血を流して戦った。しかし、結果としてベトナムを守ることができなかった。

なぜそうなったのか。まずは簡単に、ベトナム戦争の全体像を思い出しみよう。共産主義の北ベトナムは資本主義の南ベトナムを征服するために、南における共産ゲリラへの大規模な支援を行なった。1960年に、共産ゲリラは南ベトナム解放民族戦線（いわゆるベトコン）を形成した。南ベトナム政府がベトコンに単独で対応するのは難しかったため、アメリカが軍事支援を開始。戦争の規模は次第に大きくなり、1965年にアメリカは大規模な介入をせざるを得なかった。

アメリカは北ベトナムの空爆を開始し、正規軍の大兵力を投入した。最大50万人以上のアメリカ兵が南ベトナムに駐屯し、1965—1969年の4年間、アメリカ軍と南ベトナム軍対ベトコンおよび北ベトナム軍の激しい戦争が行われた。戦場では圧倒的な戦闘力を持つアメリカ軍が勝り、共産軍は撃退されて大きな損害を被った。共産主義者がアメリカ軍に打ち勝ち、南ベトナムを制圧することはできなかった。

しかし、1969年に就任したニクソン新大統領が戦争の「ベトナム化」（つまりベトナム人が主力として戦う状態）に方針を転換し、アメリカ軍参加の縮小に舵を切った。アメリカ軍による積極的な地上戦への参加が次第に減り、アメリカは南ベトナム軍の強化に力を入れた。1969—1972年では、地上戦は主に南ベトナム軍が行い、アメリカ軍は空軍による援護に注力した。

北ベトナムは、アメリカの介入が続く限り南ベトナムを制圧できないことを理解し、アメリカとの和平交渉に応じた。1973年1月に結ばれた和平合意（パリ協定）が締結され、全面和平とアメリカ軍のベトナムからの撤退が決定された。

パリ協定によって、北ベトナムは南ベトナムに対して武力を行使することを禁じられた。ところがアメリカ軍の撤退が終了した後、北ベトナムは同協定を破り、南ベトナムに対する攻撃を再開した。

アメリカは国内事情によって再介入ができず、南ベトナムは単独で共産主義者と戦うことになった。アメリカ軍の空爆がなくなったことで北ベトナム軍の地上戦が優勢に転じ、南ベトナム軍が劣勢となった。1975年4月、北ベトナム軍は南ベトナムの制圧を完了し、武力併合した。

あまりに無神経なコメント

このようなかたちで、南ベトナムはアメリカに見捨てられた。資本主義陣営の味方で反共国家だったにもかかわらず、アメリカによって薄情にも見放され、共産主義者によって蹂躙され、滅ぼされた。なぜそうなったのか。

一つ目の理由は、北ベトナムが意外に強かったことだ。たしかに、北ベトナム軍とベトコンのゲリラの戦力はアメリカ軍に劣っていた。しかし両者の差は大きかったとはいえ、勝負にならないほどの違いではなかった。北ベトナムはソ連と中国から支援を受けており、人的被害を顧みず、国の総力を戦争に投入できた。戦場で何度もアメリカ軍に敗北しながら、必死に戦い続ける執念もあった。

共産軍の粘り強い戦いにより、ベトナム戦争は長引くことになった。アメリカ軍の死者は約5万8000人となり、朝鮮戦争の約3万6000人を超えていた。もちろん共産軍の100

万人以上の被害とは比べ物にならないが、人権や世論を気にしなくてもよい北ベトナムと異なり、国民世論に振り回されるアメリカは被害の増加に敏感だった。

　また、終わりが見えない戦争の長期化によってアメリカ兵の士気が落ち、兵士のあいだで麻薬摂取が常習化していた。

　さらに、派兵当初はベトナムに赴任するアメリカ兵に対し、ベトナムの習慣や現地人とのコミュニケーションの注意点などに関する指導が行われていた。しかし本格的な参戦によってベトナム出兵数が増え、全員に指導を行う余裕がなくなった。アメリカ兵が現地の民間人に対して無配慮な態度を取り、軋轢が生じることが多くなった。アメリカ兵への反発から多くのベトナムの一般人、そして味方である南ベトナム軍人の一部さえ、共産側に寝返ることもあった。

　二つ目の理由は、南ベトナムの指導者層の質が悪かったということだ。汚職や権力闘争が蔓延し、国家運営は決して順調ではなかった。南ベトナムの指導者層の傲慢さを表す事件の一つを紹介しよう。１９６３年に起きた事件で、南ベトナム敗北から12年も前の出来事だが、いかにエリート層が一般人を軽蔑していたか、よく分かる事例である。

　１９６３年に、南ベトナムで「仏教徒危機」が起きた。当時のゴ・ディン・ジエム大統領による仏教弾圧に対し、仏教徒がデモなどを起こして政権に抵抗していた。同年６月11日、ティック・クアン・ドックという僧侶が抗議の意思表明として焼身自殺をした。炎に包まれた僧侶の写真はメディアを通じて世界中に広まり、衝撃を与えて抗議運動をさらに活発化させた。

そしてこの事件について、ゴ・ディン・ジエム大統領の弟であるゴ・ディン・ヌー大統領顧問の妻マダム・ゴ・ディン・ヌー（本名チャン・レ・スアン、通称マダム・ヌー）が、あまりに無神経なコメントをした。彼女は焼身自殺をバーベキューに例え、坊主どもが演出する次のバーベキューショーを拍手で迎える、と言ったのだ。さらに、そのバーベキューでさえ自力でしていない、なぜならアメリカから輸入されたガソリンで行われたからだ、と。挙げ句の果てに、坊主どもにガソリンとマッチを提供してあげようか、と言い放った。

マダム・ヌーの暴言はアメリカを激怒させ、ケネディ大統領はジエム大統領に彼女を自制させるよう求めた。それに対してマダム・ヌーは、ケネディ大統領ははっきりした意見を聞き入れず、ただ黙らせようとしている、と反発した。さらに南ベトナムに駐屯するアメリカ兵を「小さな傭兵」と侮辱し、アメリカのリベラルを「共産主義者や仏教暴徒よりひどい」「ケネディの周りは隠れ共産主義者ばかりなのか？」と罵倒した。

マダム・ヌーの暴走を止められないゴ・ディン兄弟に失望したアメリカは、南ベトナムにおけるクーデターを容認した。ジエム体制に不満を持つ軍部が、アメリカが介入しないことを確信してクーデターを実行し、兄弟を殺した。

皮肉なことに、自分の暴言で夫と義理の兄を死に追いやったマダム・ヌーはクーデター時にカリフォルニア州に旅行しており、生き残った。その後、ヨーロッパで86歳まで長生きしている。それどころか政権転覆を容認したアメリカを恨み、「アメリカのような国が『味方』なら、敵は要らない」など放言をやめることはなかった。

もちろん、マダム・ヌーはベトナム戦争が本格化する前に南ベトナムを去っているので、南ベトナムの敗因ではない。しかし彼女の存在は、南ベトナムのエリート層の感覚がいかに常識とずれていたかを物語っている。彼女が育った環境や当時の日常生活、交流する人達のあいだではこのような傲慢や差別意識が普通だったことが窺える。

マダム・ゴ・ディン・ヌー（写真提供：時事通信フォト）

ゴ・ディン・ジエム大統領は独身だったので、弟のゴ・ディン・ヌー大統領顧問の妻は事実上のファーストレディーであった。こういう認識の持ち主が１９５５―１９６３の8年間もファーストレディーを務め、周りから発言を戒められなかったことを考えると、彼女は例外というより、たんに極端な例に過ぎなかったと言うべきだろう。

その後も、南ベトナムではクーデターや逆クーデターが複数回起こり、政情不安や汚職が続いた。1965年にグエン・バン・チューが権力を握り、ベトナム戦争の本格化と共にクーデターがなくなったので、1975年の南ベトナム滅亡まで大統領を務めることができた。しかし彼が1967年、1971年の二度、当選した大統領選挙は、いずれも公正な選挙からほど遠いものだったという批判がある。経済の面では、アメリカを始めとする友好国軍による需要や、アメリカの支援によって南ベトナム経済は成長していた。だが、1973年の他国軍の撤退と支援の縮小によって経済危機が始まった。オイルショックがとどめとなり、高率のインフレによって、南ベトナム兵士に給料を支払うことすら困難になった。

反戦運動とメディア

そして三つ目の理由は、アメリカ国内における反戦運動だった。主な発端は学生活動家の反対運動で、彼らはベトナムにおけるアメリカ軍の参戦は道徳的に間違っている、と主張した。参戦拡大に伴い男子の徴兵枠も広がったため、徴兵に反対する動きがいっそう活発となった。

アメリカ国内の反戦運動の拡大に大きな影響を与えたのは、メディアだった。1968年2月1日に、南ベトナムの将軍で国家警察の総監だったグエン・ゴク・ロアンが、サイゴンで捕えたベトコンの戦闘員を処刑した。戦闘員はグエン・ゴク・ロアン総監の前に連行され、路上で殺害された。現場にはアメリカのメディア関係者がおり、処刑の様子が写真に撮られてアメリカで大々的に報道された。何の裁判も行われず、その場で処刑を実行する南ベトナムの高官の様子は、アメリカの反戦世論を促進した。

ベトナム戦争全体の規模から考えると、ベトコン戦闘員の処刑の話は細小な話かもしれない。さらに、ゲリラ戦を展開するベトコンに対する南ベトナム軍人の憎悪を考慮すれば、戦時には起こり得る出来事だと思う。しかし、戦場から遠く離れた人権や法治主義を重視するアメリカ社会にとって、ぼろぼろの私服姿の青年を軍人が路上で銃殺する光景はあまりにも衝撃が大きかった。

アメリカ軍はベトコンや北ベトナム軍と多数の戦闘を繰り返したが、ほとんどがアメリカ軍の勝利だった。だが、本国のメディアが焦点を当てたのは自国の戦果より暴力的な映像や人的な損害だった。

たとえば１９６８年1月31日に、南ベトナムのアメリカ大使館をベトコンのゲリラ部隊が襲った。襲撃自体は失敗に終わり、19人の戦闘員のうち18人が死亡、１人が捕まった。大使館警備隊の勝利である。

ところがメディアは、襲撃者が大使館の侵入に成功し、館内の一部を占拠した、と報道した。後で誤報が訂正されたが、衝撃的な第一報は反戦世論の拡大に貢献した。さらに大使館への襲撃が可能だったこと自体を、アメリカの弱さの象徴と捉える報道もあった。

反戦ムードを増大させる報道のなかで1968年、現職のリンドン・ジョンソン大統領が出馬せず、代わって民主党の候補者指名を獲得したのは、ジョンソン政権の副大統領で、南ベトナム支援の継続を主張したヒューバート・ハンフリーであった。しかし、本選でハンフリーは、戦争の「ベトナム化」を掲げた共和党のニクソンに敗北し、アメリカ軍派遣縮小への道が開いた。ベトナム化が実行されたのちも反戦世論は高まり続け、ニクソン大統領は最終的に完全な撤退に踏み切った。

損害が想定を上回る場合は見捨てることも

以上三つの理由はもちろん、互いに絡み合い、影響し合っている。単純化すると、北ベトナムの強さと南ベトナムの悪質な指導者層、反戦世論の影響によってアメリカは南ベトナムを見捨てることになったと言える。

ベトナムの例から分かるように、アメリカは毎回、味方を見殺しにする冷酷で薄情なサイコパスでもなければ、必ず助けに来てくれる白馬の王子様でもない。同盟国を助けることが可能なら、あるいは助ける時に受ける損害が割に合う程度なら、アメリカは味方を助けるだろう。

しかし、助けることに様々な障害が伴い、受ける損害が想定を大幅に上回る場合は味方を見捨てることがある、ということだ。

先述した理由で、南ベトナム救出はアメリカにとって困難であった。強い敵、腐敗した味方の指導層、反戦の世論。どれか一つでも障害がなければ、南ベトナムを助けることも可能だったのかもしれない。しかしこれら三つが重なることで、戦争継続を不可能にした。

南ベトナムの教訓から言えることは、日本がアメリカに助けてもらうには「大きな迷惑をかけない」と思わせることが大事だ。つまり、アメリカに対して「助けてもらってもアメリカ自身は大きな損害を被らない」「大きな人的損害を伴う戦闘は自力で行う」等々を約束する必要がある。言うまでもないが、このような約束を果たすには、まず国内の世論をまとめて国防意識を高め、軍事力、経済力を強化しておかなければならない。

第４節　レーガンはどのようにソ連の崩壊を誘発したか

ソ連優勢の状況を覆す

本章の第１～第３節では、ソ連が率いる共産主義陣営が、自由主義陣営に勝利した例を取り上げた。事実、冷戦の前半において、共産主義陣営が自由主義陣営に勝った例は負けた例よりも多かった。

第二次世界大戦に勝利した共産主義陣営は、脱植民地化の波に乗って巧みに勢力圏を拡大した。資本主義社会の問題点をプロパガンダで広めると共に、民主主義の弱点を謀略活動に利用し、攻勢を保っていた。当時の国際情勢が共産主義に有利だったからこそ、本章で取り上げた例は共産主義の勝利で終わったと言える。

ハンガリー革命やプラハの春、ベトナム戦争についていえば、自由主義陣営は努力不足や戦術的な失敗をしたから負けたのではなく、そもそも国際情勢の状況に照らして、勝つことは至難の業だった。プラハの春の場合は100％不可能であり、ハンガリー革命やベトナム戦争の場合、自由主義陣営が持つ全ての力を投入すれば勝てたかもしれないが、引き換えに被る損害やリスクが大きすぎて割に合わなかった。

1970年代のデタントの局面においても、ソ連は一方的に勝ち続けた。ベトナムでの敗北によってアメリカは落胆し、対外戦略に関する積極的な姿勢は影を潜めた。西側諸国全体の経済は停滞し、自由主義諸国内での共産主義勢力の動きは活発だった。この時期にソ連は西側に対し、第二次世界大戦の結果としてできた東欧諸国の新国境を認めさせた。

たとえば1970年代に、西ドイツは戦後ポツダム協定によってポーランドやソ連に引かれた東部国境（オーデル・ナイセ線）を受け入れた（それまで、西ドイツは新国境を認めなかった）。１９７９年にはイラン革命が起き、親米王政の代わりに過激な反米主義を掲げる宗教原理主義独裁体制が誕生した。勢いに乗じたソ連はアフガニスタンに侵攻した。

軍拡競争を吹っ掛ける

では、１９７０年代末までのソ連優勢の状況を覆し、自由主義陣営はどのようにして勝利を収めたのか。

自由主義陣営が完全な不利に見える状況で、レーガンが１９８０年に大統領選挙を制し、１９８１年１月に大統領に就任した。レーガンは筋金入りの反共主義者で、アメリカの劣勢を覆すべきだ、という強い信念を持っていた。ただし、レーガンは就任直後から敵対姿勢は取らず、対ソ穀物輸出を解禁して小麦を売るなど、まずは対話の可能性を探ってみた。

もちろん、これは純粋に有和的な政策ではなく、アメリカの農家を潤す目的と、ソ連の貴重な外貨を兵器の開発ではなく穀物に消費させるという狙いもあった。しかし、レーガン大統領の政策によりアメリカは一応「ソ連に歩み寄る」というポーズを取ることができた。

そしてレーガンはソ連の首脳と個人的な関係を築くため、ブレジネフ宛てに自筆の手紙を書いた。しかし、ソ連からの返信は印刷された手紙だった。ブレジネフの署名はあったが、明らかにスタッフに作成させた形式的な書面だった。

レーガンの手紙の内容は、たしかにソ連の対外路線を問題視する厳しい内容であった。だが、わざわざ直筆することで、対話を求める姿勢を示そうとしたのだ。しかしソ連から返ってきた返事は、イデオロギー満載の「アメリカによる反ソ連主義」を非難する敵対的かつ形式的な内容だった。

ブレジネフとの対話は不可能だと確信したレーガンは、ソ連を追い詰める戦略に舵を切った。レーガンは、ソ連が勢力圏の拡大、可能なら全世界の共産化を狙っていると判断し、危険視した。また、当時のソ連は軍事的に優位だとも認識し、アメリカは現状を逆転しなければならない、と考えた。そのために、レーガン政権はソ連に軍拡競争を吹っ掛けることにした。

レーガン政権が実行した軍拡競争には、二つの側面があった。一つ目は、アメリカ自身の軍事力を強化すること。これによって、アメリカが強くなるだけではなく、対応せざるを得ないソ連に軍事費を使わせ、経済を疲弊させる狙いがあった。他方、国内の経済政策では「レーガノミクス」を実行し、減税や政府の支出削減によって経済を活性化させた。レーガン政権は1981―1985年の間に防衛費を40％も増やしている。平時では異例の数字である。

軍拡の一環として、レーガン大統領は100機の戦略爆撃機B-1を製造する計画を承認し、次世代機のB―2の開発も促進した。大陸間弾道ミサイルの「ピースキーパー」や、潜水艦発射弾道ミサイル「トライデント」、オハイオ級原子力潜水艦の開発にも力を入れた。

さらに、レーガンは戦略防衛構想（ＳＤＩ）を発表した。この構想は、地球上の迎撃システムと共に、地球の衛星軌道に多くの人工衛星（ミサイル衛星、レーザー衛星、早期警戒衛星など）を常設し、敵の大陸間弾道ミサイルを迎撃するものであった。戦略防衛構想が実現すれば、世界における核の均衡が崩れ、アメリカだけが核攻撃を受けても自国を守れる非対称状態が生じる可能性があった。

レーガンは思想的に核兵器を嫌っており、核を無力化する計画に前向きだった。もちろんＳＤＩのような計画は前代未聞で、実現できるかは不明だった（実際は実現しなかった）が、レーガンは潤沢な資金を出して研究者に計画を進めるように強く指示した。

ソ連の弱体化工作

軍拡競争の二つ目の側面は、ソ連の弱体化であった。レーガンは、大統領選の選挙委員会事務局長だったウィリアム・ケイシーをＣＩＡ（中央情報局）長官に任命した。ケイシーは諜報のプロで、第二次世界大戦時にナチスドイツに対する諜報活動を担当していた。ケイシーは国務長官などの主要ポストを期待していたので、ＣＩＡ長官の処遇に不満だった。しかし機密情報の入手をはじめとする特別な権限や、いつ、どこでも大統領と直接連絡を取れることをレーガンに約束させた上で、このポストを引き受けた。

その後、ケイシーはアメリカ史上最も権力の強いＣＩＡ長官として知られるようになる。ケイシーは本気でソ連を潰すつもりだった。当時のＣＩＡの仕事ぶりに不満を持ち、組織の機能と活動の強化に全力を尽くした。彼の仕事ぶりは凄まじく、四六時中、世界のどこかで活動を行なっていた。在任中は事務所や自宅より、（前述の大統領直通の通信機器を備えた）政府専用機内で過ごす時間の方が多かったと言われている。

ケイシー長官はレーガン大統領にほぼ毎週、最新情報を報告していた。ソ連の問題点を指摘し、より強硬な態度を促した。ケイシーの情報によればソ連の経済は停滞しており、市民は生活必需品の不足に苦しんでいる。社会主義に不満を持ち、体制を小馬鹿にする笑い話（アネクドート）が流行っている、ということだった。

さらにケイシーは、ソ連の外貨収入の減少やポーランドにおける反体制派の活動、アフガニスタン、キューバ、アンゴラ、ベトナムなどの勢力圏維持が大きな負担になっている点を説明した。ケイシーは「ソ連は弱い」と結論付け、今はアメリカがソ連に大打撃を与えるチャンスだと主張して、レーガンを説得した。

他方でケイシーは、ソ連軍と戦うアフガニスタンのムジャーヒディーン（イスラム教の聖戦を遂行する戦士）への支援を担っていた。エジプトやパキスタンの情報機関と緊密な関係を作

レーガン大統領(左端)、左から３人目はケイシーCIA長官(写真提供:CNP/時事通信フォト)

り、ムジャーヒディーンの支援体制を築いた。最初からアメリカ製の武器を提供するとアメリカの関与が露呈するので、ケイシーはまずエジプトからソ連製の武器を購入し、パキスタンを通してその武器をムジャーヒディーンに提供した。当初は武器の質が悪く、ムジャーヒディーンの指導者から苦情があったので、実戦に使える性能の武器を提供できるように全力を尽くした。

アフガニスタンにおけるムジャーヒディーンへの支援は、ソ連に直接、人的被害を与える重要な作戦だった。その他に、世界各地の親ソ連左派政権に対する打倒運動の支援にも力を入れた。ソ連の勢力圏、影響圏を削る狙いから、１９７９年のニカラグアにおいて「サンディニスタ革命」の結果樹立した親ソ連左派政権と戦う反共ゲリラ「コントラ」に積極的な支援を行なった。武器や物資、資金、情報提供、さらに戦闘員の訓練、新規戦闘員の募集全てにアメリカが協力していたのだ。

1983年、アメリカはグレナダ侵攻を実行した。グレナダはカリブ海の島国であり、1974年にイギリスから独立した。その後、1979年に同国でクーデターが起き、親ソ連左派政権が樹立した。その後、1983年に政権が内部分裂し、より過激な勢力が再びクーデターを起こし、グレナダはより極端な反米路線を取るようになった。そこでアメリカは軍事侵攻を行い、島を制圧して左派勢力を潰し、民主主義体制を成立させた。

ソ連の勢力圏を削ぐことに加えて、共産党指導部を動揺させる戦略も積極的に展開した。アメリカは、ソ連共産党の指導部がレーガンを恐れているという情報を入手した。そこでレーガン政権は、レーガン自身を「突っ走るカウボーイ」つまり好戦的な人間と見せつける作戦を取った。「レーガンは正気ではない」「ソ連との戦争も辞さない」という印象を与えることで敵を動揺させ、積極的な対外戦略を封じるのが狙いだった。

米ソ対立は、ある種のチキンレースだと言える。両者はお互いに向かって突っ走る車であり、衝突を回避するため、先に進路を外した方が敗北となる。どちらも負けたくはないが、衝突は最悪の結末をもたらすので、本音では回避したい。すると結局、先に動揺した方が負ける確率が高い。チキンレースのモデルで考えると、アメリカ政権の作戦は、レーガンが絶対に道を譲らず、衝突するまで突っ込む狂人という印象をソ連に持たせることで、譲歩に誘導することだった。

そのため、アメリカはソ連のレーダーにわざと気づかれるように、何度も北極へ爆撃機を送っていた。あるいは、ヨーロッパでソ連や共産圏の領空に爆撃機を飛ばしている。ソ連空軍がスクランブル発進をすると、アメリカ空軍の爆撃機は領空侵犯ぎりぎりのところで方向を変え、帰っていく。アメリカはこの作戦を何度も無秩序に行なっていた。ソ連軍は逐一、指導部に報告をしていたが、幹部らは困惑していた。「レーガンは正気ではない」と思わせる作戦は、こうしてかなりの効果を上げたと言われる。

さらにソ連国内の産業を混乱させるため、１９８４年にアメリカはソ連に技術に関する偽情報を広める作戦を実行した。工業技術面で西洋に後れを取るソ連は、常に最新の技術を求めていた。ソ連は軍事産業、ＩＴ産業、重工業、軽工業など各分野における技術を、常に西側から輸入していた。

もちろん、西側諸国は対ソ連の技術提供を制限しており、直接、正規ルートで手に入るものは限られていた。そこで産業スパイの活用と併せて、裏取引に応じる民間企業や中立国の機関と接触し、西洋の技術を買ったのだ。アメリカにとって、ソ連への技術の転売を取り締まるのは困難だった。

ＣＩＡは他国でダミーの企業を作り、民間ルートでソ連に偽情報を提供していた。技術の図面、資料などに故意に間違いを入れたのである。敵国の技術者を騙すためにもっともらしい資料を作らなければならず、実際に存在する技術の資料内に、ばれない程度の嘘や間違いを忍び込ませたのである。

作戦は成功した。ソ連の一部の工場は偽情報に基づく技術を導入し生産ラインが止まり、大損失が生じた。また、欠陥のあるガスタービンエンジンの部品を買ったソ連のガスパイプラインに不具合が生じ、エネルギーの供給が一時的に止まる事態も起きた。

カトリックとの連携

しかしソ連に勝つには、アメリカ単独の作戦では不十分であった。レーガン大統領が就任してすぐ、大きな課題になったのがポーランド情勢である。ポーランドは、ソ連が１９７９年に侵攻したアフガニスタンと異なり、１９４５年以降ずっとソ連の勢力下にある共産圏であった。なおかつポーランドはワルシャワ条約機構の中で、ソ連の次に人口も面積も多大な国である。ソ連にとって、ポーランドにおける社会主義体制の維持は極めて重要なものであった。逆にアメリカにとっては、ソ連の勢力圏の中枢に切り込む好機でもあったと言える。

ポーランドでは１９８０年から、体制への不満による労働運動が広まり、独立自主管理労働組合「連帯」が結成された。労働環境の改善や企業の自主性、集会の自由、表現の自由などを求める「連帯」主導のストライキは全国規模に広がり、支配政党のポーランド統一労働者党幹部とソ連は危機感を持った。ソ連はポーランド政府に運動の弾圧を強く求め、ワルシャワ条約軍によるチェコスロバキア方式の侵攻を検討した。

ポーランド政府は、ソ連に侵攻の口実を与えないために戒厳令を発し、「救国軍事会議」が一時的に最高権力機関となった。運動の弾圧が開始され、リーダーのレフ・ヴァウェンサをはじめ、数千人の「連帯」関係者が逮捕された。「連帯」は非合法化され、事務所などの拠点が当局に押さえられた。以後、「連帯」は地下活動をせざるを得なくなった。

ソ連の弾圧に対し、レーガンは何としても「連帯」を存続させようとした。「連帯」が完全に潰されず、引き続きポーランドで活動できるように支援を行なった。作戦の担当者はまたしても、ケイシーＣＩＡ長官であった。もし、アメリカによる支援が発覚したら「ポーランドに内政干渉をしている」という反米プロパガンダに利用されるため、作戦は秘密裏に行われた。最初の課題は、ポーランドにいる「連帯」関係者に接触することだった。戒厳令下にある一党独裁国において、地下活動中の反体制派との接触は困難である。

そこでアメリカが取った手法は、在外ポーランド人およびカトリック教会との協力だった。ポーランドでは、カトリック教会は非常に大きな力を持っている。ポーランド人の大多数が敬處なカトリック教の信者であり、社会主義体制下においても、他の共産圏の国と異なり、カトリックがある程度の独立性を保っていた。カトリック教会と連帯するために、ケイシーは何度もバチカンに赴き、ローマ教皇の側近と面会した。ヨハネ・パウロ2世にも謁見し、カトリック教徒のケイシーは大きな感動を味わった。

バチカンとレーガンの望みは完全に一致していた。レーガンは非共産化と東欧の解放に使命感を抱き、ポーランド出身のヨハネ・パウロ2世も祖国の解放を熱望していた。教皇は立場上、直接に共産主義を批判しなかったとはいえ、反共思想の持ち主であった。

CIAは「連帯」と接触し、支援を始めた。最も重要だったのは、資金と機械の援助であった。CIAは裏のルートで100万ドル換算の金を「連帯」関係者に提供した。他方でハードルが高かったのは、機械の支援である。たとえば通信機器や印刷機など、反政府活動を行い、市民に情報発信を行うために必要な機械を、当局に知られずにポーランド国内に持ち込み、「連帯」関係者に渡す必要があった。

在ポーランドアメリカ大使館は常に監視されていたので受け渡しに使えず、CIAは密輸入の手段を取ることにした。ケイシーはスウェーデンに向かい、同国の政府に協力を要請した。NATOに加盟せず、冷戦における中立国だったスウェーデンは、社会主義諸国とも貿易を行なっていた。したがってスウェーデンの港から来た船は、ポーランド当局に怪しまれることなく、荷物も厳しく調査されなかった。

もちろん中立国スウェーデンの政府は当初、アメリカのCIAへの協力に慎重だった。しかしケイシーは、「連帯」への支援が東西の地政学的なゲームではなく、自由と権利を守るために抑圧的体制に対して立ち上がった労働者への支援である、という主張でスウェーデン政府を説得し、協力を得た。

ポーランド内の「連帯」の拠点へ辿り着くまでの中間拠点の役割は、カトリック教会が果たすことが多かった。さらに、CIAは「連帯」に対して最新の情報も提供していた。ケイシーは、CIAが「連帯」の目と耳になるべきだと考えていた。

「連帯」にとって、ポーランド政権内の動きなどに関する情報は、作戦を練るために必要不可欠であった。アメリカの支援のおかげで、「連帯」は戒厳令下を生き抜き、活動を続けることができた。多くの印刷物が市民の間に広まり、秘密の拠点から流れる「連帯」の放送番組を、市民はラジオで聞くことができた。もしアメリカによる支援がなければ、このような活動は不可能だっただろう。

アメリカは同時に、戒厳令を公布したポーランド政府に経済制裁を科した。ポーランドの貿易は制限され、西洋の金融機関からの借り入れも困難になった。もちろん制裁を下せばポーランドがさらにソ連に依存してしまい、逆効果になる懸念もあった。事実、制裁実行後にソ連は財政が悪化したポーランドに10億ドル単位の支援を行なった。しかし大局的に見れば、ただでさえ経済が停滞していたソ連に無理を押して衛星国を支援させたことは結局、間接的に財政難をもたらしてソ連に対する打撃になった。

1983年6月に、ヨハネ・パウロ2世は二回目（一回目は1979年）のポーランド訪問を行なった。カトリック勢力の強いポーランドにおいて、ローマ教皇の訪問は特別な出来事である。ましてポーランド人であるローマ教皇の訪問は、ポーランド人にとっては言葉に表せないほどの感動である。ヨハネ・パウロ2世が就任した1978年、同胞のローマ教皇就任にポーランド人は歓呼の声を上げた。社会主義政権は当然これを警戒したが、強い国民世論を無視できず、形式的に就任を歓迎した。

1983年のローマ教皇の訪問は、ポーランドの社会主義体制によるさらなる弾圧に対し、牽制の狙いがあったと考えられる。ケイシーは何度もバチカンを訪れており、訪問はアメリカと連帯して実現したと考えるのが自然である。もちろん、それは教皇がアメリカに操られたという意味ではなく、両者の思惑が一致したからこそ、協力が可能になった。

ポーランド訪問の際、教皇は主要都市を訪れ、各地で大衆に歓迎された。訪問中、ヨハネ・パウロ2世は釈放された「連帯」リーダーのヴァウェンサと会った。最初は、政権が教皇をヴァウェンサに会わせることを拒んだが、教皇がヴァウェンサとの面会を訪問の条件にしたので断れなかった。

ヨハネ・パウロ２世の訪問は、ポーランド社会に大きなインパクトを与えた。社会主義体制やポーランド統一労働者党よりも、ポーランド人であるローマ教皇の方がよほど国民に支持され、慕われていることが明白になった。訪問の翌月、戒厳令は解除された。教皇と面会したヴァウェンサを抑圧することは、もはやできなかった。

「連帯」は合法化されなかったものの、水面下の活動を続けることができた。取り締まりは戒厳令下の徹底的な弾圧に比べて緩和され、「連帯」幹部のほとんどが釈放された。過激な活動を行う中核メンバーに対する弾圧は続いたが、組織全体に影響を与えるほどの大規模な弾圧はなくなった。アメリカの狙いどおり「連帯」の存続は大きな役割を果たし、１９８８年に再び民主化運動を始めることで１９８９年の段階的民主化の原動力となった。

負けではなかったパイプラインの攻防戦

レーガンは、自らの反共の信念を積極的に発信し、ソ連に対する厳しい国際世論の形成にも力を入れた。１９８２年６月に、彼はイギリス議会における演説で「自由と民主主義の行進は、マルクス・レーニン主義を歴史のゴミ箱に打ち捨てるだろう」と発言し、「皮肉なことに、マルクスは正しかった。我々は今、危機に直面している。しかし、その危機は自由の西洋ではなく、マルクス・レーニン主義の大本であるソ連で起きている」と語った。この発言から、レーガンの思想レベルでの対決姿勢のほどが窺える。

さらに1983年3月、アメリカ福音派教会の総会での演説では「共産主義は人類史における悲劇的で奇怪な章の一つであり、その最終ページがまさに今記されようとしている、と私は確信する」と発言し、ソ連を「現代世界の悪の中心」「悪の帝国」と非難した。

同じく1983年には、全米民主主義基金が設立された。組織の目的は他国の民主化を支援することであり、アメリカの国家予算から資金を拠出し、共産圏における反体制運動、民主化運動への援助を行なっていた。

また、ソ連は1983年9月に大韓航空機を撃墜し、国際的な非難を浴びた。レーガンはこの事件を「忘れてはならない人道に対する罪」と断定し、アメリカにおけるソ連の航空企業の活動停止という独自の制裁を加えた。

対ソ連の外交戦略で大きな役割を果たしたのは、エネルギー外交である。1973年のオイルショック以降、石油価格が上がり続け、ソ連の外貨稼ぎを後押しした。レーガンはソ連経済に打撃を与え、アメリカの国内産業を活性化するため、石油価格を下げるようサウジアラビアに働きかけた。最大の石油産出国であるサウジアラビアの行動は、石油価格に影響を及ぼせるからだ。

アメリカはサウジアラビアとの関係を強化するために最新兵器を売却し、サウジアラビアが望む軍事力強化に協力した。ケイシーは何度もサウジアラビアを訪れ、首脳と極秘の話し合いを重ねた。サウジアラビアの最大の脅威は革命後のイランだった。アメリカはイランからサウジアラビアを守ることを約束し、代わりに石油価格を下げるように頼んだ。さらに、ソ連がイランの味方であること、イランと同様、中東にとって大きな脅威であることを伝え、石油価格の下落はサウジアラビアの安全保障の役に立つとして説得を続けた。

アメリカの積極的な外交の結果、１９８６年に石油価格は下落し、１９９０年まで元の水準に戻らなかった。ソ連は外貨稼ぎが困難になり、経済混乱（そして崩壊）の大きな原因の一つとなった。

ソ連を締め付けたエネルギー外交のもう一つの局面は、ソ連のガスパイプラインの建設妨害である。当時のソ連は巨大なウレンゴイ・ガス田からヨーロッパまでガスを運ぶパイプラインを建設中で、完成には西洋の技術と資金が必要だった。そこでアメリカは１９８１年、ソ連のパイプライン建設に必要な技術と資金の提供を禁止し、１９８２年にＮＡＴＯ諸国にも同様の措置を取るように圧力をかけた。

しかし、西ヨーロッパ諸国はパイプラインの完成を望んでいたので、欧米間で摩擦が生じた。長い交渉の結果、レーガンは一局面の勝利と引き換えに同盟関係を危うくしてはいけないと判断した。アメリカは1982年11月に制裁の一部を解除して、ソ連のパイプライン建設を容認した。

この件に関しては一見、レーガンが負けたように思える。しかし、そうとも限らない。元の計画ではウレンゴイ・ガス田から同ルートで並行する二本のパイプラインが建設される予定だったからだ。レーガンは一本のパイプライン建設のみを容認の条件にし、ソ連がもう一本のパイプラインを引くことを食い止めたのだ。

レーガンの策略により、ソ連のパイプライン開設は約2年遅れた。さらに、ソ連が頼りにしていた西洋の技術と資金は部分的にしか入らず、パイプライン建設はソ連にとって重荷となった。多額の資金を自国の国家予算から拠出し、代替技術にも力を入れなければならなかった。総合的に見ると、ガスパイプラインはソ連が期待していたほどの大きな利益をもたらさなかった。したがってこの局面でも、ソ連を追い詰める試みはレーガンの部分的成功で終わった、と言えるだろう。

財政を圧迫させる

そして冷戦における勝利に大きな役割を果たしたのは、NATOの結束である。主役はアメリカと西欧、とくにヨーロッパの大国であるイギリス、フランス、西ドイツだった。冷戦の勝者を決める勝負が本格化した1980年代は、西ヨーロッパにおける安定的な発展の時代であり、その流れは西側にとって有利に働いた。

イギリスのサッチャー政権（在任期間1979―1990年）、西ドイツのコール政権（1982―1998年）、フランスのミッテラン政権（1981―1995年）はいずれも安定した長期政権で、冷戦の「決戦期」とも言える1982―1990年の間、ヨーロッパ三大国のトップは不変だった。そして、アメリカではレーガン（1981―1989年）、ブッシュ（1989―1993年）による共和党政権が続いた。

これらの長期政権は、期間が長かっただけではなく、かなりの成功を収めた。1970年代の停滞から立ち直って経済が成長し、国民の生活水準が上昇した時代である。それに反比例するかのように、ソ連が期待した西側諸国の共産党の力が減少した。経済が停滞した1960年代後半、70年代に各国の共産党はかなり支持率を伸ばしたが、経済回復と国民所得の上昇と共に、支持率が下がった。

レーガンとサッチャーの「小さな政府」政策による経済成長は有名な話である。減税と政府支出の削減、労働組合の力の制限と民営化がアメリカとイギリスの経済成長をもたらした。フランスにおいては、社会党所属のミッテランが政府の支出拡大を試みたが、現実の前に軌道修正を余儀なくされ、減税と支出削減に舵を切った。そのため、ミッテランは連立相手の共産主義者と政策が合わなくなり、共産主義者は政権から離れた。

1980年代に安定的な発展を成し遂げた西洋とは対照的に、社会主義圏の諸国は経済が停滞し続け、国民の貧困が目につくようになった。ワルシャワ条約機構の諸国は国際機関や西洋の金融機関に対して借金を重ね、重荷は増える一方だった。経済が停滞する衛星国に、常に支援をしなければならない状態は、ソ連の財政を圧迫した。医療や教育の分野でも、社会主義圏の質は悪く、東西ヨーロッパの国民生活水準の格差は拡大の一途を辿った。

人心をめぐる戦いで負けていた

こうして資本主義は社会主義より、国民に豊かな暮らしをもたらせることが明らかになった。重要なのは、社会主義圏のすぐ隣、国境を挟んだ向こう側に全く違う世界があった、ということだ。そして自由で豊かな、楽しみがたくさんある充実した世界の存在を、東ヨーロッパの国民は知ることができた。もちろん、鉄のカーテンの内側にいる社会主義圏の諸国民は簡単に西洋へ行けなかったし、強力な情報統制もあった。

しかし、それでもラジオなど様々なルートで情報が人びとの耳に入っていた。社会主義圏の東欧諸国の国民の多くは、自由で豊かな西洋と比べ、自分たちの暮らす社会に希望がなく、停滞した社会主義が資本主義に劣ることに気づいていた。つまり社会主義圏崩壊の前から、ソ連は人心をめぐる戦いで負けていたのだ。

経済の面だけではなく、政治の面においても、西洋はソ連と異なり安定していた。ソ連の指導者達を見ると、ブレジネフは1982年に死亡、アンドロポフは1984年に死亡、チェルネンコは1985年に死亡した。1985年3月にゴルバチョフが就任するまで、3年間で3回指導者が代わっている。ソ連共産党に有能な人材が不足していたことは明らかだった。

ソ連を動揺させたNATOの演習

西洋各国はそれぞれの思惑はあったものの、ソ連に対する共通の安全保障戦略があった。1970年代の終わりに、ソ連は核弾頭を搭載した中距離弾道ミサイルSS-20（RSD-10）を展開した。それに対抗して、1979年にNATOはアメリカの572発のBGM-109G巡航ミサイルと、パーシングⅡ準中距離弾道ミサイルのヨーロッパでの展開を決定した。決定後、西洋とソ連の間で軍縮交渉が行われた。西洋各国は、ソ連がSS-20をなくす代わりに、アメリカのミサイルをヨーロッパで展開しないことを提案した。

しかし、ソ連はすでに展開済みのミサイルの撤去と、これから展開する計画の中止は対等な取引ではない、と主張した。さらにソ連はアメリカだけではなく、イギリスとフランスの戦力も軍縮交渉の対象にするべきだと主張した。だが、英仏はソ連の訴えを退けて交渉は進まず、結局アメリカのミサイルが配備されることになった。

ソ連は当時、西欧各国の平和活動家による反戦・反対運動によってNATOがミサイル配備を断念することを期待していた。実際に、ミサイル配備予定国（イギリス、西ドイツ、イタリア、オランダ、ベルギー）では大規模な反対運動が起き、西ドイツでは数十万人規模の反対デモも発生した。デモの際に警察との衝突もあり、逮捕者も出た。

しかし結局、ソ連が期待していた結果にならず、NATO諸国の政府の姿勢は揺るがずにミサイルが配備された。108発のパーシングⅡミサイルは全て最前線の西ドイツに配備され、巡航ミサイルは160発がイギリス、112発がイタリア、96発が西ドイツ、オランダとベルギーでは48発ずつ配備された。

さらに1983年11月、NATOは西ヨーロッパで「Able Archer 83」（直訳：優秀な射手）という大規模な軍事演習を実施した。演習の規模は凄まじく、NATO各国の首脳も演習に駆け付けた。アメリカからは大統領のレーガン、副大統領のブッシュと国防長官のキャスパー・ワインバーガーが参加している。演習では全面戦争や核戦争のシミュレーションが行われ、多くの最新技術が試された。

ソ連はこの演習を知って動揺した。「本当にソ連を全面攻撃する準備なのではないか」と恐れ、ワルシャワ条約機構軍は戦闘準備の体制に入った。NATOによる積極的かつ大胆な軍事戦略はソ連の指導層に恐怖を与え、ソ連は経済停滞の中で国費を投じ、軍拡競争を続けざるを得なかった。このことが最終的に、ソ連経済の崩壊を誘発した一因と言えるのではないか。

連続で三人の指導者が死んだソ連では、１９８５年に比較的に若い、54歳のミハイル・ゴルバチョフが指導者になった。ゴルバチョフはこのままではソ連が保《も》たないことを悟り、現状を打破しなければならないと考えていた。外交においては西洋との対立を和らげ、財政を圧迫する軍拡競争をやめなければならなかった。国内においては、経済の改革が急務だった。

ゴルバチョフは指導者になる前の１９８４年12月、サッチャーと会っている。サッチャーはゴルバチョフに対し、話ができるよい人物という印象を受けた。次いで１９８５年11月、ゴルバチョフはレーガンとジュネーブで会った。６年ぶりの米ソ首脳会談で軍縮に関する合意には至らなかったものの、レーガンは希望が見えたと思った。

その後、レイキャヴィーク会談（１９８６年10月）を経て、１９８７年12月のワシントン会談でレーガンとゴルバチョフは合意に至る。中距離核戦力全廃条約を結び、アメリカはパーシングⅡ、ソ連はＳＳ-20を全廃することになった。

この合意は米ソの緊張緩和において、大きな前進となった。１９８９年１月にレーガンの任期が終了し、レーガン時代の副大統領であるブッシュが大統領に就任したが、緊張緩和の流れは続いた。

穏健な共産主義者ゴルバチョフ

ソ連国内において、ゴルバチョフはペレストロイカ（構造改革）とグラスノスチ（情報公開）を表明し、緩やかな独裁体制の緩和が始まった。ゴルバチョフはソ連の遅れを自覚し、改革によって停滞から脱却と発展を目指した。

ゴルバチョフは決して自由・民主主義の価値観を持っていたわけではなく、あくまでも共産主義者だった。ただし、スターリン主義者ではなく、部分的な自由を容認して西洋との共存を目指す、穏健な共産主義者だった。

しかし、彼の改革はうまくいかなかった。統制経済に、部分的に市場経済の要素を導入しても、根本的な解決にはならない。さらに、グラスノスチのおかげで、それまで弾圧されていた表現の自由が徐々に認められると、ソ連政府や共産党が批判の対象となった。

加えて、ゴルバチョフはワルシャワ条約機構の諸国への統制を緩め、不介入主義の路線を取った。１９８８年11月、ハンガリーにおいて改革派のネーメト・ミクローシュ内閣が発足した。ハンガリーはワルシャワ条約諸国の中で最も発展した国であり、第1節で言及したカーダールの時代（１９５６―１９８８年）から、他の東欧諸国に比べて統制が緩かった。支配政党のハンガリー社会主義労働者党の幹部も、改革の必要性をよく理解していた。

１９８９年３月にネーメト首相はモスクワを訪問し、複数政党が参加可能な自由選挙を行う準備をしていることをゴルバチョフに報告した。そして、ハンガリー国内で８万人の兵士を持つソ連軍が、１９５６年と同じように民主化を弾圧しないかどうかを尋ねた。ゴルバチョフは、複数政党選挙には同意できないとしながらも、自由選挙はハンガリー国内の問題だと指摘し、介入はしない、と答えた。

このゴルバチョフの答えは大きな意味を持っていた。つまり「ソ連はワルシャワ条約加盟国の内政に介入しない」ということを明言したのだ。

東ドイツ人の大脱出

さらにネーメト内閣は、社会主義諸国の国民のハンガリー国内における長期滞在を容認した。自由化しつつあるハンガリーに、他のワルシャワ条約機構の国から難民が流れ始めた。１９８９年4月に、ハンガリーとオーストリアの国境にある電気柵の電流を政府が止め、５月から一部の防衛施設が解体され始めた。６月には、ハンガリー外相とオーストリア外相が一緒に国境の柵を切るセレモニーを行なった。

このニュースを受けて、西洋世界への亡命を目指す社会主義諸国の国民がさらにハンガリーに集まった。オーストリアとハンガリーの国境付近の難民キャンプには人々が溢れ、自由を求める機運が高まっていた。

決定的な状況の打破は、オーストリア＝ハンガリー帝国最後の皇太子であるハプスブルク＝ロートリンゲン家当主オットー・フォン・ハプスブルクのアイディアから実現された。オットー大公は「ピクニック」（バーベキューパーティー）をハンガリーの民主化活動家や改革派政治家に提案し、オーストリアとハンガリーの国境付近で、ヨーロッパの未来などについて話し合う集会を行うことになった。

集会が開かれた8月19日、会場近くの検問所が一時的に開かれた。そしてバスで到着した東ドイツの国民が国境を越え、合計661人がオーストリアへ脱出した。ハンガリー国境警備隊は事前に指示を受けていたので、脱出する東ドイツ人のパスポートを確認せず、次から次へと国境を越える行列に見て見ぬふりをした。

この出来事を知った東ドイツの指導者エーリッヒ・ホーネッカーは激怒した。ハンガリーに対して東ドイツの難民の強制送還を求めたが、ハンガリーは応じなかった。その後、ネーメト首相は難民問題を解決するために西ドイツのコール首相と話し合った。コールは東ドイツ国民を西ドイツへ受け入れることに積極的だったが、ソ連の反応を懸念していた。

しかしコールがゴルバチョフに話を打診すると、ゴルバチョフは東ドイツ人の亡命を黙認した。ソ連の後ろ盾がなくなった東ドイツの猛抗議に効果はなく、もはや打つ手はなかった。9

月10日にハンガリーはオーストリアとの国境を開き、東ドイツ人を出国させた。
だが、大勝利に見えた東ドイツ人の脱出は第一歩に過ぎなかった。ソ連が動かないことを見た東ドイツの国民は、今度は西側への脱出ではなく、東ドイツ自体の自由化を求めた。9月、10月中に、東ドイツの各地で自由化を求める大規模なデモが起きた。独裁体制の維持を望むホーネッカーは時代の変化に気づかず、10月18日に失脚した。その後、ドイツ社会主義統一党の幹部は部分的な自由化を容認し、11月9日にテレビで西ベルリンと西ドイツへの訪問自由化が発表された。新しいルールでは、西側への出国希望者はビザを申請すればすぐに支給してもらえる、ということだった。

しかし、東ドイツ国民は正式な手続きを無視し、ベルリンの壁へ押し寄せた。何ら対応の指示を受けていない国境警備隊は西ベルリンへ向かう大衆を抑えようとしたが、途中で諦めた。分断された民族が再び一緒になるという感動的な、お祭りのような出来事だった。住民による壁の破壊が始まり、その後の1990年3月には東ドイツで民主選挙が行われた。民主社会党に転身したドイツ社会主義統一党は16％の得票率しか獲得できず、西ドイツ与党のキリスト教民主同盟の姉妹政党である東ドイツキリスト教民主同盟が40％を得て内閣を形成した。

こうしてドイツ再統一の準備が始まったが、同時にソ連の動きにも注意しなければならなかった。東ドイツの自由化はまだしも、ドイツ再統一にソ連が賛同するかどうかは不明だったからだ。東ドイツは、ソ連にとっては第二次世界大戦の「戦利品」だった。他のワルシャワ条約機構国への影響力を失うのとは、意味が異なっていた。

東ドイツは冷戦の最前線であり、1990年時点でもソ連の大軍が駐屯していた。核兵器と5000輌の戦車、1万輌の戦闘車両、1500機の軍用機、そして34万人の兵士たち。これらの大戦力をどうするのかが、大きな問題となった。焦って撤退させようとすれば、ソ連の気が変わって東ドイツの再占領という懸念もなかったわけではない。まして、西ドイツはNATO加盟国だ。再統一すれば、東ドイツ領もNATOの一部になる。大軍の撤退後、かつての社会主義の要塞がNATOの一部になることを、ソ連は本当に許すのか。

ドイツ再統一の条件として、NATOへの非加盟をソ連が要求するのではないか、という恐れもあった。しかし、1990年7月にコールとゴルバチョフが交渉を行い、統一ドイツ軍の兵力を削減すること、東ドイツにNATOの核兵器を置かないこと、そしてソ連軍の撤退費用をドイツが負担することを決めた。以上の条件により、ドイツがNATOに加盟したまま再統一することをゴルバチョフは容認した。

この合意にコールは大喜びした。なぜなら統一ドイツのNATO加盟は、冷戦の完全な終結と言えるからだ。そして、1990年10月にドイツは再統一を果たす。

もしエリツィンの台頭がなかったら

遡ると１９８９年、東欧の解放が起きた。ベルリンの壁の崩壊に勇気付けられた東欧諸国の国民が民主化を求めて立ち上がり、各国における一党独裁体制が終了した。

東欧解放の後、１９９１年にソ連本体でも民主化と解体のプロセスが加速した。ゴルバチョフは必死にソ連を存続させようとしたが、台頭したエリツィンにとってはソ連の権力機関が邪魔だった。共産党の強硬派は独裁体制復活のためにクーデターを試みたが、エリツィンの抵抗によって失敗に終わる。エリツィンは民衆の間で人気を博し、１９９１年の秋にソ連邦の解体が進んで12月には正式に消滅する。

共産主義者ゴルバチョフの目的は、あくまでソ連の存続と発展だった。東欧の解放を容認したのは、もはやソ連の国力で勢力圏の維持は無理だと悟ったからだ。外部の勢力圏を放棄することで、ソ連本体を何とか守ろうとしたわけだ。しかし、ソ連内でも自由化をはじめ様々なプロセスが同時に発生し、諸民族が独立を望む傾向とエリツィンの台頭による権力闘争が拍車を掛けた。そのため、ゴルバチョフはもはや状況を制御できなくなった。

ソ連崩壊の原因は、一つではない。本節で扱ったレーガンやＮＡＴＯによる追い詰めの戦略は当然、大きな要素である。しかしソ連の体制がそもそも脆弱でなければ、崩壊に至るまでは行かなかっただろう。国内で社会主義経済が行き詰まっていたからこそ、ゴルバチョフは統制を失い、ソ連解体が現実になったのだ。もしエリツィンの台頭がなく、強硬派が独裁体制の復活を目論むような下手な真似をしなければ、ソ連が存続した可能性もあったかもしれない。

もちろん歴史には仮定はなく、ある出来事が違ったらどういう結果になったのか、という議論はあまり意味がない。しかし、間違いなく言えることがある。自由主義の歴史的大勝利が可能になったのは、共産主義が脆弱となり、潰すチャンスが生じた際、同じタイミングで強い使命感を持つレーガンという大統領が現れたからである。

第5節　トランプ幻想――「中国を倒してくれる」という思い込み

「幻想」というのは、現実にはないことをあるかのように心に思い描くことである。「戦争のない世界は幻想である」という例文からも分かるように、「幻想」には期待の意味合いが強い。さらに、私は2019年に『プーチン幻想』という本を書いた。日本において一部の人がプーチン大統領に対して抱いているのは、もはや「幻想」の領域を超えた「妄想」である。

「妄想」とは、幻想と同じく現実に存在しないことを「こうなってほしい」という期待や「こうなっているに違いない」という思い込みに加えて、頭の中で壮大なストーリーを作ることだ。「プーチン妄想」については次節に触れるが、本節では「トランプ幻想」について考えたい。

言っておくが、本節の目的は、２０１７年1月―２０２１年1月までアメリカの大統領であったドナルド・トランプを批判することではない。日本語で書かれた日本人向けの本として、ここで述べたいのは、一部の日本の保守層がトランプ大統領に抱いた幻想についてである。

対中外交の成果

私は、トランプ大統領の評価については全肯定も全否定もせず「是々非々」を貫いてきた。トランプ政権には多くの実績があった。まずアメリカ国内における、リベラル左派勢力の影響の是正。政界、メディア界、芸能界、学界などに存在する過激な人達による行き過ぎたポリティカル・コレクトネスの圧力や、行き過ぎたジェンダー論は、一般人の日常を息苦しくしていた。リベラル左派がもたらした模範の強要や言葉狩りなどによる表現の自由の制限は、自由・民主主義国のあり方とは言い難い。トランプ大統領はこのような状況に対する反発の象徴であったと言える。

また、トランプ政権が行なった減税などの経済政策はアメリカの景気を回復させ、失業率を下げた。防衛費は4年間で約6000億ドルから約7000億ドルまで上がり、前節で言及した中距離核戦力（INF）全廃条約を2019年に破棄し、新兵器の開発を可能にした。INF全廃条約の破棄に対しては批判も出たが、ロシアはどの道、実際は条約を破って兵器開発を行なっていたし、締結国ではない中国は縛られない。したがって、アメリカだけが条約を守る意味は全くなかった。

さらにトランプ政権では、中国の情報工作や謀略活動、貿易におけるダンピング（不当な廉売）などの不正がようやく本格的に問題視されるようになった。それまでのアメリカの政権には「中国は世界の大きな脅威である」という認識が欠けていた。サイバー攻撃や情報操作をアメリカの要人が批判するようになり、トランプ大統領は対中貿易赤字の是正を求め、改善の要求を中国に認めさせた。

加えて2020年に、中国発の新型コロナウイルスのパンデミックが起き、世界に大きな打撃を与えた。中国が初期段階で情報を隠蔽したため、各国は十分な対策ができず、ウイルスが世界中に広まってしまった。トランプ大統領は、ウイルスを世界に拡散した中国の責任を世界で初めて公に追及した。併せてWHOの中国寄りの態度も問題視し、批判を行なった。

中国は同じ2020年に、香港民主化運動の弾圧を本格化させた。中国は、香港をイギリスから譲り受けた時に、50年間は香港の自治を尊重することを約束した。しかし中国は、イギリスとの約束をひどい形で破り捨てた。「香港国家安全法」という名の人権弾圧法によって、香港の民主活動家を大量に逮捕し、運動の顔だった人達にことごとく実刑判決を下した。

このような人権蹂躙に対して、トランプ大統領は制裁措置を取り始めた。中国共産党員がアメリカに滞在できる期間を10年間から1カ月に大幅短縮し、一部の駐米中国領事館の閉鎖を行なった。また、中国高官が米国の大学や州政府機関、地方自治体を訪れる自由も制限した。大学などの教育機関に設置されている中国語教育機関「孔子学院」の活動も、技術の盗難や諜報の拠点として制限している。中国の大手企業（ファーウェイ、ＺＴＥなど）との取引に対する厳しい規制も実施した。

さらに、中国から常に狙われている台湾の問題も、トランプ政権は重視していた。台湾は中国の拡張主義に立ちはだかる自由・民主主義国である。もし台湾が陥落したら、中国の海洋進出は一気に有利に傾き、独裁主義国・中国の巨大化が進むだろう。台湾は今、独裁主義陣営と自由・民主主義陣営の戦いの最前線にある。台湾を中国の侵略主義から守るのは、自由・民主主義諸国の義務である。その台湾に対する兵器売却を積極的に行い、台湾とのコミュニケーションのレベルを上げたことはトランプ政権の成果であった。

トランプ政権は多くの面、とくに対中外交において、かなりの成果を上げた。しかしトランプ大統領の在任中、一部の日本人の彼に対する期待は「中国の台頭を封じ込めて習近平政権を追い詰め、崩壊させる」などあまりにも現実離れしたものだった。この期待はまさに「トランプ幻想」と言えるのではないか。

実利外交に中国打倒は期待できない

日本の保守による「トランプ幻想」は、大まかに言えばレーガンがソ連に対して行なった政策に近いことを中国にやってくれる、という期待であった。これは願望に基づく希望的観測であり、冷静にトランプ政権の性質と国際情勢を見たら、このような期待はあり得ないと分かるはずである。

まずトランプ政権の性質について、この大統領が掲げていたのはアメリカ第一主義だった。つまり「紛争や対立の解決など、世界の厄介な問題には積極的に関わらない」ということである。アメリカが安全で豊かであれば、とりあえずそれでよしとする。それ以上のこと、つまり遠く離れた地域や世界全体の安全と豊かさを守ることを積極的には目指さない。

また「価値観外交か、実利外交か」という軸で考えると、トランプ政権は実利外交にかなり傾いていた。価値観外交とは、目先の利益にとらわれず、損を覚悟してでも価値観や信念に基づいて行動する外交政策のことだ。実利外交とは、価値観、信念を横に置いて自国の直接の利益、とくに経済利益を追求する外交政策である。どの国の政府もいずれかに傾くが、１００％の価値観外交や、１００％の実利外交のような極端なことはしない。価値観と実利のバランスが大事である。

実利外交のトランプ政権は、中国を抑止することがあっても、打倒することは考えない。本気で中国を倒そうとすると、アメリカは必ず甚大な損害を被る。損得勘定によって動くトランプ大統領が、そんなことをするはずがないだろう。

さらに中国を倒すのは、アメリカ単独もしくは仮に日米台が連帯したとしても無理である。欧州諸国の積極的な協力が必須である。しかし、トランプ政権の時代に欧米の関係は冷めていた。欧州諸国との関係づくりはトランプ政権の関心・得意分野ではなく、欧州諸国がアメリカの大戦略に付き合う可能性も低い。

前節で解説したように、ソ連を倒したレーガンは信念に基づく価値観外交を展開した。彼は理念を優先し、損失を恐れなかった。しかし反対に、トランプは実利を重視していた。トランプの外交とレーガンの外交は全く違う。両者を同じようなものとして見てはいけない。トランプに似ていたのは、むしろニクソンの外交である。南ベトナムを見捨て、中国と関係改善を実行し、ソ連ともデタントを継続した。つまり、典型的な実利外交である。「トランプが中国を倒す」と期待するのは、「ニクソンがソ連を倒す」と期待するのと同じぐらい無意味なことである。

冷戦時代よりも強く、巧妙になったロシアと中国

そして、現在の国際情勢は１９８０年代とは全く違う。当時のソ連は経済が行き詰まり、国力が脆弱だった。巨大な勢力圏の維持は負担でしかなく、社会主義圏と資本主義圏の生活水準の差は誰の目にも明らかだった。工業製品の質の差も一目瞭然で、技術的にも西洋諸国に大きく後れを取っていた。何よりも、自国を含む社会主義圏の国民が社会主義体制に大きな不満を持ち、資本主義の方が豊かだとうすうす気づいていた。アフガニスタンにおける無意味な泥沼の戦争はソ連を不安定化させ、アメリカとの軍拡競争で経済は疲弊していた。対して80年代、アメリカをはじめとする西洋の経済は好調だった。この点も21世紀とは異なる。

それほど脆弱なソ連を倒すのですら、アメリカや西洋全体は持てる手段を総動員しなければならなかった。なおかつ味方の努力だけでは不十分で、ソ連国内の動きが崩壊を後押しする要因となった。さらに構造上の欠陥として、ソ連邦を構成する国にはソ連の法律上、離脱権があった。したがってソ連共産党が束ねる力を失ったとたん、権限を発動して合法的に離脱できたのだ。

つまり、西洋諸国はソ連より圧倒的な力を持ちながら、敵の体制崩壊のために全力を尽くし

たうえ、運も味方してやっとソ連を崩壊に追い込むことができた、ということだ。

当時の脆弱なソ連に対して、現在の中国は強い。中国の人口はアメリカの4倍、GDPはアメリカの3分の2。中国共産党は国内で絶大な権力を持ち、権力基盤が揺らぐ見込みはない。国内の格差は大きいとはいえ、経済を支える大都市圏における生活水準は、日欧米と大きな差がない。中国共産党が一党独裁を保ちながら、巧妙に資本主義経済を導入することで発展を保っている。「世界の工場」にもなり、全世界が中国の製品を大量に輸入している。製品の品質はまだ先進国にやや劣るとはいえ、かつてのソ連と西洋ほどの圧倒的な質の差はない。

さらに新型コロナウイルスの感染が拡大するまでは、中国に対して好印象を持つ人が圧倒的に多かった。世界各国が中国の正体に気づき始めて対中感情が悪化したのは、2020年のウイルスの隠蔽と対応、そして香港弾圧が原因である。他方でソ連の場合は、ハンガリー革命の残虐な弾圧によってすでに正体が世界中に暴かれていた。

平和的な民主化運動だったプラハの春の弾圧後には、西洋諸国の左派すらソ連を弁明できなくなった。そしてアフガニスタン侵攻後、西洋諸国がモスクワ開催のオリンピックをボイコットした。つまり、レーガンによる対ソ「聖戦」よりずっと前から、ソ連の正体は白日の下に晒されていた。冷戦の最終決戦が「開戦」する1981年の時点で、ソ連の国際的な印象はもはや最悪だった。

現在、西洋諸国は中国を追い詰めることができる状態ではない。だから「トランプ大統領が中国を倒してくれる」と期待するのは、幻想に過ぎない。

今後数十年にわたり、世界は新冷戦の時代が続くのではないか、と私は考えている。中国、ロシアが率いる独裁主義陣営と、アメリカが率いる自由・民主主義陣営の対立は続くだろう。独裁主義陣営は、1991年の敗北から多くのことを学んでいる。ロシアや中国はあのころより遥かに強く、巧妙になっている。新冷戦は自由・民主主義陣営にとって大きな試練になるだろう。その試練を乗り越えられるかどうかは、自由・民主主義諸国の努力次第である。私は、全力を尽くせば自由主義は勝てると思うが、決して楽な戦いではなく、多くの困難や被害を伴う勝負になると考えている。

一部の日本人がトランプ大統領に過大な期待をしていたことは、裏を返すと日本人が自国に自信がないこと、あるいは自ら努力することを諦めている証拠でもある、と言えなくもない。自助努力ではなく、同盟国とはいえ他国の首脳に日本の最大の脅威を退けてもらうという他力本願の思考は、自信もしくは努力する意思のいずれかの欠如を意味している。

たしかに実際、トランプ政権の誕生は日本にとって大きなチャンスだった。トランプ政権は、同盟国に対して防衛費の増加を要求していた。この要求は、日本の国益に100%一致している。中国、ロシア、北朝鮮の脅威に晒されている日本は、一刻も早く防衛予算を増やし、防衛力を強化しなければならない。国内世論の反発や中ロなどの妨害工作によって日本政府が防衛費増加を決断できないなか、同盟国のアメリカからの要求は絶好のチャンスだったのだ。

　同盟関係の維持を理由に多くの反対論を押し切ればよかったのに、この絶好のチャンスすら日本政府は活かせなかった。日本政府の能力が問われると同時に、日本の保守、愛国層の発言力が弱く、世の中を変えるための力がなかったと言わざるを得ない。外圧を口実に使えなかったことを反省し、日本の保守、愛国層は自分たちの能力と発言力を高める努力をしなければならないだろう。

日本は自由・民主主義国なのか？

　また、「トランプ大統領は中国を倒す」と根拠なく期待するより、「日本は中国に対してどのような外交をしてきたのか」を振り返って考える方がよほど有意義なことである。日本は実際、トランプが中国にやった程度のことすら実行していない。日本よりアメリカの高官の方が遥かに厳しい口調で中国を批判するし、発言の頻度が高い。先述したアメリカによる対中制裁を、日本は全くやっていない。この状態はあまりにもおかしい。

　日本とアメリカ、どちらの方が中国の脅威に晒されているのか。明らかに日本である。アメリカにとっての中国の脅威は、日本にとっての脅威ほど大きくない。にもかかわらず、アメリカの方が対中抑止に遥かに積極的だ。本来、日本こそ対中制裁の急先鋒となって強硬路線を積極的に進め、むしろ同盟国のアメリカに宥められるのが自然な構図である。しかし、現実は真逆である。日本は何もせず、アメリカだけが必要な措置を取っている。もはや言葉に表せないほどの呆れる状態だ。

米中対立が続くなか、日本はのらりくらりと、うまいこと両方から甘い汁を吸おうとしている。アメリカに中国から守ってもらいながら、中国との商売で経済的な利益を得ようとする。日本の政界、財界において影響力のある人達は、自分の金儲け以外のことは全く考えない。だから、彼らに支えられている日本政府もまた、中国に対してなすべきことを全くしようとしない。

中国は世界最大の人権蹂躪国家でもある。ウイグル人のジェノサイド、チベット人の弾圧、先述した香港の弾圧など、とんでもない人権蹂躙を常に行なっている。このとんでもない国家と商売して金を稼ごうとするのは、道徳的に最低で下劣なだけではなく、日本の国益を大きく損なっている。

アメリカをはじめ、一部の自由・民主主義国はすでに中国の正体に気づき、必要な措置を取り始めている。そのなかで、日本だけが中国から守ってもらいながら中国との商売を続けることで、他の自由・民主主義国は日本の行動に疑問を感じ始めるのではないだろうか。日本は自由・民主主義国なのか、それとも人権蹂躙を容認する独裁陣営の属国なのか。敵と味方に旗をはっきり見せるべき時が来ている。

10年近く前から、中国の公船は頻繁に尖閣諸島付近の接続水域に近づいている。毎月の頻度で日本への領海侵入を行い、日本の漁船を威圧する事件が起きている。国際法上、明らかに侵略意図の表明である。中国は「サラミ戦法」つまり一気に攻めるのではなく、少しずつ日本の主権を侵食し、実効支配の既成事実を作る戦略を取っている。気づかない人もいるが、中国ははっきりと尖閣諸島について「中国の領土」と公言しており、侵略を狙っている。

この状態で危機感を持たず、平然としている日本の情報空間は異常である。日本国民が中国の脅威に気づき始めるには、日本政府が国民に「中国は日本にとっての脅威である」と伝えなければならない。閣僚の発言のように「遺憾だ」「毅然として対応する」程度の表現にとどまってしまうと、国民はいつまでも脅威に気づかない。「中国は脅威であり、日本の領土を奪おうとしている。その脅威に備えるには、日本の防衛力を強化しなければならない」。このメッセージを政府は明確に国民に伝えなければならない。

日本では、左翼からだけではなく、一部の保守とされる人からも、非常に奇妙な理屈を聞くことがある。彼らによると「日本はどうせ中国に勝てないから、抵抗するのは意味がない」そうだ。つまり、日本と中国の国力の差は圧倒的なので、日本がどんなに軍備を拡張して必死に抵抗しても、中国に勝つ事は不可能だ。だからそういう無意味なことはやめて中国を怒らせず、刺激しないように努力するしかない、という。

しかし、この意見は完全な誤りだ。中国の側に立って考えてみれば、分かることである。中国のような独裁国家が求めるのは圧勝であり、泥沼の戦いではないからだ。したがって敵の激しい抵抗が予想される場合、簡単には侵略しない。凶暴な侵略国家が侵略を判断する時には、損得で考える。侵略することによって獲得した権益より損害の方が多い場合は、侵略国家は侵略をやめる可能性が高い。その意味で、中国の判断は極めて冷静だ。

また、侵略国家にとっては対外的なプロパガンダと共に、自国民に対するアピールが重要だ。国民に常に快勝、快進撃を見せて「我が国はこんなに強い」という姿を見せなければならない。もし多くの死者が出る泥沼の戦いになれば、そういうアピールができない。

たしかに、独裁国家においては人命の価値は自由・民主主義国より遥かに低い。しかし1000人や2000人の死者ならまだしも、何万人、何十万人の死者となれば、さすがに独裁国家内でも多くの不満が出る。独裁者は、人民の不満が広まることは極力避けようとする。したがって、確実に人民の不満に繋がる泥沼の戦いも避ける。人民が体制を覆す事はできなくても、体制の中で政変が起きる可能性がある。仮に日本との戦争が泥沼の戦いになってしまった場合、戦争を開始した指導者は多くの犠牲者を出した無能者として失脚の可能性が出てくる。

警察部隊に抗議するウイグル人の女性たち（写真提供：AFP＝時事）

だからこそ、備える努力が大事なのである。

中国が、日本を攻撃しても多くの死者が出る戦いになると分かれば、侵略をためらう可能性は高い。これは完全に、日本の軍事力の強さに関わることだ。日本の軍事力の強さと、中国の日本を侵略する可能性は完璧な逆相関（反比例）の関係にある。日本の軍事力が強いほど、中国による侵略の可能性が低くなる。日本の軍事力が弱いほど、中国による侵略の可能性が高くなる。だから日本人が軍事力の備えや、必死に戦う覚悟を見せる事は無意味などころか、最も重要な行為である。政治家による決断が、確実に平和維持に繋がるのである。

「信じたい情報」を信じてしまう

最後に触れたい問題は、トランプ幻想を超えて

「妄想」に近い。2020年のアメリカ大統領選挙をめぐる「集団狂気」と言える状態だ。選挙で敗北したトランプ大統領は当初、結果を認めず「選挙に大規模な不正があった」と主張した。これを日本の保守の多くが真に受けて、本当に大規模な不正があったと信じ込んだ。

この思考自体は、分からなくもない。日本の保守の多くはトランプ再選を心から望んでいた。願望と違う結果が出た時に、それを精神的に受け入れられないのが人間として普通のことである。願望と現実を混同するのは、人間の心理なのかもしれない。

しかし異常だったのは、「不正選挙」を信じ込んだ人の大多数が冷静さを失い、「選挙が正当だった」という事実を伝えた人を叩き始めたことだ。同じ保守の仲間で、それまで人間関係がよかった人も、事実を述べただけで攻撃の対象になった。

もちろん、商売目的もしくは情報工作の一環で、わざと「不正選挙」の偽情報を流した人は一部にいる。私が問題視しているのは、いわゆる「確信犯」ではなく、本気で「大規模な不正があった」と洗脳されてしまった人である。確信犯は最低・最悪の人間であり、いずれ刑事責任を問われることを願う。しかし、本当に「不正があった」と信じ込んだ人は正義感に基づいていたので、こういう人を何とか救うべきだと思う。その「不正」を訴えるエネルギーを中国やロシアの脅威、日本の防衛力強化に当てることができればどれほどよかったか、と嘆きたくなる。

たしかに情報が氾濫するインターネットの時代は、真偽を分別することが難しい場合がある。多くの情報がある中で、自分の信念に合うもの、自分にとって気持ちのいい、自分が信じたいものを信じてしまう。だから「トランプに勝ってほしかったのに、バイデンが勝った」と落ち込んでいる時に「実は不正があった」という情報が目に入ったら、それに飛びつくことは理解できる。

しかし一部の人は、あまりにも現実離れした、誰がどう見ても明らかな作り話まで信じてしまった。これは流石に、物事を批判的に考える思考力を疑う。たとえば「ドイツのフランクフルトでサーバーをめぐって銃撃戦があった」「トランプはカリフォルニア州でも選挙で勝った」「トランプは戒厳令を出して選挙結果を無効にする」「ペロシ下院議長が逮捕された」「ローマ教皇が逮捕された」など、あからさまなデマまで信じる人が少なくなかった。

また、２０２０年11月中ならまだしも、選挙人投票が行われた12月14日以降でも、まだ「トランプは勝てる」「逆転のチャンスはある」と主張していた人が少なくなかった。常識的に考えてあり得ないことを口にする人や信じた人は、常識を持っていないと言わざるを得ない。デマを信じた人は反省するべきである。

それでは、先述したトンデモ話までは信じなくても、不正自体はあったのではないか、と疑う人の立場に立ってみると、彼らはどのように考えればよいのか。たとえば、２０２０年の大統領選挙における高すぎる投票率を疑問視する人がいた。たしかに史上最高の投票数で、アメリカの記録を大幅に更新したのは事実である。

だが投票率は66・7％で、高いとはいえ、あり得ない数字ではない。高投票率の理由も明確で、選挙時にはアメリカの社会がかなり分断されていた。共和党陣営と民主党陣営は互いを憎んで罵り合い、他者を受け入れる寛容性を失っていた。社会が分断した状態で投票率が上がるのは当然だ。両陣営は相手を勝たせないように支持者を総動員し、積極的に自陣の候補に投票させようとした。

では、不正の主張についてはどう考えればよいか。まず、選挙結果が問題視された州において票の再集計が行われたが、結果は変わらなかった。次に、論理的に考えて頂きたいが、大統領選挙の結果を覆すためには100票、1000票程度ではどうにもならない。数十万票の単位で不正をしなければならない。

もし選挙結果を覆すほど大規模な不正が行われれば、誰も気づかないはずはない。アメリカの警察やFBI、何よりも多くの共和党員が指摘し、糾弾するはずだ。10万票単位の不正など、いくら何でも隠しきれない。国際機関や外国の首脳も、結果に疑問を呈するだろう。しかし国際的にはどこからも、結果を疑問視する言動はなかった。さらに、トランプ側は選挙の無効を求めて多くの提訴をしたが、ほとんどは裁判で負けるか、提訴が受理すらされなかったケースが多かった。つまり本来、立証責任のあるトランプ側が十分な証拠を出すことができなかった、ということである。

これに対して「裁判所が腐敗していた」と主張する人もいる。だが、さすがに無理がある主張である。アメリカ各地には多くの裁判所があるが、トランプ側はどこでも勝てなかった。全ての裁判所が腐敗しているのに、2020年11月まで誰も腐敗に気づかずに大きな問題にならなかったことなど、あり得ない。加えて、共和党寄りの保守系の裁判官も少なくないのに、全員が等しく民主党による不正を黙認したなど、いっそう考えられない。とくに最高裁判所においては、9名の内リベラル系は3人、保守系は6名で、その6名のうち3名はトランプ大統領が任命した人物である。

しかし、トランプ側の主張は全会一致で拒否された。各ポストにいる、それまで愛国者の態度を何度も示した人がいきなり全員、等しく大規模な不正を見逃すことに転向したなど、明らかにあり得ない。不正を信じてしまった人は、どうか現実を見て、目覚めてほしい。

不正をめぐるデマの話は早速、共和党に実害を与えることになった。2021年1月5日に実施されたジョージア州の特別選挙で、共和党が敗北し、2議席とも民主党に取られた。もし共和党が1議席でも維持できたら、上院において過半数を占めることになったので、重大な敗北である。上院の過半数は政策や人事に大きな影響を与える。バイデン政権の間違った行動に対しても、かなりの抑止力になれたはずだ。だが民主党に上院を取られたことで、バイデン政権は好き勝手に政策や人事を通せるようになった。

本来、ジョージア州は共和党の地盤で、当初は共和党候補が優勢だった。しかし、トランプ側の度を過ぎた不正の主張に一部の支持者がドン引きし、投票所に行かなかった可能性がある。共和党が自ら票を減らし、民主党が相対的に勝つ結果になったと考えるのは自然である。

独裁国家に都合がよい状態

他方、インターネットに流れる不確かな情報に基づいて「アメリカで不正選挙が行われた」と多くの人が信じ込む状態は中国やロシア、イラン、北朝鮮などの独裁国家にとって極めて都合がよい。

第一に、偽情報が広がる経路を分析する研究材料として役に立つ。中国、ロシアなどの諜報機関は、自由・民主主義国のインターネットを含めた情報空間を必ず監視している。不正選挙の陰謀論が盛り上がった時に、独裁国家の謀略機関はデマがどういう風に広まったのか、拡散の過程と影響を分析しているはずだ。

日中に関して言えば、中国は常に、日本においてどの社会層がどういうデマを信じやすいか、ネット空間におけるどのインフルエンサー（社会に影響を与える発信者）がどういう経路で、どの類のデマを拡散してくれるかを、じっくり分析しているはずだ。そして分析によって得られた結果を、今後の対日謀略に使うのである。

つまり「日本の保守層なら、この類のデマを信じる。情報空間を攪乱するために、こういうデマを保守層に向けて流そう」あるいは「このインフルエンサーなら、この類のデマを拡散してくれそうだ。当人の目に入る形で、このようなデマを流そう」という情報謀略を行うのは容《た》易《やす》い。アメリカの不正選挙騒動で、日本国内に向けて不正を主張した人達は、中国の役に立つデータを中国の諜報機関に向けて大量に提供したことであろう。

中国を嫌いなはずの人達が、インターネットの不確かな情報に踊らされた結果、逆に中国を喜ばせていると考えると、悲しい気持ちになる。中国が日本の侵略を狙っている時に、侵略の手助けをするのは、極左や反日団体だけではないのかもしれない。ネットで拡散される情報の真偽を分別できない一部の保守の言動も事実上、中国に有利に働く可能性がある。これは大変危険な状態だ。右翼も左翼も他国を利する行為をするというのならば、いったい誰が日本を守るために立ち上がるというのか。

「アメリカで不正選挙が行われた」というイメージが広がること自体、独裁国を利するものだ。自由・民主主義国が独裁国より優れた点として重視されたのは、自由で公正な選挙が行われ、国民が自分の意思で権力者を選べることであった。しかし不正選挙の騒動により、揺るがないはずの民主主義の土台が崩れかけた。つまり「独裁国には公正な選挙がないが、アメリカも同じじゃないか」という言い訳を独裁国の擁護者に与えてしまった。

自由・民主主義陣営が「公正な選挙」という道徳的な優位性を失ってしまえば、激化するであろう「独裁陣営」対「自由・民主主義陣営」の新冷戦において不利になる。冷戦とは、軍事や経済だけの物量の対立ではない。人の心の争奪戦でもあり、より多くの共感者を獲得した陣営が勝つ。人の心をめぐる戦いにおいて「公正な選挙がある」という優位性がなくなると、致命傷になる可能性がある。現実が「不正は嘘」で「選挙は公正」でも、不正というデマを信じる人が一定数いるだけでも、独裁国にとっては有難いことである。

また、「不正」騒動は日本国内における保守、愛国言論に大きな被害を与えている。「大統領選挙が不正だった」というデマを主張する人（その時期に流行ったネットスラングでは「勝ち組」と言う）は、大規模な不正の証拠がないという事実を説明していた人（スラングで「負け組」と言う）を激しく叩き、バイデンを支持しているわけでもないのに「バイデン派」と決めつけ、「不正容認者」とレッテル貼りをすることが多かった。

保守同士が喧嘩をしても、得をするのは左翼や敵国だけなのに、保守、愛国者同士の喧嘩は後を絶たなかった。不正を信じた人には、事実を述べる人の意見を受け入れる寛容性はなかった。

もちろん様々な意見があってよいし、間違った意見を持つ人を無差別に全否定する必要はない。そういう意味で、「負け組」の中でも「勝ち組」に対する人格否定に近い批判は冷静さを欠いていたとも言える。いずれにせよ当時、繰り返し生じた「同士討ち」の事態が、日本の保守運動に大きな打撃を与えたことだけは間違いない。

とくにひどかったのは、『産経新聞』を叩く風潮だ。同紙は、大手メディアの中で唯一の保守系、愛国系の報道機関である。この存在は貴重であり、もし同紙がなくなれば、メディアにおける保守の声が激減し、ただでさえ左翼に傾いているメディア界はさらに左傾化する。にもかかわらず、デマを信じた人達は『産経新聞』をひどく罵っていた。

『産経新聞』はバイデンの当選をはじめ、アメリカにおける選挙結果の確定や政権移行のプロセスを客観的に報道していただけだ。ここがとくに強調したいところである。筆者は、デマに振り回される一部の読者の気まぐれに迎合せず、読者数の減少を恐れずに事実を伝え続けた同紙の姿勢を高く評価したい。この新聞はバイデンの評価、トランプの評価を行なったのではなく、あくまで事実をありのまま報道しただけだ。

しかしデマを信じた人達は、デマを「事実」として流さないことに激怒し、産経叩きを始めた。つまり、事実を伝える新聞を「嘘を流さない」という理由で罵倒するという、何とも言葉に表せない歪《いびつ》な状況であった。

とくに、インターネットを頻繁に使い、日常的にネットから情報を得ている保守層の間にデマの拡散が甚だしかった。客観的な数字ではないが、筆者の観察では、いわゆる「ネット保守層」の約7、8割が何らかの形で「不正」の話を信じていた。日本の保守層はこれほどデマを信じやすいのか、と考えると恐ろしかった。

しかも、この7、8割の中で約3割は先述した陰謀説を含め、様々な陰謀論や妄想を信じ込んでいる。彼らにどのようなファクトを提示しても、現実と関係のない歪んだ解釈を加え、自分達の世界観に当てはめるのだ。これはもはや並行世界、パラレルワールドに生きているとしか言いようがない。

「並行世界の住民」は手後れで救いようがないと思うが、他の人、つまりデマに騙されて信じ込んだ普通の人には拒否反応を刺激しないよう丁寧に事実を伝え、「現実の世界」に戻すべきだと思う。

「並行世界」の住民については、公安など治安維持を担当する機関の監視対象にするべきだ、と私は考えている。もちろん日本は自由の国だから、信仰の自由、妄想を信じる自由も保障しなければならない。

しかし、たんに妄想を信じる人ならまだしも、妄想によって社会・国家秩序を乱すような行為を犯そうとした場合、事前に抑えておく必要がある。オウム真理教の事件から分かるよう

大統領選挙の勝利を宣言するバイデン(写真提供:AFP=時事)

に、妄想は行き過ぎると人殺しに繋がりかねない。

最も簡単な妄想の発展型を大まかにシミュレーションすると、「中共はアメリカの選挙結果を書き換えた」→「バイデンは中共の手先だ」→「中共に操られているアメリカは敵」→「アメリカの大使館は敵の拠点だ」→「大使館を襲撃しよう」といった具合に、妄想に生きる人は暴力に走る恐れがある。

同時に、デマの拡散は、日本における保守のイメージを悪化させる。一般社会から見ると「保守というのはデマを広め、陰謀論を信じる変な人達」というイメージが定着しかねない。そうなると、一般人が保守の話をまじめに聞かなくなる。「どうせ妄想や陰謀論を語るから、保守の言うことは信頼できない」と思うからだ。社会から信頼を失えば、保守の活動は軽視され、存続が難しくなる。本来、日本をよくするために活動している保守が、良識をもたない変人扱いをされるわけだ。

さらに、保守的な主張も信頼性を失うことになる。保守が語る基本的な考え方、たとえば国体護持、不法占領された日本領土の返還、防衛・安全保障の強化、自虐史観からの脱却、反日勢力の追及、拉致被害者の救出などはどれも極めて重要で、日本が必ず果たさなければならない課題である。

しかし、この100%正しい主張をふだん妄想や陰謀論を語る人間が口にしたら、発言者への悪い印象が正しい主張にも及ぶ。一般人は「変な人が言っていることだから、きっと間違っている」と考えることだろう。このようなデマの拡散によって、日本の保守が自滅するだけではなく、日本の正常化という可能性が遠ざかってしまうのだ。

「安倍ロス」という課題

もう一つ、日本の保守の多くがトランプ大統領にすがり、トランプ幻想（トランプ妄想）に陥ってしまう理由は、いわゆる「安倍ロス」ではないかと思われる。2020年8月に、安倍首相は退陣した。安倍首相は相当数の保守層にとって希望の光であり、精神的な拠り所であった。実際の安倍首相は、実績があったとはいえ、理想的な指導者からは程遠い。しかし、安倍首相を理想に近い存在として慕う人は少なくない。彼らは安倍首相の退陣によって心の拠り所を失い、精神的な痛みを感じたのではないだろうか。

　そこで代わりの精神的な拠り所が必要になり、その枠にトランプ大統領がぴったり嵌まった。トランプは就任後、日本の保守の間で絶大な人気を得た。彼が落選した時に、日本人の支持者は敗北の結果を認め難く、慰めとなる「不正」の話に飛びついたわけだ。

　この状態は、民主主義国である日本が乗り越えなければならない課題である。いくら国のトップとはいえ、特定の個人にすがる状態はよくない。保守、愛国層は特定の政治家を盲目的に支持するのではなく、国や社会の理想像を描き、それを可能にする政策を考え、その政策を実行できる人を支持すればよい。

　もちろん政治家、とくに国家指導者の人格、人望、思想は非常に大事だ。しかし、それでも個人崇拝に陥ってはいけない。つまり「この人がやっていることは全て正しい」ではなく「この人が国をよくする政策を実行する限りは正しい」という思考が必要である。健康の問題で退陣した指導者、あるいは選挙で落選して退陣した指導者にいつまでもしがみつくのではなく、いま国のために必要な政策を実行する有能な政治家を探し、育てるのが責任ある愛国言論のあり方である。

　付言しておきたいのは、不正選挙騒動におけるトランプ大統領の振る舞いについて。トランプ大統領に実績があるのは間違いないし、負けず嫌いの性格もよく知られている。しかし選挙後の自らの振る舞いで、彼はせっかくの実績を台無しにしたと言わざるを得ない。残念ながら、ドナルド・トランプの名が歴史に残るのは経済成長や防衛予算の増加、毅然とした対中姿勢ではなく、敗北を認めずに議会議事堂の襲撃を誘発したことであろう。

政治戦略の一つとして、不正を主張するのは分からなくもない。落選したとはいえ、トランプが獲得した7400万票は大きな政治的財産である。この支持を保てば、依然として有力政治家として活動ができる。次の大統領選挙に挑戦しても、十分に勝機があるだろう。だから、支持者を束ねる戦略として「不正があった」「本当は我々が勝っていた」という主張は理解できる。

しかしトランプ大統領の不正の主張はあまりにも度を過ぎ、アメリカにとって害になってしまった。選挙人投票が行われた12月14日以降も同じ主張を毎日のように続け、政権移行手続きを妨害したのは、愛国心を持つアメリカ大統領として相応しくない振る舞いと言わざるを得ない。

2021年1月6日、前述した議会議事堂の襲撃という前代未聞の事件が起こった。トランプ支持者が大量に議事堂に乱入し、選挙結果の承認手続きを妨害した。もちろん、トランプ大統領は直接、襲撃を指示していない。さらに、襲撃者の中にはトランプ支持者だけではなく、極左の人間もいたという情報もある。しかし、襲撃者の大半がトランプ支持者だったのは間違いないし、それまでのトランプによる不正選挙の主張が彼の支持者を激化させ、襲撃を可能にする雰囲気を作ったのは確かだ。だからトランプ大統領は襲撃事件について、少なくとも道徳的な責任を取らなければならない。大統領在任中、実績があっただけに、晩節を汚したことが残念である。

以上のように、トランプ大統領の「是」の部分だけを見て「非」の部分を無視すれば、根拠のない「トランプ幻想」に陥ってしまう。政治家にとって、権力欲を持つのは当然である。だが権力欲が強すぎると、本末転倒の結果に終わる可能性が高い。どのような人物であっても冷静に見る必要があるし、指導者に期待するとしても、物事が期待通りに運ぶための条件は揃っているか、希望的観測に陥らずに冷静に見なければならない。何よりも他人に期待するあまり、自分自身の努力を怠るのはあってはならないことだ。これが「トランプ幻想」の最大の反省点なのではないか、と私は思う。

第６節　日本人のプーチン妄想――「独裁者」を「英雄」にするプロパガンダ

日本の保守層の一部では、重度な「プーチン妄想」が蔓延している。妄想を意図的に拡散している人物は何名かいる。とくに日本では安倍首相、アメリカではトランプ大統領が在任中の時代に、プーチンを褒めたたえるプロパガンダが繰り返された。日本の新聞や雑誌では「安倍・プーチンの蜜月関係」「プーチンとトランプが惹かれ合う理由」などの表現が記事に記されていた。

プーチンを礼賛するプロパガンダによれば、プーチンは日米首脳と仲が良く、共に中国包囲網を作る、という。このあまりにも現実からかけ離れた妄想には、仰天するしかない。また、プーチンを「国際金融資本」や「ディープステート（影の政府）」と戦う英雄のように見なす陰謀論も蔓延している。本来、この手の陰謀論を信じる人は「頭の悪い人」と一笑に付せば済む話だが、最近はSNS（ソーシャルメディア）で陰謀論が広まり過ぎて実害が出てしまうので、笑えない。とくに陰謀論が日本の保守層に広まると、自分のことを愛国者だと信じる人達が日本を守るつもりで日本に害を与えてしまうので、注意が必要だ。

陰謀論を信じた人は現実の敵を見なくなる

まず「プーチンは英雄」という設定の陰謀論について。プーチン英雄論が広まることの害は、保守層がロシアを警戒しなくなることだ。あたかもロシアが日本の味方であるかのような錯誤に陥ってしまうのだ。現実には、ロシアが日本にとって危険な敵国であり、中国に次ぐ、

2番目に大きな脅威である。ロシアに対する危機感と対ロシア防衛は、日本の安全保障の大事な部分である。その点をよく理解して警戒を怠ってはいけないのに、プーチン英雄論はロシアに対する危機感を失わせてしまう。

もう一つの危険性は、陰謀論が広がり過ぎると、それを信じる人達が架空の敵に集中してしまい、現実の敵について考えなくなることだ。日本の「現実の敵」は中国、ロシア、北朝鮮、そして国内の反日勢力である。しかし陰謀論を信じた人達は現実の敵を見なくなる。そして「架空の敵」（国際金融資本、ディープステート、ユダヤ、ロスチャイルド、ロックフェラー、フリーメーソン、イルミナティ、宇宙人、地底人、爬虫類人など）ばかりに関心を集中させる。必然的に現実の敵に対する認識は薄れ、備えができなくなる。この状態は中ロ朝にとっては好都合だ。したがって、日本の保守層が現実離れした陰謀論に陥ることを歓迎する。

ロシアは昔から「陰謀論の生産工場」と言われている。それには明白な理由がある。自由・民主主義諸国の国民が陰謀論に陥って架空の敵に注目し、現実の敵であるロシアを認識しなくなることがロシアにとって望ましい。だからロシアは地政学的な戦略の一環として様々な陰謀論を意図的に作成し、世界中に広めている。

「日本とは領土交渉をしていない」

「プーチン妄想は根拠がない」と理解させるには、どうすればよいのか。その一つの方法は、ロシアの実際の言動を見ることである。本節では、近年におけるロシアの動きをいくつか紹介したい。

最も著しいのは、2020年に行われたロシアの憲法改正である。多くの条文が改正されたが、ロシアの本質を最もよく表しているのは、以下の6点である。

一点目は、領土割譲禁止条項である。日本でも話題になった条項だが、文字通りロシアの領土を割譲することと、ロシアの領土割譲を呼び掛けることを憲法で禁止した。他国なら何の問題もない条項である。

だが、忘れてはならない。ロシアは現在、他国の領土を不法占領している国だ。それは日本の北方領土とウクライナのクリミア半島である。いずれもロシアは「自国の領土」と言い張っており、領土割譲禁止条項は文字どおり北方領土とクリミア半島の返還を禁止する。

ロシアは他国に侵略し、他国の領土を奪うだけではなく、もし将来ロシアにまともな指導者が現れ、ロシアが不法占領する領土を帰属国に返そうと思っても憲法上、できなくしたのである。つまり、ロシアが将来にわたって侵略国であり続けることを固定化する狙いがある。

同条文の中で「国境画定作業を除いて」という例外がある。この記述を理由に、日本の一部で「北方領土交渉の継続の余地がある」という見方がある。だが、完全な誤りである。ロシアの認識では、「国境画定作業」というのは、地図上ですでに決まっている国境を、現地で実際に画定することである。たとえば川、山などの自然物がある関係で、国境線を数百m動かした方が便利な場合は、数ヘクタール程度の土地を他国に譲ることはあり得る。

しかしロシアの国境画定作業はせいぜいその程度で、数kmに及ぶ単位の話ではない。まして、陸上ではなく海に囲まれた島を丸ごと返還する、などということは「国境画定作業」には該当しない。ロシアからすると、北方領土の国境変更は、憲法で禁止が明記された「領土割譲」に該当する。

さらに、ロシアははっきりと「日本とは領土交渉をしていないし、したことがない」という立場を貫いている。ロシア人の認識では「領土交渉において譲らない」「領土交渉は難航している」という表現さえ間違いなのだ。彼らからすれば、ロシアは日本と交渉そのものをしたことがない。日本が「ロシアと領土交渉を行なっている」と勝手に思い込んでいるだけである。

ロシアの認識では、日ロ交渉とはあくまで「平和条約の締結」をめぐるもので、領土の交渉ではない。北方領土の帰属はとっくにロシアと決まっており、日本との交渉の対象ではない、という姿勢を貫いている。

ちなみに「ロシアの領土割譲禁止条項は、中国に対する牽制として考えられるのではないか」という意見もあるが、これも違う。

まず、中国はプーチンにとって特別な関係を持つ国だから、中国に領土を割譲した場合であっても、今まで中国に割譲した領土と同様に「国境画定作業」で片付けられる。対中割譲の場合は、どんなに面積が広くても「国境画定作業」なのだ。また、そもそも中国はロシア帝国が清朝から奪った領土を、ロシアから奪い返そうとは思っていない。

中国にとって、地図や地球儀の上で北東アジア（ロシア）が何色に塗られているのかは些末で、二の次の話に過ぎない。中国人がその地域で実際に住み、事実上支配していれば十分なのだ。形式上の主権はロシアに残っても、何の問題もない。プーチン政権下で、中国人はいくらでもロシアに移住できるし、ロシア国内で自由に経済活動ができる。それはプーチンにとっても悪い話ではない。ロシアで稼ぐ中国人が増えるほど、プーチンの国内の支持基盤が固まる。つまり、プーチン政権と中国人は完全な互恵関係にあるのだ。

なお、日本がどのような対ロ外交を行い、北方領土の奪還に近づくか、中ロの関係がなぜこれほど盤石なのかについては、拙著『プーチン幻想』にて詳述しているので、本書では省略したい。

二点目は、大統領の任期制限に関する条項である。改正後の条文には、大統領の任期制限は

「2期まで」と書いてある。だが、併せて「この改正条文が有効になる前の任期は数えない」とも書いてある。プーチンは現在、4期目を務めている。今期は2024年に満了するが、同年に実施予定の大統領選挙では、プーチンが「新人」として立候補できるということだ。

そして2024年以降さらに2期を務めれば、プーチンは2036年まで合法的に大統領でいられる。4期も大統領を務めた後、「新人」として立候補できるとは、いかにもロシアらしいアクロバティックな論理だと笑うしかない。

ソ連の「栄光」はロシアの「栄光」

以上の二点を見るだけで、プーチンは「英雄」ではなく、自分の権力と自国の領土拡張にしか興味ない強欲な「独裁者」であることが十分に理解できるはずだ。ところが、これはほんの序の口だ。いま説明した二つの条項は日本でもある程度、話題になったが、本当にとんでもないのは、国際的にもあまり話題にならない以下の条文である。

三点目は「ロシアはソビエト連邦の継承国である」という条文である。ロシアを知る人間にとっては自明すぎるので、これ以上のコメントは要らないのかもしれないが、何点か指摘しておきたいと思う。

まず「ロシアはソ連時代と異なり、民主主義、資本主義の国だ」と言う人がいるが、ロシア自らがこのような主張を否定している。経済体制は変わっても、国家思想は同じである。「ソ連の継承国である」というのは、ロシアがソ連との歴史的な連続性を持っている、ということだ。つまりソ連が過去にしてきたことの全ては、ロシアの業績になる。ソ連の「栄光」はロシアの「栄光」だと認識し、誇りに思っているわけだ。

ソ連を肯定的に捉えることは、ロシアにとって自国の歴史を肯定的に捉えることになる。逆も同じで、ソ連の歴史を批判すれば、ロシアの歴史を批判することになる。したがって、ソ連時代の正当化が進み「ソ連時代はよかった」という歴史認識が生まれる。

いまだに筆者の出身国ウクライナとロシアの違いが分からない人もいるが、この条文によって違いが明確になった。ウクライナの法律上、かつてソ連にあった共産主義体制は「犯罪体制」と認定されている。公的な場で共産主義のプロパガンダ（肯定的な評価）を行うのは、法によって禁止された行為だ。それに対して、ロシアの憲法では「ロシアはソ連の継承国である」として共産主義体制を公認している。これほど明確な違いはないのではないだろうか。

四点目は、歴史認識条項である。「ロシアは祖国を守った人々の栄光を尊敬し、歴史的な真実を守る。祖国防衛における国民の偉業の過小評価は禁止する」という条文である。これはどういう意味か。まず「国民の偉業」について、ロシア語圏以外の人には直訳しても意味が分からないと思う。これは第二次世界大戦における勝利のことである。つまり、ソ連国民が第二次世界大戦に勝利したことは「国民の偉業」であり、それを現代人が過小評価してはいけない、ということだ。

「過小評価」の意味は当然、曖昧である。解釈次第でソ連やスターリンの批判ができなくなる可能性がある。なぜなら、ソ連は大戦の勝利を収めた偉大な国で、スターリンは勝利に導いた偉大な指導者だからである。たとえば、ロシアにおいては「ソ連はナチスドイツと同じぐらいひどい国であった」という表現を法的に禁止する動きがあり、プーチン自身も禁止を提案している。スターリンによる大虐殺を批判することに関しては「偉業の過小評価」に該当するかどうか定かではないが、少なくとも言論の自由のないロシアにおいて、この憲法規定を気に入らない人物を捕える口実になることは十分に考えられる。

とはいえ、この条文を憲法に入れた主な目的は、表現の自由の規制ではない。言論弾圧はあくまでも「ついで」であり、メインは国家イデオロギーを明記することである。プーチン時代のロシアにおいては、第二次世界大戦における勝利が国家イデオロギーの根幹であり、国家の正当性の源でもある。この点は、ロシアの親プーチン言論人も認めている。彼らいわく「我々から『大戦の勝利』が奪われたら、いったい何が残るのか」。国家の正当性をめぐるプロパガンダに関しては、彼らは意外と正直だ。たしかに、国民が大戦の勝利を誇らず、祝わなくなれば、もはやロシアを一つの国家として束ねる思想は他に見当たらない。国家を維持するイデオロギーを正式に明文化するため、この条文が憲法に明記されたわけである。

五点目は、「国内法は国際法より上」という規定だ。「ロシアが締結した国際条約に基づく国際機関の決定は、ロシア憲法に違反した場合、ロシア国内では実行されない」という条文である。たとえば、ロシアが何らかの国際条約を結んだとする。その国際条約によって、ロシアは何らかの義務を負う。そしてロシアが締結した条約の条文に基づいて、国際機関（国際司法裁判所など）がロシアに条約の履行を要求したとする。

その場合、もしロシアの憲法裁判所が「国際機関の決定はロシアの憲法に違反する」と判断した場合、ロシアは国際法に関係なく条約の履行を拒否できるわけである。つまり、ロシアは自ら結んだ国際約束を、都合が悪くなれば守らなくてよいという規定を憲法に明記したのだ。

今後の侵略を前提にした条文

そして六点目が、今回の憲法改正の「最高傑作」とも言えるトンデモ条文だ。「ロシア大統領に立候補する人は直近25年間、ロシア国内に住まなければならない。また、外国の国籍もしくは永住権を所有する、もしくは過去に所有した人は大統領選挙に立候補できない。ただし、ロシアの一部になった国家、もしくはロシアの一部になった他国の地域には、直近25年間住み、その国の国籍以外の国籍もしくは永住権を所有していない人は大統領選挙に立候補できる」。つまり、ロシアがこれから領土を増やすことを前提にした条文である。「ロシアの一部になった国家、もしくはロシアの一部になった他国の地域」出身者もロシアの大統領選挙に立候補できる、というのは「これからロシアの一部になる国あるいは地域が出てくる」ということだ。つまり、ロシアは他の国家を丸ごと占領して併合する、もしくは他国の地域を強奪してロシアの一部にする、という方針を憲法で公言しているわけだ。

現実的に考えると、現在の国際関係において国境が変わることは極めて珍しい。領土が増えることはまずない。にもかかわらず、ロシアは自国の領土がこれからも増える（それも国丸ごと、あるいは地域丸ごと）ことを想定した憲法の条文をわざわざ作成する。明らかに今後、他国を侵略するつもりでいるからこそ浮かぶ発想だ。

現にロシアの与党議員の一人は、ロシアのテレビ番組で「ロシアの領土が減ることはない。憲法でも書いてあるように、これからもロシアの領土は増えるだろう。アラスカも取り戻す。アメリカはもうガタガタだから、奪還も夢ではない」という内容の発言をしている。

さらにプーチン自身も、「ロシアの国境には終わりがない」と言っている。現在のロシアにおいては、拡張主義が指導者層の共通認識である。これは日本にとっても無関係な話ではない。拡張主義を外交方針にするロシアは、隙があれば他国の領土を奪う。だから、日本は北海道の防衛を決して怠ってはいけない。

まとめると、ロシアは憲法上、正式にスターリンを礼賛する独裁、無法、侵略国家になったということである。もちろんこれらは全部、今回の憲法改正の前から分かり切っていたことである。だが明文化することで、より分かりやすくなった。ロシアが親切に自分の正体を憲法で表明したのは、むしろ世界にとって有難いことだ。

駐日ロシア大使館による挑発

では、凶暴なロシアは、日本についてどのような認識を持っているのか。この点についても、有難いことにロシア自身が親切に教えてくれている。以下は、駐日ロシア大使館の公式ツイッター（2020年8月10日）の日本語での連続投稿である（記号、表記は全て原文のまま）。

「1945年8月9日、ナチス・ドイツの東側の同盟国であった日本との戦争で鍵となる戦いとなった、赤軍による満州戦略攻撃作戦が開始された。その一日前の1945年8月8日、米国と英国という、ヒトラーに抗する二つの連合国に対する義務をはたすべく、ソ連は在モスクワ日本大使に、宣戦布告の文書を手交しました」

「◆満州作戦の目的は、日本陸軍最強の部隊であった関東軍の壊滅と、中国北東部（満州）、朝鮮北部の開放で、それにより第二次世界大戦を早急に終結せしめることでした

◆ソ連軍の猛攻により日本人は追い詰められ、日本軍の部隊は防戦を余儀なくされ、反撃に転じることはできませんでした」

「関東軍が壊滅し、本土での軍事経済上のベースがない状態で、日本は現実的な威力と戦争を継続する可能性を失ったのでした。敵側は合計８万４０００人が戦死し、64万人（！）以上が捕虜となりました。目的は達成されました。

❢満州作戦は、第二次世界大戦中の赤軍の作戦の中でも非常に成功したものでした」

「満州作戦は、赤軍の作戦の中でも非常に成功したもので、その構想、規模、動き、そして結果において、際立っている

ソ連軍司令部はその規模において前例のない、国の西側から東側へ、１万２０００キロにもなる戦力の移動を果たし、長距離にわたる策略と、陸軍、海軍、空軍の連携という、価値ある経験となった」

ロシア大使館が記したこの一語一句に及ぶひどい対日侮蔑の中で、格段にひどい3点に注目したい。

一点目は、三回目のツイートの「敵側は合計8万４０００人が戦死し、64万人（！）以上が捕虜となりました」という一文である。わざわざ日本を「敵側」と呼び、ソ連が殺した日本人

の数を自慢げに書いている。さらに「64万人（！）以上」と捕虜の数字に括弧で感嘆符があるのは、「こんなにすごいぞ！」「こんなに多く捕虜を取ったよ！」と勝ち誇ることを意味する。

ソ連の捕虜になった日本兵の多くはシベリア抑留者となり、祖国に帰還できるまで何年もかかった。帰れずにソ連に残らざるを得なかった人もいるし、最低でも6万人以上はソ連で死亡した。ソ連による日本兵の抑留は国際法違反であり、戦争犯罪である。にもかかわらず、2020年にロシアはその犯罪を戦果として勝ち誇っているわけである。

二点目は、一回目のツイートには絵画（次ページ）が添付されており、日本兵がソ連軍に降伏する様子が描かれている。惨めな日本兵はソ連兵に銃を向けられ、踏みつけられた日の丸と旭日旗が地面に落ちている、という光景だ。このような絵をわざわざ日本人向けのツイートに添付することで、日本人を侮辱しようとする意図が透けて見える。

三点目は、ロシアの一連のツイートに対して当然、日本人からの反発が起きた。ところがロシアからは謝罪も反省もなく、さらにとんでもない返事が来た。以下は、2020年8月13日に発表されたロシア外務省のコメントである（駐日ロシア大使館の公式フェイスブックの日本語での投稿。記号や表記、誤字は原文のまま）。

Капитуляция японской армии. Худ. П. Ф. Судаков.

❗#ソ連と軍事主義下#日本との#開戦75年にあたっての日本側の広報活動に関する、#ロシア外務省情報出版局コメント

ソ連と日本軍事主義との開戦75年にあたり、日本で展開された広報活動に注目せざるを得ませんでした。わが国を、あたかも裏切ってソ日中立条約を破棄した、満州において赤軍が残虐行為に出たとかいう、根拠なく非難するものです。日本の主要マスコミが事実上すべてこのような記事を出しています。日本の一部は、現実からは程遠い虚構のパラレルヒストリーの中で生きているかのようです。これに関し、客観的な歴史的事実をご説明したいと思います。

☝ソ連は極東において１９４５年８月９日、当時の国際法規の規定、歴史上および法的事情に完全に即し、戦闘行為にはいりました。１９４１年４月13日

のソ日中立条約は、劇的な状況の変化、具体的には、軍事主義下の日本が、上記条約に反し、わが国と戦争状態にあるナチスドイツを支援したことにより発された、１９４５年４月５日付ソ連政府表明を根拠に破棄されています。この表明の正当性は、１９４８年11月４〜12日に行われた東京裁判の資料ならびに国連憲章の相応する規定により、すべて確認されています。

☝ソ連は連合国による１９４５年２月11日のヤルタ協定を誠実に守りました。しかも、米国とイギリスはソ連に対しもともと、１９４３年テヘランでの時点から、日本との開戦を要請していたのです。１９４５年８月８日、ソ連政府より日本側に対する表明において、既述の連合国要請が、「戦争を早期に終結せしめ、犠牲者の数を減らし、世界全体の速やかな回復に寄与するよう」との願いによりなされたものであることを特に強調したのでした。だからこそ、「ソ連政府は１９４５年７月26日のポツダム宣言に参加した」との伝えられたのです。ちなみに、地球上の平和を実現するにはこの道しかなかったことは、１９４５年８月14日昭和天皇の詔書および１９４５年９月２日の降伏文書署名に関する文書によっても確認されています。

!☝#ヒトラーの同盟国、アジアおよび太平洋地域で暴虐を尽くした日本との開戦により、ソ連は極東、とりわけ軍事主義者に占領された中国と朝鮮半島における解放という使命をは

たしたのです。サハリンおよびクリル諸島での作戦展開とならび、これにより待ち望まれていた第二次世界大戦の幕引きがなされ、平和な生活に移行し、国連を中心とする国際関係の、今あるシステムの基盤を築くことができたのです。これら一連の出来事の事実的側面は、ロシア外務省公式ホームページに掲載されている貴重なアルヒーフ文書に記されているものです。どうぞご覧ください。

!!#日本のマスコミでいま展開されている騒乱は、Ｊ・スウィフトが鮮やかに描写した、中世の日本人が来訪した外国人、この場合はわれわれにとって尊い第二次世界大戦の歴史ですが、これを「はりつけ」に処したという慣習を思わせるものです。東京裁判で有罪となった者たちを「暴力の犠牲者」とし、その免罪を試みようとの意図です。ロシアをはじめとする文明国では、これは罰則を伴う犯罪行為とみなされます。日本政府がこのような行為に出る方面に対し、適切な手段をとるものと期待しています

とりわけ「東京裁判で有罪となった者たちを『暴力の犠牲者』とし、その免罪を試みようとの意図」という一文は、ひどい印象操作である。いわゆる東京裁判で有罪になった人は数千人だ。対してソ連による対日侵略の死者は20万人以上、間接的な被害者は１００万単位に上るであろう。しかも、ソ連の残虐な行為は東京裁判の前に、裁判や国際法とは何の関係もなく行わ

れている。さらに、ロシア外務省のコメントではまるで日本人全員が戦犯であるかのような言い方だが、これがロシア人の歴史認識である。

ロシアが自国の過去の残虐な行為を正当化し、素晴らしい栄光の歴史として語るのはいつものことであり、今更驚くことではないのかもしれない。しかし、駐日ロシア大使館のツイートの意味はそれだけではないように思える。

本来、大使館の仕事というのは両国の関係を改善するもので、直接の国益が関わらない限り、わざわざ関係悪化に繋がりかねない発言はしない。ロシアが日本を侮辱する内容の文章を、ロシア国内の愛国心高揚のために拡散するのはまだ理屈として分からなくもない。しかし、これは駐日大使館がわざわざ日本語で投稿した文章である。つまり、明らかに日本人向けの文章だ。しかも、日本の当たり前すぎる反発に対して、ロシア外務省はさらに挑発的なコメントを日本人に向けて発信している。

ロシア拡張主義の象徴

ロシアが対日侮蔑をわざわざ日本人に向けて発信する意味とは何か。考えられるのは歴史認識の強要、押し付けである。つまり、ロシア人が前述の歴史認識を持つだけではなく、日本人も同じような歴史認識を持たなければならない。ロシア人と同じ歴史認識を持たない日本人はけしからん、ということだ。

ロシア人自身は、史実を完全に無視した侵略や虐殺を正当化する自分勝手な歴史認識を持っている。それだけではなく、彼らの侵略や虐殺の被害者にも、ロシア人と同じ歴史認識を持たせなければならないと考えている。だから、ロシアのトンデモ歴史認識を受け入れられない人に逆ギレして怒ってくるわけだ。

また、２０２０年にロシア銀行は「クリル上陸作戦75周年記念コイン」を発行した。発行枚数は２００万枚。５ルーブルのコインの裏を見ると、周りに「クリル上陸作戦」という文字があり、真ん中には、カムチャッカ半島のペトロパブロフスク・カムチャツキー市にあるソ連時代の記念碑が刻まれている。記念碑の名称は「ソ連の戦士、クリルの解放者」で、クリル上陸作戦に参加したソ連兵を讃えている。

このコインの発行は相変わらずのロシアのトンデモ歴史認識の表れの一つだが、注目したいのは記念碑の名称にある「クリルの解放者」という表現である。

「解放」という言葉は、他国に不当に奪われた領土を取り戻すことを意味する。ところが千島列島は一度も、ロシアの領土になったことがない。また、日本以外の国は一度も千島列島を領有したことがない。国際法上、千島列島は正当な日本領土であった。当然、千島列島の住民は日本への帰属を当然と考えていた。したがって千島の住民は誰も、日本から「解放されたい」

などと思っていない。仮にソ連の対日参戦を正当化するとしても、単語の意味としてクリル上陸作戦を「解放」を呼ぶのはおかしい。しかし、ロシアはそうは考えない。

これは何を意味するのか。まさにロシアの拡張主義の象徴である。ロシアは、過去に一度も領有したことのない領土を、新たに他国から軍事力で強奪しても、強奪を「解放」と呼ぶ。そして以後、「ロシアの不可分の領土」と言う。つまりロシアにとっては、他国を侵略する時に根拠は要らない。侵略は物理的に可能になったらいつでも実行する。それまでロシアが興味を示したことのない領土であっても、奪える時は奪う。ロシアはそれほど危険な国である。

以上がロシアの対日認識である。言葉に表せないほど厚顔無恥で、歴史の歪曲や虐殺の正当化に満ち溢れている。日本人なら誰しも、不満や怒りが湧いてくることだろう。

日本がプーチン妄想から覚めるには、ロシアのテレビプロパガンダ番組を見ることがかなり役に立つのではないかと思う。全国放送の大手テレビ局の番組では、毎日のように討論番組形式の時事評論が行われている。その番組の中身と論調を見れば、ロシア政府、プーチンが現在考えていることが見えてくる。なぜなら放送の目的は、ロシアの国民を政府に有利な思考に誘導することだからだ。ロシアの戦略を分析するために有効な材料と言ってよいだろう。

ときどき出てくる日本の話題は、たとえば北方領土問題について「日本の根拠のない領土的野心」とか「第二次世界大戦の結果を見直す試み」とかいうものだが、これはまだいい方だ。

なかには「日本は今でもアメリカに支配されており、北方領土問題で日本を焚きつけているのはアメリカだ」「日本に米軍基地があるのはおかしい」という主張もある。あるロシアの国会議員は、番組で「日本軍は２００万人を人体実験で殺している」「２０００万人の中国人を殺している」と平気で発言していた。

最も分かりやすいのは、中国に対する論調だ。アメリカが常に貶されるのとは対照的に、中国は必ず絶賛の対象となっている。ロシアのテレビプロパガンダは基本的にロシア以外の国を酷評するが、唯一の例外は中国である。中国の急激な発展などを取り上げ、いかに中国の成長モデルが成功しているかを強調する。

２０１９年末に、トランプ大統領が対中貿易赤字の是正を中国に要求し、米中貿易合意に繋がった。当時のロシアの報道は、中国はアメリカの暴挙の被害者であり、国際ルールを守らない国としてアメリカを批判していた。アメリカは中国の成長を妨害するために貿易問題を仕掛けたが、今まで多くの試練を乗り越えてきた中国は今回のアメリカの妨害も最終的に乗り超えるだろう、と結論付けた。

武漢発の新型コロナウイルスが世界中に広まり、アメリカ政府が中国の責任追及を呼び掛けた時も、ロシアの報道は「中国はウイルスの封じ込めに成功した。それだけではなく、他の国も支援している」と絶賛した。一方で、「国内でウイルスの拡大防止に失敗したアメリカ政府は、中国に責任転嫁をしようとしている。アメリカの終焉の兆しだ」という論調であった。

また、5月9日の「戦勝記念日」をテーマにした番組では「第二次世界大戦における勝利は我々の勝利であると同時に、中国の勝利でもある。ロシアと中国の共通の勝利だ」という論調であった。先述したように、ロシアにとって第二次世界大戦における勝利は国家の正当性の源であり、国家イデオロギーの根幹である。それほど大事な勝利を「中国との共通の勝利」と呼び、中国を戦友扱いする。破格の持ち上げぶりである。

さらに、香港に関する報道もひどかった。香港の民主化運動を、欧米が中国を不安定化させるために煽動した暴動と断定し、中国の対応を賞賛したのである。欧米の煽動の被害者である香港は国際金融都市の地位を失い、金融の中心地は上海などに移るだろう、と言っていた。当然、中国の人権弾圧にはいっさい触れない。

ロシアのプロパガンダの論調から分かるように、ロシアが日米欧の味方になる可能性はなく、敵であることは明らかだ。この事実を理解していない人が日本国内に多いのは極めて残念で、危険なことである。さらに、意図的にロシアや親ロシア勢力のプロパガンダを日本国内で流す人がいる。ロシアのシンパと認定して、まともなメディアは安易に発言権を与えてはいけないと私は思っている。

臆病者の「王様」と「平民」

「プーチン妄想」の解説の最後に触れたいのは、「プーチンは勇敢で怖いもの知らず」という根拠のない思い込みである。たしかにプーチンの宣伝戦略はレベルが高く、自分を強者に見せることに力を入れている。しかし、これはあくまで作られたイメージだ。実際のプーチンはかなりの怖がりである。それを知るには、宣伝ではなく行動を見ればよい。

たとえば新型コロナウイルスのパンデミックにより、アメリカのトランプ大統領とイギリスのジョンソン首相がウイルスに感染した。しかし、プーチン大統領は感染していない。パンデミック以降のプーチンはクレムリン（大統領府）にほとんど来ない。数少ない公式行事以外は私邸で過ごし、全ての会議はオンラインで行われている。この振る舞い自体は、安全策を考えれば悪いことではない。

しかし、プーチンと直接会うためにはウイルス検査を受けて二週間隔離され、面会の直前には全身消毒を行わなければならない。いかにもロシアらしいやり方である。絶対的な権力を持つ「王様」と面会するため、「平民」はそこまでさせられている。

また２０２１年１月に、モスクワでプーチンはアゼルバイジャンのアリエフ大統領、アルメニアのパシニャン首相と会談を行なった。会談の前に、ロシアの医師団がそれぞれアゼルバイジャンとアルメニアに赴いて、アリエフとパシニャンを検査した。つまり、他国の首脳であっても、プーチンと会うために屈辱的な「平民扱い」を経る必要がある。言い換えればプーチンは、アゼルバイジャンとアルメニアの医師を信頼していないことを堂々と態度で示したのである。

プーチンは自分をマッチョに見せかけようとするが、実際は自分の健康のことになると、異常なまでの対策を徹底する。自分が100%安全でいたいがために、他人（仮に仲のよい側近や忠実な部下であっても）にどのような苦痛を与えても平気なのである。

さらにロシアでは2020年12月、大統領経験者の刑事責任を将来にわたって放免する法律が可決された。この法律によって、ロシアの大統領経験者やその家族は逮捕どころか、尋問すらできない。大統領経験者の責任を問うためには、ロシア議会の上下各院の3分の2の賛成と、最高裁判所と憲法裁判所それぞれの判決が必要である。つまり事実上、元大統領の責任を問うことは不可能になるのだ。絶大な権力を持つプーチンが、もしもの時のために「保険」をかけたのである。プーチンはそれほどの臆病者ということだ。

このような行動を見れば、愛国者を自認する日本人が敵国のロシアを利する状態はあまりにもおかしい。「プーチン妄想」が日本の保守界を侵食している状況は、正常な認識を持つ人から見て気持ちが悪いだけではなく、現実に日本の安全保障の脅威になっている。ロシアに対する危機感の欠如は、ロシアの日本国内における世論工作を含めた多面的な謀略活動を容易にしている。

一例として２０２０年２月、外交官の不逮捕特権を持つロシア人工作員の日本からの逃亡がニュースになった。しかし、これはたまたま明らかになった事例であろう。身元が発覚せずに日本で活動するロシアの工作員がまだまだいる、と考えるのが自然である。このスパイ事件にも、日本の保守界の反応は薄かった。これも、プーチン妄想が浸透している結果と言えるのかもしれない。本来、スパイ事件が発覚した場合は愛国者や保守派が声を上げ、徹底的な取り締まりや再発防止の努力を求め、自国の政府にはスパイ活動を行なった国への厳しい態度を取るように促すはずだ。

しかし「プーチン妄想」の蔓延により、ロシアへの危機感が薄く、事件が発覚しても保守派は声を上げなかった。

第７節　反プーチン妄想――「強権統治の綻び」はない

前節で解説したように、プーチン妄想は極めて危険なものである。ただし同時に、無視してはならないのは「反プーチン妄想」の危うさである。反プーチン妄想とは、「プーチン体制はもうすぐ崩壊する」もしくは「プーチン体制が揺らいでいる」と根拠もなく思い込むことである。プーチン妄想と同じく、正確な現実認識を妨げる錯誤と言ってよい。

意外なことに世界中、とくにロシア語圏では「反プーチン妄想」を語る人が少なくない。なかには言論人を名乗り、上述の「プーチン体制はもうすぐ崩壊する」や「プーチンはもうすぐ死ぬ」などの言説を確証なく流し、自身の動画の視聴回数やSNSにおける「いいね」を増やして金を稼いでいる人もいる。日本でも「金正恩は死んだ」とか、アメリカ大統領選挙の結果が確定したにもかかわらず「トランプが必ず逆転勝利する」とかいう嘘を流して金儲けをする人達がいるが、全く同類である。

もちろん、「反プーチン妄想」を信じる人は「プーチン妄想」を信じる人より多少はましだ。プーチン妄想を信じる人はプーチンを英雄扱いしているので、完全に認識がおかしい。それに対し、反プーチン妄想を信じる人は「プーチンはけしからん」ということを理解している。しかし現実の認識が甘く、「こうなってほしい」という希望的観測を「こうなるに違いない」という信念に置き換えてしまう。

「反プーチン妄想」の最大の危険性は、「プーチン体制はもうすぐ崩壊する」と思い込んでしまうことにより、ロシアとプーチンに対する危機感、備えが薄くなってしまうことだ。「敵はもうすぐ滅びる」と思い込んだら、敵に対抗する意欲がなくなる。その結果、自分の力が弱くなり、滅ぶはずの敵にあっさり負けてしまう。

デモが成果を挙げられない

問題は「ＳＮＳ言論人」だけではなく、主流のメディアにまで「プーチン体制の揺らぎ」という根拠のない論調が広がったことだ。以下は２０２０年12月24日付『読売新聞』社説からの抜粋である。

「露プーチン氏　強権統治の綻びが広がった
国内の反対勢力を徹底的に弾圧し、米欧との対決姿勢をアピールする強硬路線の綻びが広がり始めた。軌道修正に失敗すれば、長期政権の維持戦略にひびが入るのではないか。
ロシアのプーチン大統領が年末の記者会見で、４期目の任期が２０２４年に満了となった後も、大統領を続ける可能性を示唆した。７月の憲法改正では、36年まで続投する道を開いている。
だが、政権基盤は盤石ではない。新型コロナウイルスの感染者数は世界で４番目に多く、政府の対応の不備が批判されている。

ロシアの反政権運動指導者に対する毒物襲撃事件で、欧州連合（ＥＵ）は露情報機関の犯行とし、対露制裁を強化した。石油などエネルギー資源に依存した経済構造の転換も進んでいない。

プーチン氏の支持率は低下傾向にある。異論を許さない強権統治の長期化で、社会が倦怠《けんたい》感に覆われていることの表れだろう。

極東ハバロフスクでは、７月に始まった地元知事の拘束・解任への抗議デモが今も終息していない。当局が沈静化できないのは、ロシアでは異例の事態である」

この記事に書かれた認識は完全な誤りである。上記の「強権統治の綻び」として取り上げた事象をプーチン体制の翳りの根拠として捉えること自体、プーチン体制の本質を理解していない証拠である。

まずハバロフスクにおけるデモについて、「デモが終息していない」という観点ではなく、「デモが成果を挙げられていない」という観点から見るべきである。プーチン体制は、ハバロフスクの有権者が選んだ知事を不当に逮捕し、代わりにプーチンが直接任命した人物を知事に就任させた。怒ったハバロフスクの人々が正義を求めるデモを起こしたが、半年間デモを行なっても、何の成果も得られなかった。逮捕された元知事は釈放されておらず、プーチンが任命した知事が相変わらず職務を務めている。

２０２０年7月に勃発したデモは半年経って勢いが減少し、積極的な抗議活動が見られなくなった。デモが即座に鎮圧されなかったからといって、プーチン体制の翳りの根拠として捉えることは間違っている。そのデモは「鎮圧できなかった」のではない。そもそも体制にとって危険ではなかったから、わざわざ鎮圧する必要がなかったのだ。後述するように、ロシア当局がデモを鎮圧する必要性を感じた場合、躊躇なく鎮圧する。

また新型コロナウイルスへの対応の不備も、プーチン体制の揺らぎには全く繫がらない。ロシアには言論の自由がないので、全ての大手メディアは政府の対応を絶賛し、不満の声を隠蔽する。よって「強権統治の綻び」が広がることはない。

では、支持率の低下はどうか。２０２０年8月にロシアの野党指導者、アレクセイ・ナワリヌイの毒殺未遂事件が起きた。ナワリヌイはロシアで毒を盛られ、昏睡状態でドイツに運ばれて治療を受け、一命を取り留めた。彼の体内からは神経ガス「ノビチョク」が検出されており、プーチン政権がナワリヌイを毒殺するつもりだったことは間違いない。

回復後、ナワリヌイはプーチンによる国家予算の横領に関する動画を作成、公開した。内容は、プーチンはロシアの国家予算を10億ドル単位で私物化し、想像を絶する豪邸に住んでいるというものだ。

もちろん、プーチンがロシアの国家予算で私腹を肥やしていることは、昔から分かり切ったことだ。しかしナワリヌイが作った動画は、具体的にどの程度の規模で、どのような手段によって国家予算を盗んだのか、分かりやすい形でまとめている。視聴回数はすでに1億1000万回を超えており、ロシア語圏をはじめ世界中に拡散されている。

ナワリヌイは2021年1月にドイツからロシアに帰国した瞬間、逮捕された。2月にロシアの裁判で懲役2年8カ月の実刑判決を言い渡されている。ロシアの反体制派は彼の釈放を求め、デモを行なった。ロシア各地で最大10万人規模のデモが行われた。しかし、ナワリヌイ釈放デモは最終的にロシア当局に鎮圧されてしまい、大量の逮捕者が出た。強調するが、これは暴動ではなく平和的なデモであり、治安を乱すようなことはしなかった。

にもかかわらず、当局は暴力で抗議デモの鎮圧に動いた。治安部隊の隊員が無抵抗の人間を棍棒で殴り、足蹴にする模様や不当逮捕の様子が大量に報告された。逮捕者の収容所の環境条件も悪く、狭い部屋に何人も詰め込まれ、食事は十分に与えられず、トイレに行くのも困難である。新型コロナウイルスなどなかったかのように、収容者の防染は全く考えられていない。

ナワリヌイに対する実刑判決や抗議デモの鎮圧は当然、国際的な批判の的になった。しかし、プーチン体制を揺るがすことには全く繋がらない。支持率が減少したというが、それでも国民の6割の支持率がいまなお保たれている。最高値の9割と比べるとたしかに減っているが、依然として高いことに違いはない。ちなみに、６割というのはナワリヌイ毒殺未遂事件やプーチンの横領を暴く動画公開、ナワリヌイへの実刑判決と平和的なデモ行進の残虐な鎮圧という一連の出来事が起きた後の支持率である。プーチンは自分の本性を隠さず剝き出しにしているにもかかわらず、６割が指導者として支持しているわけだ。

つまり、ロシア人の大多数はプーチン体制の本質を知りながらも、体制を容認している。国民の６割もの支持を得た政権はどう見ても盤石である。

可能性は国民運動ではなく「宮廷内クーデター」

では、反体制派のデモはプーチン政権を揺るがすことができるのか。結論から言うと、１００％無理だ。ロシアの人口は約１億４４００万人だが、デモに参加したのは最大で10万人。人口のわずか０・０７％で、あまりにも少なすぎる。この程度のデモ活動では、政権にかすり傷さえ与えられない。

たとえばロシアと同じ独裁国のベラルーシでは、人口が約９５０万人で、デモに参加したのは約20万人。人口の２％だ。それでも、ベラルーシの国民は独裁体制を倒せなかった。人口の２％がデモをしても無理なのに、０・０７％に何を期待できるのか。

以上の状況だけを見ても、プーチン体制は盤石であることが分かる。では、もしプーチンの支持率が今以上に減少した場合、どうなるのか。実際にプーチンの支持率が2、3割まで減少することは現実的ではない。しかし仮にそうなったとしても、プーチン体制は揺るがない。なぜなら、プーチン体制の国内の権力基盤は巨大な警察組織だからだ。完全にコントロールされた治安部隊、捜査委員会、検察、裁判所、そして連邦保安庁が絶大な力を持っている。

ここで言う力とは「権力」のみならず、文字通り物理的な力を意味する。つまり、仮にロシア国民が体制に不満を持ち、プーチン退陣を求めて大規模なデモを行なったとしても、プーチン体制は暴力によって弾圧できる。仮に100万、200万人の大衆がデモを行なったとしても、鎮圧の訓練を受けたフル装備の治安部隊に勝つことはできない。

独裁体制の持つ物理的な力に対し、デモ行進そのものに物理的な力はない。デモはどちらかと言うと、国民の不満の表れだ。民主主義国で大規模なデモが起きた場合は、支持基盤である国民の現政権に対する不満の表明に、政権は対応せざるを得ない。ところが、独裁政権はそもそも国民の支持に基づかないので、不満を無視できる。ここが独裁主義国と民主主義国の根本的な違いだ。したがってロシアにおいて、デモが政権に打撃を与えることは不可能である。

プーチンは権力を維持するためなら、反体制派デモの大量殺傷も躊躇しない。ポイントは、治安部隊の隊員はどんな残虐な命令でも従うということだ。プーチンは権力を掌握した20年の間に、完全に自分の命令に従う警察組織を作り上げた。数十万人の警察組織の関係者はプーチン政権から優遇されており、独裁体制のおかげで豊かな生活を送り、家族を養っている。彼らにとってプーチン体制の崩壊は、自分達の生活の崩壊を意味する。だから、彼らは必死に体制を守る。よって命令を無視してサボタージュする可能性や、国民側に寝返る可能性はない。したがって、デモによってプーチン体制を転覆させるのは不可能だ。

国民の力で体制をひっくり返すために必要なのは、デモではなく蜂起だ。つまり物理的な力で、強力な警察組織に打ち勝つしかない。しかし、そのような気概はロシア人にはない。権力に従順なロシア人が、蜂起を起こすことは期待できない。

プーチンが退陣する可能性が仮にあるとしたら、きっかけは国民運動ではなく「宮廷内クーデター」だろう。強力な警察組織という「壁」の内側、組織に守られた者同士の権力闘争が政権転覆をもたらす可能性は論理上、あり得る。ただし、現時点ではその兆しも全くない。宮廷内クーデターが起きる可能性はゼロではないが、極めて低い。さらに「壁」の内側でクーデターが本当に勃発したとして、変わるのは独裁者の人物だけであり、独裁体制そのものではない。プーチンの代わりに「別のプーチン」が権力を握り、独裁体制が続く。

以上をまとめると、「プーチン体制はもうすぐ崩壊する」「プーチン体制が揺らいでいる」などの「反プーチン妄想」は希望的観測に過ぎず、ロシアの独裁体制が終わると期待するのは甘い。甘い妄想に陥った人間は、現状の厳しさを認識せず、油断してしまう。ロシアの近隣国である日本にとっては、極めて危険な考えだ。これから日欧米は、ロシアとの長い対立を覚悟しなければならない。対ロシアの備えとしては軍事力の強化はもちろん、ロシアの力を削ぐために積極的な措置を取るべきだ。具体的には厳しい経済制裁を実施し、ロシアの経済を疲弊させる。プーチン体制が疲弊し、物理的に巨大な警察組織を維持できる財力がなくなった時、初めて体制が揺らぐ可能性が出てくるのだ。

第3章 ◉ 平和ボケするヨーロッパ諸国

第1節　モルドバ――「親欧米か、親ロか」さまよう旧ソ連国

第1章では、NATOの役割を解説し、必死に国防の努力をしている国をいくつか紹介した。また、第2章では、国際政治においては何かを実行する時、条件が揃わないと何もできないことを解説し、NATOがどのようにソ連を潰したのかを紹介した。さらに、現在の中国とロシアをはじめとする独裁主義陣営はいかに手強い相手なのか、ということも解説した。

第3章においては、東ヨーロッパを中心に、最新のヨーロッパ情勢を簡潔に紹介しながら、独裁主義と自由主義の対立について分析を加えたい。

NATOがソ連を崩壊に追い込んだおかげで、東ヨーロッパ諸国は自由になった。東欧諸民族はそれぞれ自分の意思で権力者を選び、外交方針を決めることが可能になった。「これから東ヨーロッパは安定的な発展を成し遂げ、幸せになるだろう」と考えるのは自然である。

実際に解放後の東ヨーロッパは発展を成し遂げ、社会主義時代とは比べ物にならないほど豊かになった。東ヨーロッパの経済、生活水準は西ヨーロッパには劣るものの、世界の平均的基準から見るとかなりよい。「これからは間違いなく幸せになれる」と皆が思っていた。

ところがここ十数年、東ヨーロッパに思いがけない問題が生じた。ポピュリズム（大衆迎合主義）の嵐である。ポピュリズムを簡単に説明すると、「難しい問題に『簡単な解決策がある』と大衆に訴えて支持を獲得する政治手法のこと」である。

さらに、東ヨーロッパにとって最大の脅威は、石油価格の高騰で息を吹き返した独裁主義国ロシアである。ロシアはポピュリズムの波を巧みに利用し、ヨーロッパ各国を攪乱して影響力を拡大しようとしている。たんに利用するだけではなく、積極的に各国の政治や社会がポピュリズムに陥るように工作を行なっている。

「ポピュリズム」と「ロシアの脅威」という二つの大問題をヨーロッパは乗り越えられるのか。第3章においては、ポピュリズムに陥った国と陥らなかった国、ロシアの策略にしてやられた国とロシアの触手を見事にかわして主権と独立を守れた国など、いくつかの実例を紹介し、日本人の読者が今後の国際情勢を考える上で参考になる情報を提供したい。

最初に触れたいのは、近年興味深い政治的な動きがあったモルドバである。モルドバは、人口が約３００万人、面積は約3万３８００㎢の旧ソ連国である。民族的にルーマニア民族に近く、モルドバ語はルーマニア語と同一言語だという見方が主流である。政治指向として、親欧米派（親ルーマニア派）対親ロ派に社会が割れている。１９９1年に独立して以来、モルドバでは親欧米派政権と親ロ派政権が入れ替わってきた。

基本的にモルドバ民族は親欧米が主流で、親ロ派は少数派である。逆にモルドバ国内に住むスラブ系民族（ロシア人、ウクライナ人など）の間では、親ロ指向が主流である。さらに、モルドバにはガガウズ人というテュルク系少数民族が居住し、ガガウズ自治区という行政区が存在している。ガガウズ人は親ロ指向が強い。

「自称」親欧米派の支配

近年、モルドバにおいて注目すべき政治的な動きがあった。2010年代のモルドバはウラジーミル・プラホトニュークというオリガルヒに事実上、支配されていた。「オリガルヒ」とは、旧ソ連圏において、政治的な圧力や不正などを利用して大きな富を手に入れ、国の政治に大きな影響力を持つ資本家のことである。オリガルヒの存在は、基本的にその国の政治や経済体制が健全ではないことの表れであるとされる。

プラホトニュークは首相や大統領などの主要ポストには就いておらず、一介の国会議員であった。しかし、彼は莫大な資産によって司法制度やメディア界を掌握し、モルドバで最も影響力のある人物と言われていた。

彼の支配は「モルドバ民主党」という政党にも及んでいた。同党はプラホトニューク全盛期、事実上の与党であった。モルドバ民主党の支持率は実際にはそれほど高くなく、２０１４

ウラジーミル・プラホトニューク（写真提供：EPA＝時事）

年の選挙で獲得した議席数は全体の19%、２０１９年の選挙では30%程度であった。しかし、プラホトニュークは裏金など様々な手段を駆使し、他党の議員を民主党に協力させて議員の半数以上をコントロールしていた。

プラホトニュークは自らを「親欧米派」と呼び、欧米との連帯強化を主張していた。しかし、彼が実際に行なっていた政治は民意を無視して私腹を肥やすものであり、権力の乱用が日常的であった。たとえば気に入らない選挙結果が出ると、自分のコントロール下にある裁判所に訴えて無効にさせるなど、好き放題をやっていた。

したがって、親欧米派を名乗るプラホトニュークは欧米で不評を買っていた。西洋諸国は彼の政治を容認せず、欧米とモルドバの関係は冷え込んでいた。

その半面、モルドバにはプラホトニューク一派のような「自称」親欧米派ではなく、本当の親欧米派も存在した。だから、西洋諸国は真の親欧米派が政権を取る事を望んでいた。

親欧米を掲げたプラホトニュークは当然、ロシアとの関係も険悪だった（現に当時のロシアでは、彼が犯罪者として指名手配されている）。腐敗や権力乱用という点では、プラホトニュークの手法はロシアにおけるプーチン手法と似ており一見、馬が合いそうな印象を受ける。

しかし体質は似ていても、思惑は違う。ロシアは、モルドバを自国の影響圏に組み込むことを狙っている。モルドバで誰が権力者になるのか、どういう内政、外交を行うかはプーチン自身が決めたい。したがって、プラホトニュークのような絶対的な権力者の存在は邪魔である。

一方、プラホトニュークも自身がモルドバの「王様」でありたい。モルドバ国内でロシアの影響力が高まれば当然、好き放題はできなくなる。だから、プラホトニュークはロシアの影響力を排除していた。しかし同時に、プラホトニュークはロシアに嫌われながらも、モルドバ内の親ロ派を利用する術に長けていた。

２０１６年にモルドバで実施された大統領選挙で、プラホトニュークは独自の候補を出さず、親ロ派のイゴル・ドドンと、親欧米派の女性候補マイア・サンドゥの一騎打ちとなった。そして、プラホトニュークがコントロールしていたメディアは親ロ派のドドンに有利な報道を流し、ドドンが当選した。

では、なぜプラホトニュークは相容れない親ロ派に協力したのか。ここに、彼の巧妙な政治手法を見ることができる。

もし「本当の」親欧米派であるサンドゥが大統領になれば、欧米は彼女を支援し、プラホトニュークの排除に踏み切るかもしれない。他方で欧米は、完全な親ロ派であるドドンには決して協力しないだろう。完全な親ロ派と比べたら、プラホトニュークはまだましに見える。

これがプラホトニュークの狙いだった。つまり、プラホトニュークは「俺とドドンのどっちがましか」という問いを西洋世界に突き付けたわけである。

西洋諸国に嫌われているドドンは後ろ盾を持たず、プラホトニュークの絶大の権力に対しては何もできなかった。無力な親ロ派大統領は、プラホトニュークにとって都合がよい。なおかつ、プラホトニュークは嫌われ者とはいえ「親ロ派よりましし」なので、西洋諸国はプラホトニュークに操られた内閣でもある程度、関係を持っていた。

もし現実にプラホトニュークを排除しようと考えれば、唯一の方法は、親ロ派と親欧米派が協力することしかない。しかし、互いに憎み合う両者にとって、それは不可能なことだった。この状況をプラホトニュークは巧妙に利用したのだ。

2019年の議員選挙では、ドドンが率いる親ロ派の社会党、プラホトニュークの民主党、そしてサンドゥが率いる親欧米派の勢力がそれぞれ議席の約3割ずつを獲得した。この3：

3：3という議会の勢力図は、プラホトニュークにとって完璧なものだった。プラホトニュークは買収という常套手段を使い、社会党の議員の一部を自分に協力させて議会をコントロールし続けた。モルドバ国内では、プラホトニュークに勝てる人物は一人もいなかった。

プーチンの策略に乗ってしまった

ところが2019年の夏に、プラホトニュークは自分よりさらに巧妙な策略家に直面した。それはプーチンであった。プーチンは以前から、プラホトニュークを排除したいと考えていた。そして、プラホトニュークが西洋にも嫌われていることを利用した。

プーチンはまず、西洋諸国に対して一緒に独裁者プラホトニュークを排除することを提案した。その際、プーチンは西洋が好むような理屈で西洋を説得した。

「プラホトニュークの政治は腐敗政治だ。真っ当なやり方ではない。国民に選ばれていないオリガルヒが権力を乱用する、という異常な状態をなくさないといけない。そのために、親ロ派と親欧米派が協力するべきだ」という論法である。

西洋は、プーチンの策略に乗ってしまった。ロシアは親ロ派に対し、西洋諸国は親欧米派に対し、それぞれ「お互いに協力するように」と圧力をかけてきた。こうして、互いに憎み合っていた親ロ派と親欧米派が共闘してプラホトニュークの排除を行なったのである。

モルドバ議会において、親ロ派と親欧米派の議席を足せば過半数になる。２０１９年６月、親ロ・親欧米派の議員はプラホトニュークが操っていた内閣を解任し、代わりに親ロ・親欧米の連立内閣を形成した。親欧米派のマイア・サンドゥが首相になり、プラホトニュークの支配構造が崩壊して彼は民主党の党首を辞任し、モルドバから亡命した。

しかし案の定、親ロ・親欧米の奇妙な連立政権は短命に終わる。邪魔者のプラホトニュークがいなくなり、親ロ派にとってこれ以上、親欧米派と権力を分け合う必然性がなくなった。柱を失った民主党はドドンに協力し、２０１９年11月、サンドゥ内閣は議会で解任された。

民主党は、いままでプラホトニュークがいたからこそ親欧米派という姿勢で一貫しているように見えた。だが、本来は信念のない人々の寄せ集めである。今度はプラホトニュークと同じ形で、民主党が親ロ派の裏取引に応じてしまったのだ。社会党が内閣を形成し、以降の大統領と内閣、議会は全て親ロ派にコントロールされるようになった。

プーチンの策略は、見事に成功したといえよう。目障りなプラホトニュークを排除するために親欧米派を利用し、用済みになったら切り捨てた。そして親ロ派が残ることになる。プーチンの見事な策略によって、モルドバはロシアの影響圏に組み込まれるはずだった。

ロシアとの取引に乗ってはいけない

ところが、奇跡が起こった。２０２０年11月の大統領選挙でサンドゥがドドンに勝ち、大統領に就任したのである。

政治策略において、プーチンに勝てる人物は世界的に見ても少ないだろう。しかし、国民の意思というのは時々、政治の策略を上回ることがある。たしかに、プラホトニュークを共通の敵として仕立て上げたプーチンの政略は見事だった。しかし民主主義を理解しないプーチンの弱点は、相変わらず国民の意思というものを無視したことだ。

親ロ派のドドン政権は国民に人気がなく、親欧米派のサンドゥは57・３％対42・３％という大差の得票率でドドンを打ち負かした。２０１９年11月から２０２０年11月までの1年間、親ロ派は国家の主要ポストを独占していた。だが、法の支配を完全に無視できるほどの独裁体制（ロシアやベラルーシ方式の体制）を築くには、1年だけでは不十分だった。その結果、民主的な選挙が実施されて敗北を喫した。

もちろん、モルドバ国内で親欧米派が勝ったとはまだ言えない。親欧米派はいまだに議会の少数派だ。現議会の任期満了は２０２３年だが、それまでに高い確率で解散・総選挙が行われるだろう。議会選挙で親欧米派が勝つことができれば、初めて本物の勝利と言える。

以上のモルドバの事例から、どのような結論を導き出せるだろうか。筆者の意見は、何よりも「ロシアが提案する取引に乗ってはいけない」ということである。ロシアが取引を持ちかけた時は、必ず罠がある。ロシアは「約束を破るために約束をする国」。取引が一見、ウィン・ウィンに見えても、実際はロシアを優位にさせるための罠が潜んでいるのだ。

モルドバの事例も、「オリガルヒを追い出し、真っ当な政治を取り戻す」という名目で、親ロ派がプーチンの策略によって単独で権力を握ることができた。たしかにモルドバでは、国民の意思によって策略は最終的に失敗した。しかし、もし国民の意思がそれほど堅固でなければ、どうなっていたか。また、親ロ派が権力を握った1年の間に、選挙結果を書き変える仕組みを作ることに成功していたとしたら？　ロシアとの取引を検討する際は、常に最悪の結末を考えなければならない。表面的には正しく見えても、「ロシアとの取引は危険だ」という点を念頭に置き、悲劇の結末を避けるべきであろう。

第2節　ハンガリー――ポピュリズムに陥ったヨーロッパの問題児

もしヨーロッパを高校に例え、その諸国を学生に例えると、ハンガリーはヤクザ（ロシア）

に憧れ、校内で暴れ回っている不良となる。

第2章で言及したように、ハンガリーは歴史的に、東欧諸国の中で最も発展している国とされる。にもかかわらず、ハンガリーはなぜポピュリズムに陥ったのか。この点について、不思議に思う人も少なくないかもしれない。

ところが驚くことに、その国の発展度と、ポピュリズムに陥る確率は関係がないことが実例で示されている。たとえばアメリカ合衆国においても、右派系ポピュリズム（Qアノンの陰謀論、「不正選挙」の騒動など）と左派系ポピュリズム（BLM運動による暴動、バーニー・サンダースの人気など）が蔓延している。

ポピュリズムの国に共通しているのは、一般市民の生活が悪くなっており、「社会から正義が失われているのは、何らかの悪意や陰謀が働いているからだ」と考える雰囲気である。この論理に従えば、悪意を取り除けば正義が戻り、自分たちの生活がよくなるということになる。

もちろん、世の中には悪意がないわけではない。だが、生活の悪化と正義の不在の原因は複雑であり、改善には多くの努力や年月が必要だ。しかしポピュリストは、複雑な問題に「単純な解決策がある」と主張して、彼らが語る「特効薬」の早期かつ無条件の投入を要求する。

ちなみに、ポピュリストが主張していることが全て間違っているとは限らない。彼らが訴える「特効薬」の投入が、実際に問題解決に繋がり、素晴らしい効果を生むこともある。

問題は、明白に誤りだと分かるポピュリストの政策が失敗した時だ。彼らは往々にして難しい問題について深く考えるのが苦手で、自分の主張を疑わず、専門家の意見を聞かない。その結果、間違った政策を実行することがある。当然、失敗に終わるが、ポピュリストは失敗の理由を再び何らかの「悪意」や「陰謀」で説明し、懲りずに同じことをする。

ポピュリストが運よく正しい運動や政策を行えば国の発展に貢献するが、誤った政策を行えば国が混乱する恐れがある。だから、国家運営を彼らに任せるのは危険な賭けである。

EU叩きを国内向けのプロパガンダに利用

たとえばハンガリーでは２０１０年以降、「フィデス＝ハンガリー市民同盟」という中道右派の政党が与党となり、党首のオルバーン・ヴィクトルが首相を務めている。フィデス＝ハンガリー市民同盟は本来、反共・保守政党であり、突然人気を集めたポピュリズムの政党とは異なる。オルバーンも長年、政治家としてのキャリアを誇り、２０１０年以降の同政権は多くの保守的な政策を実行してきた。

しかし近年、オルバーンは次第にポピュリズムに傾き、経済政策においては介入主義、大きな政府、保護主義に舵を切った。また、憲法をはじめとする多くの法改正によって政権の権力を強化している。

さらにオルバーンは、ハンガリーは「非自由主義国」であるべきだと主張し、中国、ロシア、トルコ、シンガポールを成功例の国として取り上げている。このような主張からも、オルバーンが自由・民主主義の価値観を軽視していることが窺える。

ＥＵに加盟している国は基本的に、自由・民主主義、法の支配を守る義務を持つ。なぜなら、ＥＵ加盟国の国民は自由にＥＵ内を移動でき、ＥＵという巨大な市場のなかで関税なしで製品を輸出して利益を享受しているからだ。

それだけではなく、ＥＵ加盟国は、ＥＵから大規模な経済支援を受けている。ＥＵ内で最も発展しているドイツ、フランス、オランダなどが国家予算から資金を拠出し、後から加盟した比較的、発展の遅れた国（主に東欧諸国）に対して年に10億ユーロ単位の経済支援を行なっている。具体的には、東欧諸国におけるインフラ整備など大きな事業に西欧の先進国が資金を出し、景気を支えている。ＥＵの支援によって、東欧諸国は大きな恩恵を受けている。

資金を拠出する西欧の先進国の目的は、東欧を発展、安定させることにある。東欧が発展すれば、ヨーロッパ大陸は共存共栄の空間となり、結果的に西ヨーロッパも得をするからだ。

そして当然、ハンガリーもＥＵの支援を受けている。強調したいのは、ＥＵは同国にお金を「貸している」のではなく、返済不要の「支援」を行なっていることだ。返済不要の経済支援を受けるからには当然、支援する側の条件をある程度、尊重する必要がある。とはいえ、ＥＵ

ハンガリーのオルバーン首相(写真提供:EPA＝時事)

からの条件は主権を侵害するような無茶なものではなく、民主主義、法の支配、言論の自由の尊重や汚職撲滅など、支援を受ける国が遵守可能であり、悪くない話である。

しかし、オルバーン政権は欧州委員会や欧州理事会ほかEUの機関を常に目の敵にしている。ハンガリーの政府系メディアは欧州委員会を批判し、オルバーン政権をあたかも外国の支配と内政干渉からハンガリーを守る素晴らしい政権であるかのように評価している。

ちなみに前述のEUの支援に関し、加盟国がEUの機関の意向に従わなければ支援が自動的に打ち切られるわけではない。全ての要請を受け入れる必要もないし、交渉によって受け入れ可能な妥協案に辿り着くことも十分あり得る。EUの姿勢はかなり柔軟で、ハンガリーのメディアが「主権を侵害し、ハンガリーの支配を企む悪者」というイメージ操作で国民のヒステリーを煽動するのは明らかにおかしい。

たとえば２０２０年に、２０２１―２０２７年度のＥＵの予算に関する議論が行われた。予算案には総額７５００億ユーロの各国に対する経済支援が入っており、支援の条件として「当該国が法の支配を守ること」という項目があった。守らない国には支援を打ち切るという措置が設定されたが、ハンガリーとポーランドはその予算案に対して拒否権を発動した。両国は法の支配を守る要求は不公平で内政干渉を招きかねないと主張し、予算の成立が危ぶまれた。

度重なる交渉の結果、ＥＵの機関と二国は「法の支配を守る」という条件の内容を緩和する妥協案に至り、その妥協案は最終的に採決されて何とか事なきを得た。

もう一度、強調したい。返済不要の支援を与える側はＥＵであり、受ける側がハンガリーである。当然のことだが、支援を与える側には支援に条件をつける権利がある。受ける側は、条件が嫌なら支援を受けなければよいだけの話だ。しかしハンガリーは、支援を受ける側にもかかわらず、予算採決に対する拒否権を持つＥＵ加盟国の立場を利用し、拒否権を発動して与える側に支援の条件を緩和させようとする。

この状況は、ＥＵによるハンガリーへの「内政干渉」や「主権侵害」に見えるだろうか。筆者には、逆にＥＵがハンガリーという問題児に振り回されているようにしか見えない。むしろ

「ＥＵはハンガリーに対して甘すぎる」という認識の方が正確なのではないか。

そのうえオルバーン政権は、無償の支援を受けながらＥＵを叩き、メディアを使って反ＥＵのヒステリーを煽動することによって、ハンガリー国民の支持を集めている。さらにオルバーン政権はロシアとも仲が良く、常にＥＵがロシアに科す制裁の解除を訴えている。言うまでもないが、ロシアはＥＵの最大の脅威であり、実際にＥＵを攪乱する工作を実行している。ヨーロッパにおける、リトビネンコ暗殺事件、モンテネグロのクーデター未遂事件、スクリパリ暗殺未遂事件など、ロシアによるテロ攻撃が多発している。この状態でロシアとの関係を深めることは、同盟に対する無責任な裏切り行為である。

ヨーロッパの国がロシアから天然資源を輸入するだけなら、まだ分からなくもない（筆者自身は当然、それもおかしいと考えているが）。ヨーロッパには全体的に安全保障に関する理解が乏しく、現在の状態でロシアからの天然資源の輸入停止を期待するのは無理かもしれない。ハンガリーも同じくロシアの天然資源を輸入しているが、その点を責めるつもりはない。

しかし、ウクライナ侵略やヨーロッパ内でのテロ攻撃、人権蹂躙に対してロシアに科した制裁の解除を主張するのは論外である。また、ハンガリー政府はパクシュ原子力発電所の拡張計画をロシアの国営原子力企業「ロスアトム」と協力して実行するなど、天然資源の輸入以外の分野でも、ロシアとの経済関係を強化している。

オルバーンは口では反共主義者を名乗り、ハンガリーの民族主義に訴えている。しかし、行動が言葉に伴わない。ハンガリーには前章で触れた、ソ連によるハンガリー革命の残虐な弾圧という悲惨な過去がある。この歴史的事実がある時点で、ハンガリーが民族主義の観点からソ連の後継者であるロシアに宥和路線をとり、ロシアの拡張主義を黙認するのはあり得ない。

ロシアがソ連時代の犯罪について反省する姿勢を見せるならば話は別だが、前章で解説したように、ロシアは反省どころか、ソ連時代の犯罪を堂々と正当化している。こういう国と友好関係を結ぼうとするオルバーンは反共主義者ではなく、容共論者と言った方が正確である。

反難民ヒステリーを煽動する

また、オルバーンは共産党一党独裁の中国との関係も強化している。産業などの分野において、オルバーン政権は積極的に中国と協力している。EU諸国が中国大手通信企業の参入制限に踏み切る中、ハンガリーではファーウェイの生産額がGDPの0・4%を占めている。

さらに、オルバーン政権は中国の復旦大学がハンガリーにキャンパスを建てることを歓迎している。開設は2024年を予定しており、予定通り完成した場合は、EU内で初めて中国の大学がキャンパスを持つことになる。オルバーンは「復旦大学は西ヨーロッパなら厳しい調査や政治的な不安定に直面したかもしれないが、ハンガリーでは何も恐れる必要はない」と、西ヨーロッパとハンガリーの対中姿勢の違いを明らかにしている。新型コロナウイルスのワクチンについても、オルバーンは中国のワクチンを最も信頼している、と発言している。

加えて、国内で人気を集める手段として、オルバーンは反難民ヒステリーを煽動している。オルバーン政権は、今にも難民が大量にハンガリーに押し寄せるかのようなプロパガンダを流し、犯罪や治安の悪化、失業など難民の悪影響から国民を守れるのはオルバーンしかいない、という論法で支持率を保っている。もちろん、難民を受け入れたくないという考えは理解できるし、受け入れを拒否した国の意思は尊重するべきである。しかし、大量の難民が常に押し寄せようとしている、というのは事実ではない。

たしかに難民危機は時々起きるが、頻繁な出来事ではない。何より、難民の目的地の多くはハンガリーではなく、西ヨーロッパ諸国だ。だから難民はハンガリーにとってさほど脅威ではない。しかし、オルバーンは難民脅威論を過剰に広め、存在しない敵からハンガリーを守っているという風に、自分の力をアピールしている。

陰謀論の拡散

さらに、オルバーン政権は宣伝戦略として「ソロス陰謀論」を大々的に利用し、展開している。ハンガリー出身のアメリカの資本家、ジョージ・ソロスは世界中の陰謀論者がとりわけ好む対象だ。ソロス自身は、リベラル左派、多文化共生主義のイデオロギーの持ち主であり、自分の考え方を積極的に広めている。ソロスが創立した「オープン・ソサエティ財団」は多くの国に支部があり、各国で個人や団体に奨学金や活動資金などを与え、活発な活動をしている。

この活動が、各種の陰謀論者にソロスの話題を提供している。「世界中に金を出して思想を広める」という特徴により、様々な陰謀論が作りやすいからだ。陰謀論者はソロスを絡めた陰謀説を積極的に作り出し、世の中に広めている。

ソロス陰謀論の基本的な筋書きは「ソロスはグローバル経済と各国の政府、政党を裏で操っている」といった内容である。

もちろん現実の世界でも、ソロスは多少の影響力を持っているだろう。だが、各国の政党、ましてや政府を操るなどということはあり得ず、妄想に過ぎない。たしかに、筆者もソロスの左派リベラルの思想や多文化共生主義のイデオロギーには賛同できないし、各国におけるソロス財団の活動について疑問がないわけではない。

しかし、ソロスはいくら大金持ちとはいえ、一人の資本家に過ぎず、独立国の政界を操る力を持つわけがない。ソロスが嫌いだからといって「悪魔化」すると、現実の認識を誤ってしまう。彼のイデオロギーに賛同しないことと、ソロス陰謀論を信じることは全く別物である。

どの国でも妄想を語る陰謀論者がいるのは、仕方のないことである。しかし、陰謀論者の主張は基本的に底辺の広がりにすぎず、まともな社会では相手にされない。社会的地位のある人が陰謀論を語るのはおかしいし、まして一国の政府が積極的に陰謀論を流すなど、論外だ。

しかし、オルバーン政権は陰謀論の拡散という下劣な手段を利用することさえ厭わない。これはまさにポピュリズムの政治手法である。ハンガリー政府寄りのメディアは、白昼堂々とソロスへの個人攻撃を行なっている。オルバーン自身も「ソロスはハンガリーを崩壊させようとしている」とまで発言している。オルバーンによると、ソロスはＮＧＯのネットワークを利用してハンガリーに大きな影響を与え、国政選挙にも介入しようとしているという。そして、この戦い（オルバーン対ソロスの対立）にハンガリーの存亡がかかっている、と言っている。もちろん、この煽動が政権の支持率を高め、選挙に勝つための戦略であることは明らかだ。

オルバーンはソロスを「最も腐敗した人間だ」と批判し、彼がＥＵの行政機関にいる政治家を裏金で買っている、と断定している。そして、ソロスがＥＵ行政機関を使ってハンガリーを攻撃させている、とも言う。

ハンガリーでは、ソロスと共にハンガリーの野党政治家が写っている看板が大量に街中に設置されている。もちろん、本当にソロスが野党政治家と一緒に写真を撮ったわけではなく、加工された画像である。だが、それでも「ソロスはハンガリーの野党を操っている！」という印象操作を行うには十分である。

さらにハンガリーの野党だけではなく、ソロスとジャン＝クロード・ユンケル欧州委員会委員長（当時）を組み合わせた看板もある。ソロスが欧州委員会（EUの政府）も操っている、と見せかけるためである。看板では、ハンガリーの極右政党ヨッビクの党首（当時）まで「ソロスの手先」として描写されている。

ヨッビクは、オルバーンが率いるフィデスよりもさらに右翼ポピュリズムに傾いており、オルバーン政権よりいっそう反EU・反移民の論調が強い。思想的に見ると、ヨッビクの考えはソロスの考えと対極にあり、オルバーンの主張に極めて近い。むしろ、オルバーンの方が穏健に思えるほどだ。したがって、ヨッビクにソロスの手先というレッテルを貼るのは、あまりにも馬鹿馬鹿しい話である。本当は「政権に協力しない者は皆、ソロスの手先だ」と言いたいだけで、オルバーンにとって現実などどうでもいい、ということだ。

ほかにも、オルバーンはソロスが創立した中央ヨーロッパ大学を事実上、国外に追放してしまった。中央ヨーロッパ大学は1991年にブダペストで創立され、資金の一部をソロスが提供している。主に文系科目に力を入れ、約100カ国から学生が集まる大学だ。授業も基本的に英語で行われ、まさにソロスの多文化共生主義のイデオロギーに基づく教育である。

2017年にハンガリーでは、外国の大学がハンガリーで高等教育機関として活動するには、本国でも教育活動を行わなければならない、という内容の法律ができた。ソロスが創立した中央ヨーロッパ大学は書類上、アメリカの大学だ。しかしキャンパスがあるのはハンガリーのみで、アメリカでは教育活動を行なっていない。この法律によれば、中央ヨーロッパ大学は高等教育機関として認められないことになる。

逆にいえば現状、この法律に抵触するのは中央ヨーロッパ大学だけだ。したがって、明らかに同大学をターゲットにしたオルバーン政権の措置である。

さらに、この法律の誕生によって、外国の大学がハンガリーで活動するには、本国とハンガリーが協定を結ばなければならなくなった。

この明らかな嫌がらせの措置に対しても、中央ヨーロッパ大学は条件を満たすように努力した。アメリカのニューヨーク州にあるバード大学と協力協定を結び、アメリカ本国でも教育活動を行う、という体裁を整えた。

そして、二つ目のハンガリーでの活動条件を満たすために、ニューヨーク州政府はハンガリー政府と協定を結ぶことを提案した。しかし、オルバーン政権はニューヨーク州の申し出に応じなかった。これを受けて結局、中央ヨーロッパ大学はブダペストから隣国オーストリアのウイーンに移転してしまった。

オルバーン政権が、中央ヨーロッパ大学の教育方針に賛同しないのは理解できる。とはいえ、法改正までして特定の大学を国から追い出すような政策は、どう見ても民主主義国の姿ではない。ソロスの中央ヨーロッパ大学に対する姿勢と、先述した中国の復旦大学に対する姿勢の違いは、オルバーンの本音をあまりにも象徴的に示している。必死に中央ヨーロッパ大学を追い出すと同時に、中国の大学がハンガリー内でキャンパスを開くことを全力で歓迎する。しかも、わざわざ「西ヨーロッパと異なり、ハンガリーなら中国の大学は何も恐れることはない」と語るアピールぶり。リベラル左派の多文化共生主義の機関だけをむきになって追い出し、共産主義、全体主義の機関を喜んで迎え入れる。

形の上で「反共」を掲げる自称「保守」のオルバーン政権は、主張と行動が全く一致していない。まさに、短絡的なポピュリズム政権が陥る結末である。つまり、左派リベラルへの攻撃に集中するあまり、もっと巨大で強力な敵である中国の全体主義が見えなくなったわけだ。

なお、あれほどソロスを悪魔化して排除しようとするオルバーンだが、実は若い頃、ソロス財団の奨学金を受けてイギリスへ留学していたことも付記しておきたい。

同盟国の選挙に口を挟む

もう一つ、許し難い誤りがある。2020年のアメリカ大統領選挙の直前に、オルバーンが「トランプに勝ってほしい」と発言したことだ。また、歴代のアメリカ民主党政権の外交方針を「モラル帝国主義」として批判している。この発言は、ハンガリーの評論家や知識人がするならば何の問題もないと思われる。言論の自由がある以上、外国の政治についても、自分の意見を述べることができるからだ。

しかし、オルバーンは国のトップである。他国の政治について発言するのは非常識であり、まして他国の選挙期間中に、特定候補の勝利を望むような発言などもってのほか。一般人ならただの意見だが、国のトップが言うと内政干渉、選挙介入と思われても仕方がない。

さらに、敵国の政治について語る（これも本当はよくないが）ならまだしも、NATOに加盟するハンガリーにとって、アメリカは同盟国だ。同盟国の選挙に口を挟んだうえ、特定の候補の勝利を望む発言など、国のトップが絶対に口にしてはいけない。ポピュリストであるオルバーンは、政治・外交の常識が身に付いていないようだ。

加えてオルバーン政権は、ハンガリーがEUとNATOに加盟している立場を利用し、ウクライナへの理不尽な要求と内政干渉を繰り返している。たとえば、ウクライナ西南部のザカルパッチャ州を中心に、ハンガリー人のマイノリティが住んでいる。オルバーン政権は彼らの存在を利用して「マイノリティの権利保護」という口実で、ウクライナに対して内政干渉を行なっている。具体的にはウクライナの教育法について、マイノリティの差別だと決めつけ、改正を要求している。ウクライナとしては「ハンガリー語で教育を受ける権利」は保障できても、「ウクライナ語で教育を受けない権利」は容認できない。どの民族でも、ウクライナ国籍を持てば、ウクライナ語を理解しなければならないのは当然のことである。

　また、ＥＵやＮＡＴＯにおいて、重要な決定は全て全会一致で決まる。ウクライナがＥＵとＮＡＴＯとの関係を強化するためには、全加盟国の賛同が必要だ。ところがハンガリーは加盟国の拒否権を利用して、ウクライナとＥＵ、ＮＡＴＯの関係づくりを妨害している。ウクライナが教育法を改正し、ウクライナにいるハンガリー人のコミュニティに特権を与えない限り、ハンガリーの拒否権を使い続ける、ということである。

　さらに、ハンガリーの高官はウクライナの選挙にも介入している。２０２０年10月、ウクライナで地方選挙が実施された。この地方選挙にはハンガリー人の政党も参加しており、選挙期間中、ザカルパッチャ州を訪問したハンガリーの役人が同党への投票を呼び掛けた。オルバーン内閣のシーヤールトー・ペーテル外相は投票日当日、自身のフェイスブックで、ハンガリー人の政党への投票を呼び掛けた。

　もちろん、ウクライナの国籍を持つハンガリー人には政治活動を行う権利がある。ウクライナ国籍のハンガリー人が自分達を代表する政党を持つことも、何ら問題はない。

　しかし、同じハンガリー人とはいえ、他国であるウクライナの選挙においてハンガリーの権力者が特定の政党に投票を呼び掛けるのは、明らかな選挙介入であり、民主主義国同士ではあってはならない事態である。ウクライナ外務省は一連の選挙介入について正式にハンガリーに抗議したが、ハンガリー政府や介入した本人達からは謝罪も釈明もなかった。ポピュリスト達には外交の常識がない、というのが共通した特徴である。

オルバーン政権はすでに11年間も続き、ポピュリズム政治を行うことによってEU、NATOや隣国に迷惑をかけ続けている。問題児となったハンガリーに対し、EUは何らかの措置を取れないのだろうか。欧州人民党（欧州の保守政党の連合体）はフィデスの参加資格を停止したが、形式的なものに過ぎない。先述のように重要決定は全会一致で決まるので、ハンガリーが自国に対する制裁措置に賛同するわけがない。もしハンガリーがEUやNATOに加盟していなければ、多くの手段を取ることができたが、一度加盟してしまえば立場が強い。

成長のための病気

では、ポピュリズム政治によってハンガリーは自滅してしまうのか。ポピュリズム政治が全て失敗するとは限らない。同じポピュリストでも能力に差があるからだ。能力の低いポピュリストなら、ポピュリズム政治はすぐに終わるだろう。だがオルバーンのように中途半端に能力がある場合、戦いが長引くことがある。

冒頭の例えに戻れば、「不良」国家のハンガリーに住むオルバーン政権の最悪の欠点は、ヤクザのロシアや中国に憧れていることである。だが、ハンガリーの家は幸い中国から遠く、ロシアとも国境を接していない。そして何より、NATOという優れた保護者、安全な学校組織に属している。だから先述のような火遊びをしても、ロシアというヤクザに加わって家が乗っ取られる心配もない。

ハンガリーは「不良」とはいえ、決して悪い国ではない。今はポピュリズムに陥っているが、それは「成長のための病気」と考えてもよいかもしれない。病気はいずれ回復し、「免疫力」がつく。考えてみればハンガリー人は、あの全体主義のソ連に盾突いた誇り高い民族である。この程度の流行で衰退するわけがない。今は試練の時期だが、いずれオルバーン式ポピュリズムの波が去り、必ず正常化して発展と繁栄の道を進むはずだ。

第3節　ベラルーシ——親ロ独裁者に骨抜きにされた国

ベラルーシは、独自の文化や言語、長い歴史を持つ東ヨーロッパの国だ。しかし長年、ロシア帝国やソ連に支配されていたため、ロシアの一部として認識されることが多い。

だが、それは間違いだ。ベラルーシとロシアは、全く別物である。ロシアの支配が何百年も続き、同化政策を施されたため、多くのベラルーシ人は独自の文化やアイデンティティを忘れてしまい、自分達のことをロシアとほぼ変わらないと思い込んでいるのだ。現在の認識は自然な状態ではなく、ロシアの度重なる悪事の結果として歪められたものである。

1991年にソ連が崩壊すると、ベラルーシは独立を果たした。独立は、ベラルーシ人のアイデンティティを復活させる大きなチャンスであった。1991―1994年の間に民主主義体制が実現し、ベラルーシの言語や文化を復活させる活動が行われた。

ベラルーシ人なのにベラルーシ語が話せない！

ところが1994年、アレクサンドル・ルカシェンコが大統領に就任した。この独裁者の登場により、ベラルーシの歴史的な復活のチャンスは失われた。ルカシェンコは民営化や自由主義経済への転換をやめ、ソ連時代の計画経済に近い仕組みを維持した。さらに全ての国家権力を自分の手に集中させ、完全な独裁体制を築き、大統領の任期制限を撤廃した。

ルカシェンコは、極端な親ロシア政策を進めた。ロシア語をベラルーシ語と同じく国語にし、ベラルーシ語を知らないまま育っても問題ないようにする仕組みを作った。ルカシェンコ本人もほとんどロシア語しか喋らず、ベラルーシ語を使うのは稀である。メディアの空間に流れる言語も、ロシア語の方が圧倒的に多い。教育もロシア語で受けることができ、ベラルーシ人なのにベラルーシ語が話せない人の方が多い、というとんでもない事態になってしまった。

ベラルーシ共和国の象徴である国歌、国旗、国章も、ルカシェンコが大統領になってから変更された。国旗と国章はベラルーシ独自のものから、ソ連時代のベラルーシ・ソビエト社会主義共和国の国旗と国章に酷似したデザインにされ、国歌は、ベラルーシの歴史と文化に何の関係もない新しい歌に変えられた。

ルカシェンコはよく「ヨーロッパの最後の独裁者」と言われる。彼の体制は比喩ではなく、正真正銘の独裁である。反体制派の政治犯が大量に投獄され、治安部隊は反政府のデモを残虐な手法で弾圧している。10人以上の反体制派の活動家が行方不明になっており、何年も音沙汰がない。おそらく彼らは殺され、遺体も見つからないよう処分されたのであろう。

当然、ベラルーシのメディアは政権に支配されており、ルカシェンコを讃える報道しかしない。ルカシェンコに盾突く愛国運動もあったが、愛国者が度重なる殺害や投獄、国外追放に遭い、活動は無力化されてしまった。

追従の代わりに援助を受ける「主権商売」

ルカシェンコ体制のベラルーシは長年、ある程度の生活水準を保ってきたといわれる。もちろんEU加盟国よりは遥かに劣っているが、旧ソ連圏の基準から見れば、悪くなかった。

しかし、これはベラルーシ自体の経済力が高かったからではない。同国には独自の市場経済がないに等しかった。ベラルーシがある程度の経済水準を維持できたのは、ロシアによる支援があったためだ。ベラルーシの人口は約９５０万人であり、国の規模は決して大きくない。だから、ロシアの支援によって国民の生活水準を維持することが可能だった。ルカシェンコはロシアとの国家連合を結び、ロシアが進める地政学的な構想に全て積極的に参加している。

またベラルーシは、ロシア主導の集団安全保障条約機構（ロシア語：ОДКБ）、ユーラシア経済連合、ユーラシア関税同盟の参加国である。それだけではなく、ベラルーシ国内にはロシア軍の軍事インフラがあり、定期的にロシア軍の大規模な軍事演習が行われている。このような完全な追従路線に対するご褒美として、ロシアはベラルーシを援助しているのだ。

追従路線の代わりに経済援助を受ける、という状態は、俗に「主権商売」と呼ばれるものである。つまり、ルカシェンコはベラルーシの主権を売り物にし、金を稼いでいる。

一方で、ルカシェンコとロシアの政権が喧嘩することもある。たとえば、ロシアからの援助が削減された時などは、いきなり対ロの口調が強くなる。そういう時に限って、ルカシェンコは「ベラルーシは誰にも屈しない独立国だ」などと愛国的な発言をし、ロシアから距離を取る姿勢を見せかけて西洋との関係改善を示唆する。

数年に一度、このような事態が起きるため、多くの人はルカシェンコがロシアから独立した意思を持ち、ロシア側から西洋に寝返る可能性があると勘違いしている。しかし、これは誤りである。ロシアの勢力圏におけるベラルーシの立場は、中国勢力圏における北朝鮮の立場に似ているが、北朝鮮の方がまだ独立性を保っている。ルカシェンコのロシア政府との喧嘩は、本当に同国と距離を取るためのものではなく、先述した「主権商売」の一環である。つまり、ルカシェンコの発言はベラルーシの主権をロシアに高く売るためのポーズであるに過ぎず、売国の行為をやめるものではない。

長年、国民はルカシェンコ体制を容認していた。しかし、2020年にルカシェンコの人気は急激に低落した。ロシア経済自体が停滞したため、ベラルーシの援助に使える金が減ったからだ。支援を失ったベラルーシ経済は急落し、失業者が増えて生活水準は悪化した。さらに、新型コロナウイルスのパンデミックが始まった際、ルカシェンコは脅威を軽視して感染防止対策を全く取らなかった。「ウイルスは、ウオッカを飲んだら殺せる」というルカシェンコの発言は一時、話題になった。この発言から、彼の知的レベルや国民の生命軽視の態度が窺える。

ルカシェンコの支持率がどん底に落ちた状態で、ベラルーシは2020年8月9日に大統領選挙を迎えた。ルカシェンコは選挙の前に、三人の有力野党候補を排除していた。ブロガーのセルゲイ・チハノフスキーと、実業家のヴィクトル・ババリコは投獄され、元外交官で実業家のヴァレリー・ツェプカロは亡命した。実際に出馬できたのは、チハノフスキーの妻、スヴェトラーナ・チハノフスカヤだけである。

独裁体制にうんざりしていたベラルーシ人は、ルカシェンコ以外なら誰でもよかったので、チハノフスカヤに投票した。事前の独立調査によると、チハノフスカヤの支持率は約６割で、ルカシェンコは３割にも満たなかった。

しかし投票後、ルカシェンコにコントロールされた中央選管は、ルカシェンコの得票率を80％と発表した。もちろん、現実と何の関係もない、あらかじめ用意された数字だ。ルカシェンコは何としても権力にしがみつこうと考え、投票結果を捏造した。明らかな改竄に対してベラルーシ国民は激怒し、ルカシェンコ退陣を求める大規模なデモが何度も行われた。

ちなみに、反ルカシェンコ運動と、同じ２０２０年に他の旧ソ連諸国に起きた反ロシアの動きを受けて、ロシア勢力圏におけるロシア離れが進んでいる、と分析する見方が各国で少なからずあった。日本も例外ではない。たとえば『読売新聞』は前掲の２０２０年12月24日付で「露プーチン氏強権統治の綻びが広がった」というタイトルで以下の社説を掲載している。

「ロシアが「勢力圏」と位置づける旧ソ連圏では、影響力の陰りが目立っている。

アゼルバイジャン領ナゴルノ・カラバフ自治州を巡る紛争では、ロシアが支援するアルメニアがアゼルバイジャンとの戦闘に敗れ、実効支配地域を失った。アゼルバイジャンに肩入れするトルコの存在感が強まっている。

ベラルーシでは、ルカシェンコ大統領の退陣を求める反政府デモが、欧米の支援を受けて続いている。キルギスでは親露派の大統領が退陣に追い込まれ、モルドバでは、親欧米派の候補が親露派の現職を破り、大統領に当選した。

旧ソ連諸国の「ロシア離れ」は、ロシアが経済低迷により、支援を十分できなくなったことが一因だ。プーチン氏が中東での覇権争いにまで手を広げて、シリア内戦に介入したことも、足元の揺らぎにつながったのではないか」

しかし、この認識は完全な誤りである。

まずナゴルノ・カラバフ紛争を、ロシアが支援するアルメニアと、トルコが肩入れするアゼルバイジャンの対立として認識するのは、完全な間違いだ（詳細は次節で述べる）。

次にキルギスについては、ロシアとの強い繋がりがあるため、誰が指導者になっても、ロシアに配慮した外交を行わざるを得ない。

そして第1節で触れたモルドバだが、そもそもモルドバを「ロシアの勢力圏」として認識するのは間違いだ。モルドバは独立以来、親ロ派と親欧米派が交互に政権を取っており、親ロ派が長期間、権力を独占した時期はない。またモルドバは長年、一貫してEUとの関係強化を目指しているので、明らかにロシアの勢力圏ではない。第1節で解説したように、ロシアはモルドバを勢力圏に組み込むことを試みたが、ロシアの策略は失敗に終わった。元々の勢力圏を失うことと、新たに勢力圏を拡大する戦略の失敗は同列には扱えない。したがって、モルドバにおける親欧米派の勝利は旧ソ連の「ロシア離れ」とは全く関係ない。

では、ベラルーシはどうなるのか。ベラルーシの国民はたしかにルカシェンコ退陣を望んでいるが、望むだけでは何もできない。大統領選挙の得票率で勝っていたチハノフスカヤは亡命せざるを得ず、もし彼女がベラルーシに戻っても、必ず投獄される。大規模なデモが起きているが、「デモ」だけでは独裁体制を倒せない。独裁体制にとって、国民の意向などどうでもよい。独裁者は体制を維持するために、拷問や殺人を含め、文字通り「何でもする」のだ。

ルカシェンコ体制はプーチンの独裁体制に酷似している。第2章で解説したプーチン体制と同じように、ルカシェンコ体制は国民の支持ではなく、物理的な力、警察組織に基づいているので、これを倒すのに必要なのは「行進」ではなく、「蜂起」だ。しかし、ロシア人と同じく、今のベラルーシ人にはその気概も結束力もない。結果、国民から全く支持されていなくても、ルカシェンコはいつまでも権力の座に居座る。

三人の有力候補は全員親ロ派

さらに、ルカシェンコ体制はプーチンにも支援されている。先述した経済援助に加え、プーチンはロシアの治安部隊を送り、ルカシェンコの治安部隊と一緒に国民を弾圧させている。また、ロシアのプロパガンディストやプーチンの御用芸能人（俳優、歌手など）がルカシェンコを讃え、ベラルーシ国民に彼は素晴らしい人物という印象を植え付けようとしている。

自身の強力な独裁体制に加えてプーチンも支えるルカシェンコ体制を、ベラルーシの国民が倒す見込みは今のところない。もしプーチン自身がルカシェンコを取り替えることを決めれば、退陣の可能性もなくはない。だが、それは「ロシアの影響力の翳り」を意味しない。むしろ、ロシアの影響力の更なる強化だ。

「ベラルーシの体制に対するロシアの影響力は変わらないとしても、ベラルーシ国民が反ルカシェンコの意識に目覚めているだけでもましではないか」という意見もあるだろう。だが、そうとは限らない。ベラルーシ国民はあくまでルカシェンコにうんざりしているだけで、ロシアやプーチンの影響を警戒する意識はない。先述した大統領選挙におけるルカシェンコに排除された三人の有力候補は、実は全員親ロ派だった。その中で最有力とされていたババリコは、ガスプロム系銀行の役員である。完全なロシア資本の人間だ。

実際に選挙で勝っていたチハノフスカヤさえも「ロシアは友好国で、プーチンは尊敬できる指導者だ」と言っている。彼女は、投獄された夫と同じ親ロ派である。旧ソ連に詳しい読者は気づいたかもしれないが、本節で取り上げたベラルーシ人の個人名を筆者はベラルーシ語の綴りではなく、ロシア語の綴りで記している。無自覚やたまたまではなく、ロシア側の人間であることを意識してこう表記しているのだ。

ルカシェンコ自身はもちろん、野党の有力者も全て親ロ派である。母語はロシア語であり、頭の中で自身の名前をロシア語で認識している。あり得ないことだが、もし仮に先の候補者の中から誰かがルカシェンコを打倒してベラルーシの指導者になったとしても、ベラルーシの親ロ路線が変わることはない。

では、ベラルーシ人のアイデンティティを持つ真の愛国系の活動家はどこに行ったのか。すでにほとんどはルカシェンコ体制に潰されており、投獄されているか、活動をやめている。

誰より、ルカシェンコにアイデンティティを抜かれてしまったのは、ベラルーシの国民全体である。したがってロシアからの独立と欧米への接近、独自のアイデンティティの復活を訴える活動家は、今のベラルーシ人に支持されることはない。

まとめると、現在のベラルーシに起きている動きは、期待を込めて「ルカシェンコの翳り」と言えたとしても、決して「ロシアの影響力の翳り」ではない。今のベラルーシ人の不満はあくまで経済、生活、表現の不自由に対するものであり、愛国心に基づく独立志向ではない。

とはいえ、長い目で見ればこの動きがいずれ、ベラルーシ人の本当の覚醒に発展する可能性もゼロではない。経済的な不満に誘発された意識が、民族アイデンティティの復活まで到達するのか。ひとえにベラルーシ人次第である。

さらに重要なのは、国際社会の動きだ。ベラルーシ人は自力で独裁体制を倒せないので、外部が助けなければならない。反体制派への積極的な支援と、ルカシェンコ体制への制裁はもちろん、最も大事なのはプーチンの介入の抑止である。プーチン体制の基盤であるロシア経済全体を揺るがす厳しい制裁は絶対に必要だ。さもないと、ベラルーシは永久にロシアの衛星国のまま衰退を続け、ロシアに併合される恐れさえある、と言える。

第4節 ナゴルノ・カラバフ紛争——ロシアの罠にかかった二国

ナゴルノ・カラバフ（以下、カラバフ）は、アゼルバイジャン国内にある、アルメニア人が住む地域である。

アルメニアとアゼルバイジャンの両国は19世紀からロシア帝国に支配され、20世紀にもソ連の支配地域であった。ソ連時代にカラバフはアゼルバイジャン・ソビエト社会主義共和国の自治州であったが、ソ連末期、自治州の議会はナゴルノ・カラバフの帰属をアルメニアに変更するようソ連政府に要請した。

ソ連末期に、構成共和国の諸民族のアイデンティティが目覚め、それまで強力な共産党独裁体制によって抑えられていた民族問題が露わになった。

アルメニア人とアゼルバイジャン人は、民族的にも、宗教的にも、言語的にも全く異なる。カラバフに住むアルメニア人からすれば、アゼルバイジャン人の国家に支配されるのは、いい気分ではない。しかしアゼルバイジャン人は当然、カラバフを自国の土地だと認識しており、領土を譲るつもりはない。結局、ソ連政府はカラバフにいるアルメニア人の要請を拒否し、アルメニア人は武力抵抗を始めた。

カラバフ内のアルメニア人には当然、アルメニア本国の人も加勢した。紛争はソ連末期から始まったが、紛争中にソ連が崩壊し、そのままアルメニアとアゼルバイジャンという二つの独立国同士の戦争にエスカレートした。当時、アルメニア人の方が近代的な考え方と強い独立志向を持っていたのに対し、アゼルバイジャンは改革派（独立派）と共産守旧派（親ロ派）の対立により国内が安定していなかったので、アルメニアが勝利した。

戦争後のカラバフは事実上、アルメニアと繋がりの深い非承認国家になった。またアルメニアとカラバフは隣接していないので、アルメニアは、アルメニア本土とカラバフの間にある地域を占領し、いわゆる「安全地帯」を作った。以後、アルメニア人とアゼルバイジャン人はお互いを激しく憎み合う民族同士となった。

アルメニアの初代大統領であったレヴォン・テル＝ペトロシャンは、この紛争を解決すべきだと考え、アゼルバイジャンとの和平の可能性を探っていた。彼はアゼルバイジャンに一部の占領地を返還する和平案を提案したが、国内の強硬派から反発を買い、大統領を退陣せざるを得なくなった。第二代大統領となったロベルト・コチャリャンはいっさいの妥協を拒否し、現状維持を選択した。コチャリャンは完全な親ロ派で、ロシアに追従する政治を行なった。

そして2018年に、アルメニアで反政府デモが起き、これまでとは全く違う勢力が政権を取った。国内の権力構造が変わり、多くの権限は大統領から首相に移された。首相となったニコル・パシニャンは、ロシアには配慮しながら、ある程度ヨーロッパとの接近を目指していた。パシニャンは常にロシアとの関係の重要性を口にしていたが、それでもロシアはアルメニアの民主的な政権交代が気に入らなかった。

一方、アゼルバイジャンでは独立初期の混乱の末、1993年にヘイダル・アリエフが大統領に就任した。アリエフはソ連時代の共産党の重鎮で、非民主的な政治の「達人」であった。裏取引、策略、汚職などの手段を完璧に使いこなし、独裁体制を築いた。しかし健康状態が悪く、やがて入院と治療を繰り返すようになる。彼は自分の寿命は後わずかだと分かった時、息子のイルハムを大統領に据えた。2003年にヘイダルが死去して以来、イルハム・アリエフが大統領を務め、世襲による事実上の独裁体制が続いている。

ナゴルノ・カラバフ紛争（2020年までの情勢）

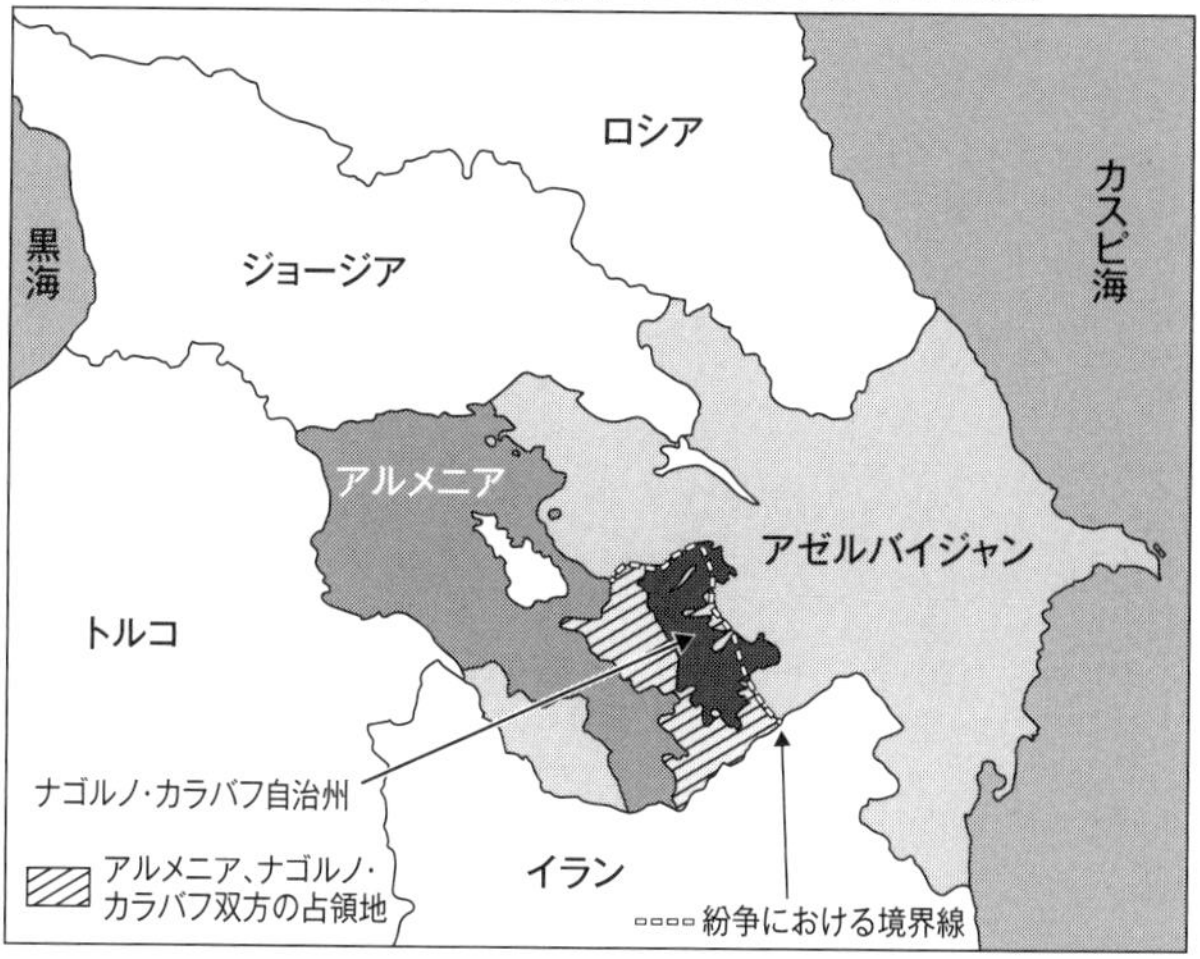

この状態で、2020年9月に再びアルメニアとの紛争が勃発した。一カ月半の紛争の結果、アゼルバイジャン軍はアルメニア軍に勝利した。ロシアの仲介で行われた和平合意によって、アゼルバイジャンが戦闘で制圧した領土と、それまでアルメニアが支配していたカラバフに隣接する地域（先述の「安全地帯」）をアゼルバイジャンに返還することが決定し、カラバフそのものにはロシアの平和維持軍が駐屯することになった。

また、カラバフとアルメニアを陸路で繋ぐラチン回廊をロシア平和維持軍が管理し、アゼルバイジャンは回廊における移動を妨害しないことを約束した。代わりに、アゼルバイジャン本土と、アゼルバイジャンの飛び地であるナヒチエヴァン自治共和国の間を移動するために、アルメニアの領土を通る回廊を作ることが決まった。回廊の管理は、ロシア国境警備隊が行う。

全く被害を出さずに勢力圏を拡大したロシア

この紛争は一見、アゼルバイジャンの勝利、アルメニアの敗北として捉えるのが自然である。また、アルメニアはロシアと繋がりが深いのに対し、アゼルバイジャンは同じチュルク系民族であるトルコと特別な関係を持つことから、この紛争を旧ソ連におけるロシア影響力の低下、トルコの台頭として捉える見方が広がっている。

しかし、この見方は完全な間違いだ。現実には、今回の紛争における唯一の勝者は、ロシアだ。しかも、その勝利は完璧で、ロシアは全く被害を出さずに勢力圏を拡大し、コーカサス全体における影響力を高めたのだ。

ロシアのアルメニアに対する影響力は格段に上がった。戦闘で敗北し、痛めつけられたアルメニアは今まで以上にロシアに依存せざるを得なくなった。カラバフに住むアルメニア人の安全を唯一、保障できるのはロシアである。ロシア軍がカラバフから撤退すれば、カラバフはアゼルバイジャンに制圧されてしまうからだ。

しかし、アルメニア人の国民神話として「アルツァフ（カラバフのアルメニアの名称）は陥落しない」という思想が意識の深くまで浸透している。ところが不滅のアルツァフ神話に囚われているアルメニア人たちは、アルツァフを自力で守る力を持っていない。結局はロシアに守ってもらうしかないのだ。

アルメニア人としては、アルメニア本国をロシアの植民地にされても、アルツァフがアゼルバイジャンに取られることだけは避けたい。本末転倒な論理だが、現実問題としてアルメニア人のほとんどがアルツァフ神話に囚われている。

ロシアにとって、これほど都合のよい状況はない。以前のアルメニア人は自力でアルツァフを守れると思っていたので、完全にロシアに従属する必要はなかった。しかし、今となってはロシアが「カラバフから撤退するぞ」という脅しをかけたら、アルメニアは何があっても従わざるを得ない。

一方、アゼルバイジャンはどうか。一見、アゼルバイジャンは勝ったように見える。たしかにアルメニア軍に勝つことによって、アゼルバイジャンはかつて失った領土の３分の２以上を取り戻した。しかし、肝心なカラバフそのものは取り戻せず、領土問題自体を解決していない。さらに、カラバフの支配権がアルメニア人からロシアの手に渡ってしまった。アルメニア軍相手ならアゼルバイジャンが勝ってカラバフを奪還するのは理論上、可能である。だが、ロシア軍に勝つのは絶対に不可能だ。

カラバフの安全保障を担うのは「平和維持軍」という形にはなっているが、事実上ロシアの占領であることは火を見るよりも明らかだ。ロシアという拡張主義、勢力圏拡大を常に目指す独裁国家は、一度手に入れた領土を善意で返還することは決してない。つまり、カラバフはロシアの新しい拠点となったのだ。

さらにアゼルバイジャン国内には今までロシア軍がいなかったが、今後はアゼルバイジャンの一部であるカラバフをロシア軍が実効支配することになる。これはアゼルバジャンにとって大きな足枷となる。

もしアゼルバイジャンで民主化のような大きな変化が起きた場合、ロシアはその動きを軍事的に潰す手段を手に入れたことになる。アゼルバイジャンがNATO加盟に向けて動き始めた場合や、あるいは独裁体制が揺らいで民主化が始まった場合、ロシアは当然、内政の攪乱や軍の派遣によってアゼルバイジャンを敗北させ、民主化運動を頓挫させようとするだろう。

同じ手法は、2008年のロシアによるジョージア侵略ですでに試されている。1992年からロシアは「平和維持軍」という形を使って、ジョージアの領土であったアブハジア地方と南オセチア地方を占領していた。2008年には、この占領地を拠点として未占領のジョージアの領土に向かって銃撃などの軍事挑発を行なった。

そして、我慢しきれずにジョージア軍が報復攻撃を実行してしまった。ジョージア軍への報復を口実に、ロシアはさらなるジョージア侵略を行い、拡大した占領地（アブハジア、南オセチアア）を「国家承認」した。現在でも、この領土はロシアに占領されたままである。

カラバフの支配により、ロシアは対ジョージアと同じ手段を、アゼルバイジャンに対しても取れるようになった。もしアゼルバイジャンがＮＡＴＯに接近した場合、ロシアはアゼルバイジャン国内を混乱させる必要がある。最もよい方法は、戦争である。たとえば、カラバフからアゼルバイジャン軍に向かって発砲を行い、アゼルバイジャン軍が応戦した時を狙って「アゼルバイジャンは平和維持軍を攻撃した。同国の蛮行を止めるために、ロシアは軍事作戦を行う」という理由を付けて、アゼルバイジャンを攻撃し、占領地を拡大する。

ロシア軍はアゼルバイジャン軍より強いので、戦闘における勝利は目に見えている。そしてロシアは、軍事作戦を停止する代わりにアゼルバイジャンにロシアに配慮した外交路線を求めるだろう。応じない場合は、さらなる占領地拡大も可能だ。

さらに「ナゴルノ・カラバフ共和国」の国家承認というアゼルバイジャンに対する脅しも可能になる。実現すればアゼルバイジャンにとって悪夢だから、ロシアの要求に従わざるを得ない。このような状況になった場合、アルメニアは喜んでロシアに協力するだろう。

では、トルコはどう動くか。言葉の上では、アゼルバイジャンを支持するだろう。ロシアを糾弾して、制裁をかける可能性もある。しかし、核保有国であるロシアの正規軍を相手に、直接の軍事衝突にトルコが踏み切るだろうか。断言はできないが、可能性は低いのではないかと思う。もちろん、その時点でのトルコの国力やロシアの国力の状態や、政権にとってロシアとの関係とアゼルバイジャンにおける影響力のどちらが優先順位が高いのかなど、様々な要素が影響するであろう。だが、ロシアが今の国力を保った状態なら、トルコは正規軍同士の直接対決に踏み切れないと考えるのが自然である。

ただし、いま述べたロシアによる対アゼルバイジャン攻撃のシミュレーションが実現する可能性は極めて低い。なぜなら、実際に攻撃しなくても、攻撃の「可能性」を示すだけで十分だからだ。前述の事態になればどうなるか、アゼルバイジャン側も分かっているのでロシアに盾突くようなことはしない。つまり今回、アゼルバイジャンは戦闘で勝って一部の領土を奪還したが、将来、自国の発展を妨害する「時限爆弾」の設置を許してしまった、ということだ。

そもそも、アルメニアとアゼルバイジャンの紛争を最初からロシアが容認していたことに注目したい。もしロシアが本気で2020年の戦争に反対していたら、戦争が起きなかった可能性が高い。アゼルバイジャンのアリエフ大統領は、モスクワ国際関係大学出身である。旧ソ連の国際政治における力関係を知り尽くしたプロであり、ロシアを怒らせたらただでは済まないことは理解している。ロシアが戦争に反対の意向を見せれば、決して無視しなかったはずだ。

また、ロシアの論調からも、今回の戦争を容認していたことが分かる。ロシアの国家プロパガンダを分析すれば、当時は形式上の中立を保ちながら、アゼルバイジャン寄りの報道を行なっていたことが分かる。プーチン自身は「国際法上、カラバフはアゼルバイジャンの領土だ」と明確に発言している。ロシアはアルメニアと安全保障条約を結んでいる。事前にアリエフと打ち合わせをしていなければ、このような発言は出てこないだろう。

アゼルバイジャン軍の行動にも不審な点がある。カラバフにおけるアルメニア勢力を壊滅させた直後、全カラバフの制圧寸前まで来たところでいきなり進撃を止め、和平合意に応じてロシアの「平和維持軍」の駐屯を容認したことだ。自国の領土解放を目的とした軍隊が、敵を壊滅させ、全土解放の一歩手前に来たところで、和平合意や第三国の平和維持軍の駐屯を容認するだろうか。真っ先に全土解放を行うのが普通だろう。

おまけに平和維持軍という手段は通常、戦争が泥沼化して勝敗が決まらない場合に用いるものだ。2020年のカラバフ戦争では、勝敗ははっきりしていた。にもかかわらず、アリエフ大統領はいきなり進撃を止め、全く渋ることなく和平合意に応じ、何の懸念も表明せずにすんなりロシアの「平和維持軍」の駐屯を容認した。全ては筋書き通りであることが明らかだ。

つまり、この戦争はプーチン、アリエフ、そしてトルコのエルドアン大統領の「談合」によって行われた戦争だと言える。では、それぞれの目的は何だったのか。

エルドアン大統領の目的は、国内での支持率上昇、人気取りである。「同胞のアゼルバイジャン」の勝利に貢献したことで、国内に向けて「勝者」のアピールができる。実はそれだけだ。多くの人は、エルドアンの目的は旧ソ連圏における影響力拡大だったと分析しているが、先述した通り、今回の戦争で影響力を拡大したのはロシアだけで、トルコの影響力は変わらない。兵器など物資の提供でアゼルバイジャンに恩を売ったと言えなくもないが、トルコとアゼルバイジャンの関係は紛争の前から盤石だった。「同胞を助ける」という正義感があったとしても、実際の影響力は紛争前の状況とは何ら変わらない。

プーチンの目的も、すこぶる明白だ。先述した影響力の拡大が第一だが、それだけではない。第二の目的は、パシニャン首相の「処罰」である。パシニャンは民主的な運動の結果、権力を握った。ロシアが気に入らない行動の最たるものである。

ロシアは「衛星国の中の政権交代は全て、ロシアの承認によって行うべきだ」と考えている。ロシアが指定した人物が衛星国の指導者になるべきであり、最悪、指定以外の場合であっても事前に許可を伺い、ロシアが指導者になることを容認した人物でなければならない。パシニャンは慣例を破り、ロシアの意向を無視して指導者になった。たしかに、彼はロシアに友好的なポーズを取っていた。だが、ロシアが求めるのは友好ではなく従属だ。

もう一つの慣例破りは、パシニャン政権が、アルメニア二代目の大統領だったロベルト・コチャリャンに対する刑事捜査を始めたことだ。裁判の結果、コチャリャンに実刑判決が下る可能性があった。コチャリャンはロシアのお気に入りで、ロシア勢力圏の常識では、絶対に手を出してはいけない人物だ。暗黙の了解を破ったパシニャン政権に対し、ロシアとしては「処罰」を下す必要があった。

では、アルメニアにおいて政権を追い詰める最良の方法とは何か。言うまでもなく「アゼルバイジャンに敗北した政権」にすることだ。ロシアは直接アルメニアに手を加えることなく、アルメニア人自身が腰抜けの政権を打倒するだろう。民主的な政権が倒れた後、ロシアは得意技である政治謀略により、望ましい人物をアルメニアの指導者に据えることができる。

実際に２０２０年のカラバフ紛争後、パシニャン政権の退陣を求める運動がアルメニア中に広がった。一般市民から有力な軍人まで、口を揃えてパシニャンの退陣を求めた。本書の執筆時点で、アルメニアは政治不安定が続いている状態にあり、パシニャンの立場は危うい。彼が退陣に追い込まれるか、何とか政権を維持できるか、注目したいところである。

第三のプーチンの目的は、民主体制が独裁体制に劣っていることを、ロシア人を始め、旧ソ連の諸国民に見せ付けることである。アルメニアは親ロ独裁時代にカラバフを支配し、アゼルバイジャンはアルメニアによる支配に対して何もできなかった。しかし、アルメニアは民主化してから戦争で敗北し、混乱に陥った。つまり独裁政権のアゼルバイジャンは、民主化したアルメニアより優れている、というわけだ。「国が安定するには独裁政治が必要だ。民主化は敗北や混乱に繋がる」という事例を旧ソ連の諸国民に見せ、民主化を諦めさせるのが狙いだ。

では、アリエフの目的とは何か。自分の独裁体制を強化することである。彼は今回の戦争で、独裁体制を強化する三つの要素を獲得した。

一つ目は、国民に自分を勝者として見せ、支持率を高めたことだ。戦争に勝利を収め、30年間も占領されていた領土を奪還した指導者というだけで、国民の尊敬の対象となる。アゼルバイジャン国民の大多数はアルメニアを極端に憎んでいるが、ロシアに対する警戒心は高くない。だから、アルメニアに対する勝利に酔いしれるだけで、ロシアが仕掛けた巧妙な罠には気づかない。アリエフ自身は当然、ロシアの罠に気づいている。だが彼にとっては、自分の独裁体制の恒久化が第一の目的で、自国の主体性や国益は二の次だ。

二つ目は、アリエフ自身が安定性を保障する存在になったことだ。ロシアが仕掛けた罠に関連して、アリエフ体制が続く限り、ロシアとの関係は良好であり、アゼルバイジャンは安定する。今回の戦争で奪還した領土も、アゼルバイジャンが恒久的に統治することになる。しかし、仮にアリエフ体制が倒されたら、次の政権に対してロシアは先述した手段を使い、アゼルバイジャンを攻撃するかもしれない。これは、アリエフ打倒を目指す人達への牽制になる。

三つ目は、プーチンと同じく「独裁体制は民主体制より優れている」と自国民にアピールすることだ。現役の独裁者であるアリエフにとって、独裁体制の利点のアピールは権力維持に繋がるので、大変重要なことである。アゼルバイジャンの国民が民主化を求めたら、アリエフは権力を失う。このような奇妙な形で、プーチンとアリエフの思惑は一致した。

以上から、今回の戦争の唯一の勝者は、勢力圏を拡大し、アルメニアとアゼルバイジャン両国への影響力を大きく高めたロシアである。アリエフ大統領の個人的な勝利とも言えるが、国家としてのアゼルバイジャンの勝利では決してない。

ロシアは昔からカラバフの紛争を利用して、憎しみ合っているアルメニアとアゼルバイジャンを巧妙に操ってきた。両国民は互いを憎むあまり、ロシアに操られていることに気づかず、真の敵は誰なのかが見えない。この状況の永続はロシアにとって最高だ。だから、ロシアが両国の「仲介役」を続けているにもかかわらず、問題はいつまでも解決しない。ロシアは形式上、両国に和解を呼び掛けているが、実際に両国が和解することを妨害し、巧妙に互いへの憎しみを焚きつけている。先述のように、現実的な和平案でカラバフ問題を解決しようとしたアルメニア初代大統領レヴォン・テル＝ペトロシャンが、親ロ派のコチャリャンに打倒された事例からも、ロシアによる妨害の真意が窺える。

カラバフ問題を解決し、両国へのロシアの影響力を削ぐには、アルメニアとアゼルバイジャンが憎しみを乗り越えて、共に解決方法を探るしかない。両国はロシアという真の「敵」の脅威に気づき、ロシアの「仲介」なしに直接、対話をしなければならない。しかし、両国におけるロシアの影響は強すぎて、憎しみ合いから自発的に目覚めるのは現実的ではない。自力で和解できない両国には、外からの助けが必要だ。欧米諸国がカラバフ問題の解決に積極的に取り組まなければならない。両国に憎悪がいかに非建設的で、両国の発展を妨害するかを説明し、ロシアの狡猾さに気づかせることができれば、初めて解決の糸口が見えてくる。

第5節　モンテネグロ──世界一の策略家プーチンに完勝したバルカン小国

モンテネグロは、人口約62万人、面積約1万3800㎢の小さな国である。民族的、言語的にはセルビアに近い。例えるなら、ロシアとウクライナ、スペインとポルトガル、チェコとスロバキアぐらいの距離だ。

モンテネグロの世論は親欧米と親セルビア（＝親ロシア）に約半分ずつ分かれており、国家の方針に関する国民のコンセンサスが定まっていない。しかし、同国にはミロ・ジュカノヴィチという強権的な指導者がおり、直近の約30年間、モンテネグロは事実上、彼に支配されてきた。だから、ジュカノヴィチの動き＝モンテネグロの動きと認識しても差し支えはない。

モンテネグロは長年、ユーゴスラビアの一部であった。ジュカノヴィチ自身は若い頃、社会主義時代のユーゴスラビアで支配政党だったユーゴスラビア共産主義者同盟の党員を務めたことがある。また、１９８０年代末から１９９０年代前半の間、セルビアの大統領（独裁者とも言われる）スロボダン・ミロシェヴィッチの側近であった。

１９９１年にユーゴスラビアが崩壊し、多くの国が独立したが、セルビアと最も繋がりの深いモンテネグロはセルビアとの連合に残った。そして、ミロシェヴィッチがセルビアで権力を掌握すると同時に、ジュカノヴィチはモンテネグロの指導者となった。

だが、１９９０年代にミロシェヴィッチは何度も無益な戦争を起こし、国際的に非難されていた。このままでは自分も巻き添えにされることに気づいたジュカノヴィチは、彼と決別し、セルビアの民主派を支持した。おかげで、ミロシェヴィッチ政権が倒された２０００年以降も彼はモンテネグロにおいて権力を維持できた。

ジュカノヴィチはいつまでもセルビアに振り回されてはいけないと判断し、２０００年代初期に独立を目指すことにした。ジュカノヴィチはミロシェヴィッチの元側近ということもあり、親ロの姿勢を取ることによってロシアに支持され、友好関係を築いていた。

本来、セルビアとの繋がりが強いロシアが、モンテネグロの独立を支持するはずがない。しかし、２００４年から２０１２年までのセルビアは親欧米政権だった。親欧米派がセルビアで政権を取ることは大変珍しい。親ロ派のミロシェヴィッチが起こした混乱の後、しばらく親欧米の世論が強かった。

これはジュカノヴィチにとって、モンテネグロを独立させるチャンスとなった。「親欧米」に傾いたセルビアと異なり、モンテネグロは変わらず「親ロ」だという姿勢をロシアにアピールできる。

ジュカノヴィチの思惑どおり、ロシアは「このままではセルビアがモンテネグロを引き込み共に欧米に寝返るかもしれない」と考え、モンテネグロの独立を支持した。ロシアの理屈としては、もしセルビアが西洋に寝返ってしまったら、モンテネグロだけでもロシアの影響下に残さなければならない、ということだった。

モンテネグロは地中海に面しており、戦略的に重要な拠点の役割を果たしている。NATO諸国との角逐において、地中海に拠点があればかなり有利だ。さらにモンテネグロは小さな国で、ロシア資本がその企業や土地などを買い漁るのも安易である。ロシアが独立後のモンテネグロを支配するのは簡単に見えた。

ロシアの支持を得たジュカノヴィチは、モンテネグロの独立に舵を切った。2006年、モンテネグロ独立の可否を問う国民投票が実施された。独立の成立には55％以上の賛成が必要だった。投票の結果、賛成票が55・5％となり、モンテネグロの独立が可決した。

しかし独立後、ジュカノヴィチは親欧米路線を取り、NATO、EU加盟の準備を始めた。一方でセルビアにおいては2012年以降、再び親ロ派政権が戻った。

つまり、ロシアはジュカノヴィチにいいように利用されたことになる。ジュカノヴィチは独立を獲得するためにロシアの協力を得たが、ロシアが用済みになると態度を翻し、さり気なく親欧米路線に寝返った。

もちろんロシアは激怒し、ジュカノヴィチと対立する野党を支持することにした。最大の目的は、モンテネグロのＮＡＴＯ加盟を妨害することだった。

ところが、ジュカノヴィチはこの時もロシアの戦略を逆手に取り、勝利に繋げたのだ。

モンテネグロのＮＡＴＯ加盟は２０１７年６月に予定されていた。その前年、２０１６年10月にモンテネグロで議会選挙が実施された。選挙の当日、モンテネグロの警察は国内に潜んでいた20人のセルビア人のグループを逮捕した。ジュカノヴィチ政権は、これはモンテネグロを乗っ取ることを目的としたロシアの謀略だったと断定し、併せて政権と対立する親ロ野党の指導者の関与を主張した。いったい何が起こったのか。

その後、行われた裁判で、逮捕されたセルビア人の一部がロシア連邦軍参謀本部情報総局（通称：ＧＲＵ）の関係者と接触し、指示を受けていたことが分かった。また押収物の中には、モンテネグロの治安部隊と同じような装備があった。つまり、ロシアの操るセルビア人テロリストがモンテネグロの治安部隊を装って反ジュカノヴィチの野党支持者に暴力を加え、与野党の対立を政治闘争から暴力的な衝突にエスカレートさせるのが目的だったと思われる。

事件発覚の直後、当局はセルビア人テロリストの目的がジュカノヴィチを殺害し、国を混乱させ、モンテネグロでクーデターを起こすことだった、と発表した。ジュカノヴィチ殺害疑惑についての確証はないが、仮に事実だとすれば、極めて手が込んでいる。まず、治安部隊のふりをして野党支持者のデモ行進に対して暴力を加える。その暴力行為をジュカノヴィチのせいにして野党支持者を刺激し、ジュカノヴィチ政権との対立をさらに激化させる。そして怒りに駆られた反ジュカノヴィチ側が暴動を起こす。そして、セルビア人テロリストがジュカノヴィチ本人を暗殺し、反ジュカノヴィチ野党が権力を掌握する、という流れでクーデターが企てられたとされている。

ロシアはおそらく騒乱を起こすことによって、モンテネグロのＮＡＴＯ加盟を妨害しようとしたのだろう。しかし、実際に「ロシアがクーデターを企んでいた」とは断言できない。ジュカノヴィチを殺して、クーデターで親ロ政権を樹立させようとした明確な証拠や、クーデター未遂事件に反ジュカノヴィチの野党指導者が関わっていた証拠も提示されていない。ジュカノヴィチは、ロシアがモンテネグロで混乱を起こそうとしたことを拡大解釈し、政治利用した可能性もある。もしそうだったとしたら「さすがジュカノヴィチ！」と脱帽するしかない。

いずれにせよ、これほど完璧な形でロシアに勝った事例は他国に見当たらない。ロシアが実際に起こそうとした騒乱の企みを阻止しただけではなく、本当はやるつもりはなかった（かもしれない）クーデターまで、ロシアのせいにして評判を貶めることができた。

モンテネグロとしては当時、ロシアを徹底的に悪者にする必要があった。ＮＡＴＯ加盟を控え、国民世論は真っ二つに分かれ、加盟に対する支持は盤石ではなかった。ＮＡＴＯは、国内世論が危うい国を決して加盟させない。このまま行けば、モンテネグロの加盟は実現しなかった可能性さえあった。

その状態で起きた「ロシアによるクーデター未遂」は絶妙のタイミングだ。ＮＡＴＯ加盟に反対する反ジュカノヴィチの親ロ野党の印象は悪くなり、世論は賛成に傾いた。ＮＡＴＯに対してもロシアの脅威をアピールする材料となり、モンテネグロの加盟はすんなり認められた。

２０１７年６月、モンテネグロは正式にＮＡＴＯに加盟した。さらにそれ以降、ＥＵへの加盟交渉も継続的に行われている。ＮＡＴＯ同様、ＥＵに加盟することも簡単ではない。だが、ＮＡＴＯに加盟できた国はいずれＥＵに加盟することもできるだろう。

２０１８年にジュカノヴィチは大統領選挙に当選し、モンテネグロの大統領に就任した。面白いことに、独立後の大統領になったのはこの時が初めてである。しかし、独立前でも実際の支配者がジュカノヴィチであり続けたことは、誰にでも分かっていることだった。

ジュカノヴィチが初めて相対的に政治的敗北を喫したのは、２０２０年の議会選挙の時だ。しかし、この結果についても特殊な事情がある。当時の対立相手はたんなる親ロ派ではなく、セルビア正教会であった。ジュカノヴィチは、モンテネグロを国家として独立させ、NATOにも加盟させた。それだけにとどまらず、次の段階として宗教的な独立を目指したのだ。

モンテネグロは正教会の国だが、独立したモンテネグロ正教会ではなく、セルビア正教会が活動している。セルビア正教会は極めて親ロ的、反欧米思想の強い封建的な組織である。

政治的独立を果たしたジュカノヴィチは、今度は精神的な独立を求め、モンテネグロをセルビア正教会から切り離そうとした。彼は「モンテネグロ正教会」という新しい宗教団体を作り、セルビア正教会が猛反発した。ジュカノヴィチを打倒するために動き出したセルビア正教会の神父の呼びかけで、多くの野党勢力が結集して、2020年の議会選挙で勝利した。

今回に限っては、ジュカノヴィチは自分の力を過信し、強すぎる相手に戦いを挑んだ。もちろん、いつの日かモンテネグロにも独立した正教会を作る動きが始まるだろう。しかし独立から14年間しか経っていない2020年の時点で、モンテネグロが宗教的独立を果たすのはハードルが高かったかもしれない。

とはいえ、2020年の敗北が相対的であるというのは、ジュカノヴィチは大統領の座を失っていない。議会の勢力図は51対49で、反ジュカノヴィチ勢力は辛うじて過半数を獲得しているに過ぎない。しかも、反ジュカノヴィチ勢力は様々な立場の人間の寄せ集めであり、統一した考え方がない。親ロ、親セルビア派と、ジュカノヴィチの強権的政治や汚職への反対派が一緒になっただけの烏合の衆だ。

しかも反ジュカノヴィチ勢力は、支持を集めるためにかつてのＮＡＴＯ脱退やセルビアとの再統合のような極端な政策論を改め、ＥＵ加盟の方針を継続する、と言っている。これでは、ジュカノヴィチが築き上げた親欧米の軌道から国の進路を変えることはもはや不可能だろう。一度、ＮＡＴＯに加盟して親欧米路線に乗れば、仮にその後、親ロ政権ができても、モンテネグロは国の方針を１８０度変えることができない。ロシア離れという点で、ジュカノヴィチの実績は大きい。

たしかに、ジュカノヴィチに対しては様々な批判がある。彼はもともと共産主義者で、時代の変化に気づき、かつての仲間を裏切って親欧米路線に舵を切った。利権や汚職、密売などに関わっているのではないか、とも言われる。さらに強権的な政治を行い、自分の権力を強化するためには、汚い手も使う。先述のロシアがモンテネグロ国内を攪乱しようとしたときも、クーデターの狙いを逆手に取るなど、道徳的に優れた指導者からは程遠い。

しかし、ジュカノヴィチの動機は自分の権力恒久化だったとはいえ、結果としてモンテネグロを正しい方向に引っ張っている。国家を独立させて、ＮＡＴＯにまで加盟させたのは、間違いなくジュカノヴィチの功績である。モンテネグロ独立についても、ＮＡＴＯ加盟についても、ジュカノヴィチは国民世論の安定を棚上げして半ば無理矢理、政策を推進した。

世論が固まっていないのに、権力者が一つの方向に向けて国を動かすことは、よいのか、悪いのか。意見が分かれるところだが、筆者はジュカノヴィチの手法に全面的に賛同する。本当のエリートとは、国民世論に迎合するのではなく、時に世論に逆らってでも、国を正しい方向に引っ張るものだ。たとえば日本では、国軍の保有に反対する世論、女性宮家に賛成する世論が強い。では、権力者はこうした民意に迎合するべきなのか。筆者の意見は違う。

明らかに間違った世論は無視し、国家にとって本当に必要なことをするのが権力者の役目である。ジュカノヴィチはまさにそれをモンテネグロで実行した。

国民に正しい認識が浸透している時に、指導者にとって国を動かすのは難しくない。むしろ、間違った世論を押し切って、国を発展させる指導者こそ、優れた指導者だと言える。そして、日ごろ謀略（プロパガンダや買収、暗殺、サイバー攻撃、挑発など）を尽くして各国を混乱させ、勢力圏の拡大を狙うロシアを、同じ手法を使って二度も手玉に取ったジュカノヴィチは、真の意味で優れた指導者である。モンテネグロへの功績が大きければ、汚職や強権的な政治など負の側面はやがて忘れられる。結果として、独立やＮＡＴＯ加盟のような輝かしい歴史だけが残る。一国の指導者は、道徳心や国民の要求への配慮ではなく、国を正しい方向に導けるかどうかで評価すべきだ。

第6節　ヨーロッパを侵食するロシアと中国の工作

いままで本章において実例を取り上げ、ロシアの脅威に晒されるヨーロッパの現状を解説してきた。ベラルーシや、アルメニアとアゼルバイジャンのように、完全にロシアの策略に振り回されている国もあれば、ハンガリーのように短絡的なポピュリズムの結果、ヨーロッパの連帯を乱し、ロシアを利する行動を取る国もある。逆に、モルドバのように国民の意思でプーチンの策略を失敗させる例もあれば、モンテネグロのようにプーチンの策略を巧妙にかわしながら、ロシアを利用する強かな指導者を持つ国もある。

たしかに、ロシアは無敵の国ではない。しかし、極めて強く狡猾であることは間違いない。事実、今のヨーロッパにとってロシアは大きな脅威となっている。最大の脅威は当然、直接の軍事力の行使によるものだが、それだけではない。ロシアの軍事力の脅威に直接、脅かされている国は主にロシアの隣国か、隣国の隣国、つまり地理的に近い国だ。地理的に離れた西ヨーロッパにおいて、現時点ではロシアの軍事力よりも、工作活動が大きな脅威となっている。

一般人を装うインターネット煽動員

ヨーロッパにおけるロシアの工作は多種多様であり、全ては把握できない。最も代表的なものはハッカーやサイバー攻撃、機密情報の盗難やリーク、陰謀論、デマ拡散による攪乱工作や世論誘導、集団ヒステリーの煽動、インフルエンサーや政治家の買収などである。

本節では、ロシアの工作のいくつかの事例を紹介したい。また同時に、それらは実際のロシアの工作の規模からすれば、氷山の一角に過ぎないということを念頭において頂きたい。

各国における世論誘導は、『RT（ロシアトゥデイ）』や『スプートニクニュース』などのプロパガンダ系メディアだけではなく、一般人を装うインターネット煽動員によって行われている。ロシアは大量にSNS（ソーシャル・ネットワーキング・サービス）において偽アカウントやグループなどを作り、各国で現地人を装いながらロシアに有利な情報を拡散し、世論工作を行なっている。

なかにはジャーナリストを名乗る者もおり、現地の本物のジャーナリストや政治家に取材、接触を試みることもある。ツイッター、フェイスブック、インスタグラムなどSNSの大手事業者は定期的に偽アカウントの大量削除を行なっているが、それでも新たなアカウントが再び大量に作成され、制御できなくなっている。

ロシアの情報工作は多面的であり、拡散されている情報は時期や国によって違う。その時に応じてロシアに最も有利な情報を流し、各国において該当国に特化した情報を流す。

ヨーロッパの例ではないが、2020年のアメリカ大統領選挙において、ロシアは共和党・民主党の両陣営に向かって、互いを猛烈に批判する情報を流していた。民主党支持者には「共和党は極右、ファシストの勢力だ」と流し、共和党支持者には「民主党は極左、共産主義者の勢力だ」とプロパガンダを流していた。

ロシアの目的は、民主党・共和党のどちらかを勝たせることではない。両陣営が互いを憎みあい、アメリカ社会が分断することである。なぜなら、分断されたアメリカは国内が混乱し、ロシアの世界中における悪事を追及する余裕がなくなるからだ。

サイバー戦争

ロシアは世論工作と同時に、西洋各国に対してサイバー攻撃を定期的に実施している。筆者の意見では、現状はもはや「サイバー戦争」と言ってよいだろう。数回の事件だけなら「サイバー攻撃」という言葉が適切だが、ロシアは国家戦略として、定期的に大規模なサイバー攻撃を実施し、情報や技術を盗み、西洋全体の弱体化を狙っている。まさに「戦争」の定義に該当する行為だ。

近年の大規模な事件は、2020年12月に公表された「SUNBURST」という名のサイバー攻撃である。同年、ロシアのハッカー集団がアメリカを始め西洋諸国の国家機関や民間企業のコンピューターシステムに侵入し、約半年にわたって情報を盗んでいた。攻撃を受けた多くの国家機関の中で、最も代表的なのはアメリカの国土安全保障省、財務省、商務省。民間企業の代表例はマイクロソフト、NVIDIAである。

SUNBURSTは当時、史上最大のアメリカに対するサイバー攻撃だと言われていた。数時間の情報の盗難でも大打撃なのに、約半年間、ロシアがアメリカの国家機関から気づかれずに内部情報を盗んでいたと思うと、本当に恐ろしい事件だ。これほど大規模な攻撃は、民間の集団には不可能だ。ロシアの諜報機関による組織的な攻撃であることは間違いないだろう。

また、オランダの報道によると、2020年に新型コロナウイルスのワクチンの承認審査を行うEUの機関、欧州医薬品庁に対して、中国のスパイとロシアの情報機関がサイバー攻撃を加えていた。中ロの攻撃によって、医薬品庁のサーバーに保存されていたワクチンに関する資料やデータが盗まれた。当時は大国間で激しいワクチン競争が行われていた時期であり、中ロが西洋が開発したワクチンの最新データを手に入れるためにサイバー攻撃を起こしたことは明らかだった。

2020年10月、EUはロシア連邦軍参謀本部情報総局（通称：GRU）のイーゴリ・コスチュコフ局長をはじめ、数名のロシア諜報機関の関係者に資産凍結などの個人制裁を科した。制裁の理由は、2015年のドイツ連邦議会に対するサイバー攻撃であった。連邦議会のコンピューターシステムが一時麻痺し、連邦議会は数日間インターネットから切断された。多くの個人、国家の情報が盗まれ、メルケル首相をはじめ、多くの議員のメールアドレスがハッキングされた。そして2020年5月、メルケル首相は「攻撃の責任はロシアにある」と発言している。

サイバー攻撃に加えて、典型的なスパイ活動（機密情報の盗難）も活発だ。ロシアの諜報機関は日常的に現地人を勧誘し、その国の機密情報を現地人から受け取り、報酬を支払っている。近年の事件だと、2018年にオーストリアで、2020年にはフランスで、軍関係者がロシアのためのスパイ活動の容疑で逮捕されている。また2021年には、ドイツ連邦議会の電子機器のメンテナンスを行う企業の職員がスパイ容疑で捜査されている。在外ロシア大使館に所属している外交官も現地でスパイ活動を行なっており、ロシアの外交官がスパイ活動によって追放された、というニュースが定期的に流れている。

サイバー攻撃や典型的なスパイ活動以外では、ヨーロッパ各国の政治家の懐柔工作も、ロシアにとって極めて大きな役割を果たしている。各国で影響力のある人間を懐柔すれば、直接の攻撃や脅しを掛けなくても、相手国を操ることができるからだ。自国が余計な批判を受けずに済むので、ロシアはかなり力を入れている。

要人の買収

ロシアに買収されたヨーロッパの大物政治家の代表格は、1998年―2005年にドイツの首相を務めたゲアハルト・シュレーダーである。

彼は現役時代からプーチンと仲が良く、2005年の退任後、いくつかのロシア国営企業で取締役を務めている。たとえば、ガスプロムが建設したガスパイプライン「ノルド・ストリーム」の運営会社「Nord Stream AG」の会長をシュレーダーが務めている。さらに、ロシア最大の国営石油会社「ロスネフチ」の会長も務めている。

ロシアから受け取る高額報酬の代わりに、シュレーダーは自分の影響力を、ロシアの戦略を実行するために使っている。ヨーロッパの安全保障を大きく脅かす「ノルド・ストリーム2」のパイプライン建設を推進するなど、ドイツとロシアの経済的な繋がりを強化している。

また、彼は一貫して対ロ制裁に反対し、クリミア半島をウクライナに返還することは不可能だと主張している。さらに、ウクライナに平和が訪れるために、連邦制を採るべきだとも言っている。

ウクライナが連邦制になるというのは、ロシアは何年も前から主張していることだ。ロシアの狙いは、ウクライナを連邦にして一州ずつ乗っ取り、段階的にロシアに組み込むことである。ウクライナを一気に併呑するのはいくらロシアでも難しいので、分断して少しずつ飲み込むことを狙っている。ロシアの狙いは誰が見ても明らかで、シュレーダーもそれを理解しながら、ロシアが侵略しやすい状況づくりを呼び掛けているのだ。

シュレーダー以外にも、ドイツの大手企業の役職経験者は、しばしばロシアの国営企業でポストを得ている。言うまでもなくこれは、普通の雇用ではない。高額報酬で懐柔した人の影響力を利用し、彼らの出身国であるドイツでロシアのためにロビー活動をさせるのが目的だ。

ロシアに買収された大物政治家は、ドイツ人だけではない。２０００年―２００７年にオーストリア首相を務めたヴォルフガング・シュッセル（オーストリア人民党、保守）も、ロシアの大手石油会社「ルクオイル」の取締役を務めている。ルクオイルは民間企業だが、ロシアにおいては当然、全ての大手民間企業が政権に繋がっており、政権の意向に従って動いている。事実上、シュッセルはプーチンに雇われていると言ってよい。

また、２０１６年5月―２０１７年12月にオーストリア首相を務めたクリスティアン・ケルン（社会民主党、リベラル）も、「ロシア鉄道」で取締役を務めている。

さらに、２０１７年12月―２０１９年6月にオーストリア外務大臣を務めた女性カリン・クナイスル（自由党、極右）も「ロスネフチ」で取締役を務めている。クナイスルは２０２０年から、ロシアのプロパガンダメディア『ＲＴ』でコラムを担当している。

クナイスルとプーチンの友好関係を物語る、有名なエピソードがある。2018年、クナイスルは結婚をした。オーストリアのガムリッツで開かれた結婚式にはプーチンが出席し、クナイスルとペアを組んで踊っていた。皇帝を自認するプーチンがわざわざオーストリアまで結婚式に出向いたのは、多くのことを物語っている。最も重要な点として当時、クナイスルは現役の外務大臣だった。つまり、彼女はプーチンにとってオーストリアを動かす重要な道具だったことが想像できる。

いま挙げたオーストリアの三人の元権力者は、それぞれ違う政党に所属し、政治的な立場も異なる。しかし、全員に共通するのはプーチンから高額報酬を受け取り、ロシアの戦略の手助けをしている点だ。つまり、プーチンに協力するために必要なのは「信念」ではなく、「信念のなさ」である。三人は信念が欠如しているからこそ、プーチンの金で釣られ、自国の国益をロシアに売っているのだ。

ちなみに、クナイスルが所属するオーストリア自由党は親ロの論調が強く、プーチン政権の与党でロシアの最大政党「統一ロシア」と協力協定を結んでいる。他にも、ヨーロッパ各国における偽装右翼政党、たとえばフランスの「国民連合」(旧名：国民戦線)や「ドイツのための選択肢」、イタリアの「同盟」(旧名：北部同盟)、「英国独立党」などは、ロシア系メディアから支持を受けて親ロ論調を展開し、ヨーロッパの連帯を乱している。こうした状況もロシアの工作の結果だと言える。

何度も繰り返すが、本物の右翼は、親ロではあり得ない。右翼はまず、自国のアイデンティティや伝統、独立、そして自国の防衛・安全保障を第一に考えるはずだ。そして、ロシアはヨーロッパ各国の安全保障と独立にとって最大の脅威であることは明らかだ。ロシアは明らかにヨーロッパの支配を目論んでいる。覇権の意図がなければ、隣国に侵略しないし、軍拡も長年、続けない。反欧米・反自由主義のプロパガンダも、本節で取り上げた多面的な影響力工作も行わない。

これほど明確な脅威がある中で、もしロシアが再び強大になり、前述の工作が成功すれば、ヨーロッパ各国がロシアの支配下に陥ることさえあり得る。本物の右翼なら、ロシアを警戒するはずだ。ところが、各国の偽装右翼は警戒どころか、ロシアを賞賛している。この振る舞いは決して右翼の正しい在り方ではない。

にもかかわらず、現実はヨーロッパ各国に親ロ勢力がある。これもロシアの工作の結果だと考えるのは、自然なのではないだろうか。たしかに現時点で明らかになっているのは、ロシア系のメディアが各国の偽装右翼を支持していることだけだ。また、フランスの「国民連合」が一時ロシア系の銀行から資金を受けたことや、イタリア「同盟」の重鎮が不自然なほど頻繁にロシアを訪れるなど、直接的な協力に関する断片的な情報もある。

しかし、ロシアが大規模かつ組織的に各国の偽装右翼に資金を提供している証拠や、彼らが直接ロシアからの指示に従って動いている証拠がない。ロシアは当然、偽装右翼に対する工作が発覚しないよう巧妙に形跡を隠すはずである。とはいえ、状況証拠だけでも繋がりは明らかであり、ヨーロッパ各国の偽装右翼の活動はロシアの工作の一環だ、と認識しても大方間違いはないだろう。

西ヨーロッパの中で、最も親ロ傾向が強い国はイタリアである。先述した「同盟」は完全に親ロであるが、同党だけではない。イタリアの首相を長く務め、今でも同国で大きな影響力を持つシルヴィオ・ベルルスコーニは、長年のプーチンの友達である。以下、イタリアの親ロ傾向を表す二つのエピソードを紹介したい。

2016年に、イタリア北東部のヴェネト州の州議会がロシアに対する制裁解除を求め、クリミア半島のロシア帰属を認める決議を行なった。イタリアの外務大臣はすぐさま、政府の立場はクリミアがウクライナの領土であるということに変わりはない、と声明を出したが、州議会レベルでロシアの侵略行為を堂々と正当化できること自体、イタリア政治が決して正常ではないことが分かる。

2017年には、イタリアでウクライナ人の兵士ヴィタリー・マルキウが逮捕された。罪状は、イタリア人記者の殺害だった。2014年、マルキウはウクライナ国家警備隊（ナショナルガード）の隊員として、ウクライナ東部の戦線で任務にあたっていた。同時期、戦況を報道するために戦線付近で活動していたイタリア人の記者が戦闘に巻き込まれ、死亡した。

イタリア警察は記者の殺害にマルキウが関わっているとして、彼を逮捕した。2年間の法廷闘争の結果、マルキウに懲役24年の判決が下された。その後、ウクライナ政府と各国のウクライナ人コミュニティがマルキウ釈放運動を行い、最終的にミラノ高裁は2020年11月に無罪判決を下し、彼は釈放された。実際に、マルキウは記者の死亡に関わっていない。しかし、イタリアの警察はなぜか彼を断罪した。確証はないが、ウクライナへの復讐を狙うロシアが、イタリアで行なった工作活動の一環とも考えられるのではないだろうか。

特定の目的を定めた工作活動も行われている。前節で言及した、モンテネグロのNATO加盟妨害と似たような工作は、マケドニアに対しても行われている。

2018年に、ギリシャはスパイ活動を行なったとして、ロシアの外交官を追放した。当局は、ロシア人が違法な情報収集やロシアの影響力拡大のため、ギリシャの政治家や官僚を懐柔しようとした、と発表している。

重要な目的の一つは、マケドニアの国名に関するギリシャとマケドニアの合意（詳細は第1章第2節を参照）の妨害である。当局の発表によれば、ロシアの外交官はギリシャの官僚に対して合意が結ばれないように働きかけ、同時にギリシャの極右勢力に対して合意への反対運動を促していた。

また、ギリシャ当局は同国にあるアトス山（女人禁制で、18歳以上の正教徒の男性のみ居住可）を「スパイの巣窟」と呼んでいる。正教会の修道院が集まる一大宗教施設である同山を、ロシアが諜報活動の拠点にしているという。ギリシャ政府は、アトス山への巡礼を目的とするロシア正教会の関係者の入国を禁止した。

同時に、ロシアはマケドニアに対しても似たような工作活動を行い、マケドニア人がギリシャとの合意に反対するよう焚きつけていた。幸い、ロシアの工作は最終的に失敗してマケドニアは無事にＮＡＴＯに加盟できたが、ロシアの戦略を理解するには格好の事例と言える。ギリシャがマケドニアに対して「マケドニアを名乗るな」と主張したのに対し、マケドニアは国名の維持を訴えた末、互いが譲り合ってマケドニアは「北マケドニア」に国名変更を行う、という妥協案に辿り着いた。

ところが、ロシアはギリシャに対して「マケドニアという単語を使うな！」というギリシャの強硬路線を再び焚き付けた。同時に、マケドニアに対しては「国名変更の侮辱を許すな！　マケドニアはマケドニアだ」という原則論を煽動した。両国で真逆な論調を煽動することによって、妥協案に至らないように工作を仕掛けたのだ。ロシアはギリシャの味方でも、マケドニアの味方でもない。両国間に分断を起こしてロシアの各国に対する影響力を強めるのが目的である。この意図を見誤った「愛国者」の目には、ロシアの煽動が正論に見える時がある。しかし「木を見て森を見ない」ようでは駄目だ。ロシアが何のために自国にとって気持ちのよいことを言うのか、狙いを見極める必要がある。

ロシアは言論だけではなく、ガスの供給まで地政学的な戦略に利用している。一見、ロシアがヨーロッパに天然ガスを売るのは、ただの金儲けに映るのかもしれない。たしかに、ガス供給はロシアにとって重要な商売であり、ロシアの経済の基盤とさえ言える。しかし、それだけではない。ロシアは、ヨーロッパ諸国をロシアのガス供給に依存させようとしている。つまり、ヨーロッパ市場を独占し、ロシアを唯一のガス供給先にすることが狙いである。

そうなれば、供給者と消費者の立場が逆転する。普通なら金を払う消費者の方が強く、不満があれば供給者を変えることができる。しかし、供給者が一人しかいない場合は「言うことを聞かなければ、ガスを止める」という脅しが効く。ヨーロッパ諸国がロシアの度重なる悪事を見逃しているうちに、ロシアは次から次へと新しいガスパイプラインを建設している。

今、ヨーロッパで争点となっているのは「ノルド・ストリーム2」というガスパイプラインである。これはまさに商売とは何の関係もない、地政学的な戦略である。ノルド・ストリーム2はバルト海底を通り、ロシアとドイツを直接繋ぐパイプラインである。

もしこのパイプラインが完成し、開業されてしまったら、現在の東ヨーロッパ諸国を通る陸上パイプラインがなくても、ロシアは西ヨーロッパに十分な量のガスを供給できる。すると、ロシアはウクライナを始め、東ヨーロッパで戦争を起こし放題となる。現在、東ヨーロッパを通るパイプラインはロシアが大規模な戦争を起こさないための抑止力として機能している。仮にロシアがウクライナやベラルーシ、モルドバなどで大規模な戦争を起こせば、各国を通るガスパイプラインが破壊される可能性がある。ロシアにとってガスの輸出は経済の基盤だから、簡単に収入源を無くすわけにはいかない。

ところがバルト海底を通るノルド・ストリーム2が開業すれば、東ヨーロッパを通らなくてもガスの輸出ができる。したがって、東ヨーロッパで戦争を起こし、陸のガスパイプラインが破壊されたとしても、ガスの供給は止まらず、輸出による収入も減らない。だから、ロシアはどんな手を使ってでも、絶対にノルド・ストリーム2を完成させたいのだ。同パイプラインの開業にはウクライナはもちろん、バルト三国、ポーランド、ルーマニア、そしてアメリカが猛反発している。しかし、ドイツを始めとする西ヨーロッパ諸国は地政学的な危険性を理解せず、パイプラインの完成を容認している。

ヨーロッパにおける中国の工作については、まだ明らかになった事例が少ない。中国に対する警戒はそれほど高くなく、ヨーロッパ各国が油断しているからだと思われる。それだけに第2節で言及したハンガリーにおける中国の影響力が、工作の結果だと考えるのは自然である。

２０１８年に『南ドイツ新聞』が、中国のスパイがドイツ連邦議会をはじめ、国家機関に侵入を図っていると報道した。同紙によると、中国の国家保安省の主導で中国のスパイがＳＮＳなどで大量に偽アカウントを作り、議会議員や各国家機関の職員に接触、勧誘を試みていたということである。中国のスパイは実業家などを装い、工作対象者との共同事業や高額報酬を提案したという。

２０１９年には、ＥＵの外交と安全保障を担当する組織「欧州対外行動局」（ＥＥＡＳ）がＥＵ諸国の外交官に対し、中国とロシアのスパイの活動に注意するように促している。ＥＥＡＳによると、ブリュッセル（ＥＵの首都、ＥＵの行政機関が集中するベルギーの都市）には２５０人の中国のスパイと、２００人のロシアのスパイが集中的に活動しているということである。

「中国の脅迫によって急死した」

中国の恐ろしさについては、チェコの上院議長が急死した事件がよく物語っている。２０１９年10月、当時のチェコ共和国上院議長であるヤロスラフ・クベラを団長として、チェコの代表団が２０２０年2月に台湾を訪問することが発表された。クベラ上院議長は、大統領と首相に次ぐ国家のナンバー3であり、台湾の国際的な地位の上昇に繋がる訪問として期待されていた。

その後、クベラ議長は中国の大使館から、訪台を中止するように何度も脅迫を受けた。2020年1月17日、クベラ議長は駐チェコ中国大使館の春節賀詞交歓会に招かれた。宴会中、クベラ議長は中国の大使に呼びつけられて約30分間、一対一で話した。会談後、クベラが消耗しきった様子で戻って、妻に「中国側の用意したものは、いっさい飲み食いしてはならん。危険だ」と話した。その3日後、1月20日にクベラ議長は急死した。死ぬまでの間、彼はひどい鬱状態だったという。

遺品整理を行なった妻は、中国大使館からの文書を発見した。内容は、脅迫状のような口調だった。彼女は「夫は中国の脅迫によって急死した」と断言している。クベラ議長は事実上、中国に殺されたと言ってよい。70代で健康が万全ではない彼に、悪質な脅迫を送り続けることによって、中国は彼を死に追いやったのだ。たとえ遠く離れたヨーロッパであっても、中国に盾突く人間が安全でいられる保証はない、という事実を常に念頭に置かなければならない。

ちなみに、クベラ議長に圧力を掛けたのは中国だけではない。チェコの大統領ミロシュ・ゼマンも加担していた。ゼマンは極端な親中・親ロ派として知られている。ゼマン大統領もまた、クベラ議長に対して中国との関係が悪くなるから、訪台をやめるように圧力を加え、中国と同じように、脅迫状とも取れる文書を送った。ゼマンの振る舞いもまた、中国の工作の一環として認識するのが自然である。恐らく中国は、ゼマンに様々な利益を約束して彼を懐柔したのであろう。

クベラ議長の急死によって、代表団の訪台は延期になった。しかしミロシュ・ビストルチル新上院議長が中国の脅迫を批判し、クベラ議長の遺志を受け継いだ。2020年8月、チェコ代表団の団長として訪台を行なったのである。その際、ビストルチル議長と蔡英文総統の会談も実施された。

新型コロナウイルスのパンデミックが勃発した頃、中国の「マスク外交」「医療支援外交」が目立った。苦しんでいる国に恩を売って、影響力を強化するという狙いは明確だった。たとえば中国の支援を受けたセルビアでは、首都ベオグラードの街中に、習近平国家主席の大きな看板が設置され、大きく「習兄貴、ありがとう」と書いてあった。中国とセルビアの友好を強調する看板もあった。中国がセルビアに医療チームを送り、一行がベオグラードの空港に到着した際には、セルビアの大統領自らが出向き、中国の国旗にキスをした。明らかに、独立国の元首としてあり得ない振る舞いだ。さらにセルビアの大統領は「欧州の連帯など存在しない。助けてくれるのは中国だけだ」とまで放言している。

セルビアは現在もEUとの加盟交渉を行なっているが、はたしてこのような国を加盟させてよいのか、筆者は疑問に思っている。このような露骨な媚中路線は、工作の結果以外には考えられないからだ。

以上のように、ヨーロッパにおける中国とロシアの工作は多種多様であり、レベルが高いと言わざるを得ない。目的も多種多様であるが、全ての工作に共通しているのは、ヨーロッパにおける影響力を高めるという意図である。同時に、ヨーロッパ各国は中ロの工作に対して十分な備えをしておらず、危機感も持っていないことが分かる。

日本では「中国は世界中から敵視されている」と思う人も多い。だが、それは間違いだ。ヨーロッパにおいてはむしろ、中国を敵視する人が少ない。たしかに、ヨーロッパのメディアは中国を批判することがある。ウイグルの人権問題や、香港の民主運動の弾圧、新型コロナウイルス発生初期の情報隠蔽などは、ヨーロッパの情報空間で問題視されている。

しかし、それはあくまでメディアの話であり、国家首脳レベルでの中国批判は稀だ。中国の露骨なスパイ活動は当局の取り締まりの対象になっているが、国家間の関係には大きな影響を与えない。だから「ヨーロッパは中国を敵視している」という甘い期待は捨てるべきである。

もちろん、現在のヨーロッパの対中・対ロ姿勢は間違っている。中国もロシアもヨーロッパにとって大きな脅威であり、完全な敵であることは明らかだ。両国の脅威を理解していないヨーロッパ諸国の指導層は「平和ボケ」している、と言わざるを得ない。ヨーロッパが中ロを敵視しなくても、彼らは一方的にヨーロッパを侵食し続け、いずれは乗っ取りに来るだろう。そうならないように、ヨーロッパは認識を改めなければならない。繰り返すが、中ロが率いる独裁主義陣営と、米欧を中心とする自由・民主主義陣営の新冷戦はもはや避けられない。ヨーロッパ諸国が現状の認識を続けるなら、後者が負ける恐れがある。

平和ボケするヨーロッパを見て、日本人はどう考えるべきか。まず認識しなければならないのは、本章で解説したヨーロッパの重度な平和ボケの状態さえ、日本の現状より遥かにましだ、ということである。ヨーロッパ諸国には「平和憲法」もなければ「非核三原則」もない。防衛費の対GDP比1％枠もなければ、武器輸出に関する自主規制もない。何よりも、ヨーロッパではNATOという強力な軍事同盟が存在し、加盟国の平和を維持している。精神的な面においても、物理的な面においても、日本はヨーロッパ以上に危険な状態にある。

日本の課題は山積みだが、ヨーロッパから学べることは多い。教訓の最たるものが、短絡的なポピュリズムや目先の利益の追求に陥ってはいけない、ということである。他国に過剰な期待をせず、自国を強化する努力を常に続けるべきだ。そして、独裁国の中ロの「甘いお誘い」を断固拒否し、彼らの工作活動を厳しく取り締まるべきである。国際連帯はとても大事だが、日本が国家意思を持たなければ、連帯は不可能だ。だから、まずは自身が強くなるしかない。そのためには独裁国の危険性を正確に認識し、日本の国力を高める明確なビジョンを持つ政治家を育てなければならない。

第4章 ◉ もし日本がNATOに入ったら

第1節　バイデン時代のアメリカの世界戦略

前章で解説したように、現在のヨーロッパは重度の平和ボケに陥っている。それに対して、アメリカはどうか。もちろんアメリカも多くの問題を抱えているが、安全保障に関する認識はヨーロッパ諸国の平均よりしっかりしている、と言えるだろう。

何より、アメリカでは国政レベルにおいては親中派や親ロ派がいない。民主党、共和党の両陣営は基本的な安全保障の認識が共通している。方法論について多くの異なる点はあるが、独裁国の悪事を見て見ぬふりをするようなことは、両陣営ともしない。世界の安全保障を担い、自由・民主主義陣営の盟主の資格を持つのは、やはりアメリカだけである。

第1、第2章で何度も言及したように、日本はアメリカに依存してはいけない。自国で国防の努力をするのは必須の作業である。しかし同時に、自由・民主主義陣営の盟主であるアメリカとの関係は極めて重要だ。そしてアメリカとの関係を維持・発展させるには当然、アメリカの世界戦略を理解しなければならない。

民主主義国の人権課題と独裁主義国の人権蹂躙は別

先述したように、アメリカでは民主・共和両陣営は基本的な安全保障に関する認識を共有している。もちろん個々の方針の違いはあり、保守の共和党はどちらかと言うと軍事の面、ハードパワーに基づく国際秩序の維持に重きを置く。リベラルの民主党はどちらかと言うと国際法に基づき、国際的な場（国連などの国際機関）において独裁国に自制を求め、人権尊重に力を入れ、ソフトパワーを重視する。

党派の姿勢以外にも、時の指導者の個人的な考え方も国際戦略にある程度、影響を及ぼす。たとえば、トランプ前大統領の外交方針では単独主義が目立った。アメリカは同盟国の思惑を気にせず、正しいと思うことを次々に実行してきた。また、トランプは対中国、イスラエルなど特定の国際問題に重点的に取り組み、普遍的な戦略は弱かった。つまり、大事だと思う項目だけに傾注し、他は放置したということだ。

トランプは中国との問題、イスラエルとアラブ諸国の国交正常化の問題にかなりの成果を上げた。だがヨーロッパとの関係は重視せず、欧米間の関係は冷え込んだ。トランプがロシアとの取引を望んでいたところに、彼の地政学に関する理解不足が窺える。価値観外交と実利外交の軸のうち、トランプはかなり実利外交に傾いていた。

しかし同時に、トランプは軍事費を増加した。それだけではなく、ＩＮＦ全廃条約を破棄したのは本当に英断だ。中国はそもそも参加しておらず、ロシアもまともに守らないＩＮＦ条約は、アメリカの戦略の足枷となっていた。同条約の破棄に踏み切ったことは、トランプ政権の大きな業績である。

トランプは新戦略兵器削減条約（新ＳＴＡＲＴ、２０１１年発効）についても、破棄寸前まで持ち込んでいる。だが、同条約の失効直前にアメリカで政権交代が起こり、バイデン新大統領が新ＳＴＡＲＴを延長したのは残念なことである。新ＳＴＡＲＴによって、戦略核兵器の軍拡競争は事実上、不可能になった。同条約は保有可能な核弾頭の数量は制限しないが、核兵器の配備数や運搬手段（大陸間弾道ミサイル、戦略爆撃機など）については制限が課される。核の分野における軍拡競争が不可能になり、アメリカはロシアを追い詰める貴重な手段の一つを失ってしまった、ということだ。

バイデン大統領が軍拡競争を重視しないのは、彼の指導者としての欠点である。一方でトランプと異なり、ヨーロッパとの関係を重視して単独主義路線を取らないのは長所だ。また、重点的に一部の問題に取り組んだトランプと対照的に、バイデンは全ての問題に少しずつ取り組む姿勢を取る。簡単にいえば、バイデン政権では放ったらかしの問題はなくなるだろう。だがアメリカの力も限られているので、一つひとつの問題の解決が遅れる可能性がある。

バイデンは人権問題に重きを置いており、「人権」はバイデン政権の外交政策の重要な分野となる。アメリカは、独裁国による人権蹂躙に対してより敏感に、積極的に追及を行うだろう。バイデンが提案している「民主主義会議」の構想は、その一つの表れだ。実現すれば、「民主主義会議」は世界の人権問題について話し合い、対策を練る国際的な場になるだろう。

バイデン政権が独裁国、とくに中国、ロシア、北朝鮮、イランなどにおける人権問題を調査し、人権蹂躙をやめない政府に対してさらなる制裁措置を実施する可能性が高い。

そして日本も、人権外交を重視するバイデン政権の方針を意識しなければならない。日本の敵である中国、ロシア、北朝鮮は同時に、世界最大の人権蹂躙国でもある。日本はまずバイデン政権に三カ国の人権問題を追及し、制裁措置を取るよう働きかけるべきだ。とくに中国の人権問題は、第一に取り組むべき課題である。

日米欧の左派リベラル勢力が「人権問題」という言葉を使う時は十中八九、自由・民主主義国における人権の話をしている。しかし、これでは不十分だ。自由・民主主義諸国の中にも人権尊重に関する課題はあるが、独裁主義国における人権蹂躙と比べられるレベルではない。自由・民主主義国内の人権の課題と独裁主義国の人権蹂躙を同列に並べること自体、人権の問題を相対化して独裁国を利するだけである。つまり、独裁国に対して「こっちも問題があるが、そっちだって同じじゃないか」という言い訳を与えることになるのだ。

だからまず、「人権問題」という表現が「独裁国による人権蹂躙」と同じ意味を指すような国際世論の雰囲気を作らなければならない。世界で「人権問題」という表現が使われた際、真っ先にウイグル人のジェノサイドや香港人の弾圧、ロシアが占領地で犯す住民の迫害が頭に浮かぶ状況を目指し、情報発信や外交努力をしなければならない。

もはやクリントン、オバマ式の「甘やかし」はない

日本が正しい切り口から発信を行えば、人権重視のバイデン政権は応じるだろう。だが、今の日本政府にそこまでの行動を求めるのは難しい。まずは国内から日本政府に対して「迫害されている民族の人権を守れ」と呼び掛けるべきである。

バイデンは人権を重視するとはいえ、安全保障に全く手をつけないわけではない。共和党政権より対応は柔らかくなるが、いまや中ロは本性を表しているので、もはやクリントン、オバマ式の「甘やかし」は起きないだろう。

民主党政権は伝統的にロシアに甘かったが、その時代はもう終わっている。民主党もオバマの時代に懲りたのだ。オバマはロシアに対して宥和路線を取り、米ロ関係の「再起動」を表明した。オバマは、アメリカがいままでのロシアの悪事を許し、過去を水に流し、白紙から米ロ関係を築き上げる、と公言したらロシアもある程度、話を聞き、協力すると思っていた。

ところが、ロシアはオバマの態度を弱さと認識し、クリミア侵略などさらに輪を掛けて大規模な悪事を始めた。米ロ関係の「再起動」路線はロシアの悪事を助長し、オバマは大恥をかいた。当時、副大統領だったバイデンは一連の流れを見ているので、オバマのようにロシアに甘い期待はしないだろう。

また、ロシアは２０１６年および２０２０年のアメリカ大統領選挙で、いずれもトランプが当選するよう世論工作に動いた。もちろん、ロシアの工作でアメリカの大統領選挙を左右できるかどうかは分からない。しかし実態はどうであれ、民主党は２０１６年の敗北はロシアのせいだと思っている。さらに２０２０年の選挙の直後、選挙で「不正」があったという根拠のないデマの拡散にもロシアはある程度、加担していた。民主党がロシアに恨みを抱いているのは想像に難くない。

では、バイデンのアメリカは中国とロシア、どちらの抑止に力を入れるのか。もちろん両国は世界の安全保障に対する脅威だから、どちらも牽制するだろう。力の入れ具合は、今後の中ロの動き次第である。民主党はロシアに私的な恨みがある。だが、核兵器以外の戦力で中国はロシアより遥かに強い。したがって、対中抑止がメインになる可能性がある。

もし中国がこれ以上、侵略主義の路線を進まず、しばらくおとなしくなるならば、バイデン政権は私怨のあるロシアに集中できる。しかし現実問題として、世界帝国を夢見る習近平国家主席の暴走が止まる気配はない。したがって第一の脅威として、対中抑止が戦略のメインにならざるを得ない。第二の脅威であるロシアへの圧力は、必然的に二番目となる。

バイデンが「親中」なら安倍は「超媚中」

日本の保守層の中には「バイデンは中国に甘い」という固定観念が浸透している。だが、それは間違いだ。「トランプほど厳しくない」というだけで、決して甘くはない。民主党は、中国が最大の地政学的な試練であることを公言している。また、トランプ政権末期に決定したウイグル人のジェノサイドの認定も引き継いでいる。トランプ政権が実施した一連の対中制裁にアメリカ議会の承認を得る際、当時の野党だった民主党の議員たちは賛成している。さらに軍事の面でも、アメリカ軍が西太平洋地域への配備を手薄にするようなことはないだろう。バイデン政権は人権を重視しているため、方法論の面で変化はある。だが、中国の危険性を理解していないわけではない。

日本において、とくに安倍前首相の支持者の一部が「バイデンは親中だ」と言っているのはおかしい。少なくとも、安倍前首相や菅首相より、バイデンはよほど中国に厳しい。バイデンを「親中」だという基準に照らすなら、安倍は「超媚中」だということになるだろう。対中強硬姿勢の度合いで考えると、仮に共和党を100点だとして、民主党は60点だが、日本の自民党は10点、安倍前首相はせいぜい20点だ。他の国政政党はゼロ点に近い。

実際のところ、日本政府がアメリカ民主党と同じ程度の対中路線を取ることができれば、上出来といってよいだろう。

そもそも、アメリカは世界の覇権国だ。二大政党のどちらの党が政権を取っても、この事実は変わらない。民主党も当然、アメリカが覇権国であることを理解し、世界の力関係において首位の座を奪われることを許さない。

対して、中国は世界覇権国への挑戦者だ。覇権を握るアメリカが、自らの地位をあっさり挑戦者に譲ることなどあり得ない。「覇権国が権勢を奪われることを容認する」と思い込むことが、重度の「平和ボケ」である。自国の覇権が危ういと判断したら、覇権国は即、挑戦者を潰しにかかるだろう。

日本正常化の絶好の機会

中国に対する日本の現状はたしかに厳しい。同時に、この状況は日本にとってチャンスでもある。前述のようにトランプ政権の時代、アメリカが同盟国に防衛費の対ＧＤＰ比を２％にするよう要求した。この軍事力増強のチャンスを日本は活かせなかった。しかし、アメリカの政権交代後に早速、次のチャンスが現れたのだ。

バイデン政権になってからも、アメリカ国務省は「アメリカによる日本防衛の誓約は絶対的だ」と表明し、西太平洋における日本の役割の拡大を期待している。インド太平洋軍のデービッドソン司令官も「中国が一方的な現状変更を目指すリスクが高まっている」と危機感を示し、「日本はこの地域における随一の同盟国であり、地域の安全保障にとって死活的に重要だ」と表明した。

さらにアメリカ国防総省も、西太平洋に限定すれば、中国軍の戦力の規模はアメリカ軍より圧倒的に大きい、と懸念を示している。このような発言から、バイデン政権は西太平洋における中国の危険性を認識し、対応の必要性を理解していることが窺える。アメリカは明らかに、西太平洋の安全保障の一翼を日本に担ってもらいたい、と考えている。

もし日本がバイデン政権の期待に応えることができれば、一気に戦後レジームからの脱却に繋がる。国際社会の要望に応じる形で軍事力強化を実行すれば、現実離れした左翼以外は誰も「軍国主義の復活」などという荒唐無稽な主張を口にすることはできない。

そして、日本が西太平洋の地域安全保障の一翼を担えば当然、国際的な地位が上昇して尊敬される国になるだろう。つまりアメリカが実行している世界戦略は、日本正常化の絶好の機会にほかならない。この機会を活かすことが、次の世代に対する責任である。今までのように、何度も正常化の機会を見逃す愚行を続けてはならない。日本がこの機会を逸すれば、現実に中国の属国になることさえあり得るだろう。

第2節　ＮＡＴＯの「盾」となったウクライナ

あり得ないロシアの優遇と甘やかし

筆者の母国であるウクライナは今、独裁国のロシアと自由・民主主義の欧米諸国の対立の最前線にある。ウクライナ人にとって大変不幸なことであるが、わが国はロシアと国境を接している。そのため長年、ロシア（モスクワ王国、ロシア帝国、ソ連、合計３３０年間）に支配されてきた。

冷戦時代の初期には、対立の最前線は東西に分断されたドイツだった。その後、自由・民主主義陣営の勝利によってロシアはヨーロッパにおける勢力圏を失い、ウクライナを含めて多くの国が独立を果たした。

しかし、信じ難いことに冷戦終了の直後、アメリカを始めとする西洋諸国はロシアが犯した想像を絶する犯罪の数々を不問にした。それどころかロシアの優遇と援助を始め、１９９０年代を通じてロシアへの経済支援を常に行なってきた。

さらに、あろうことかロシアの核保有まで当然のように黙認されてしまった。「なぜ冷戦の勝者が敗者の核保有を許すのか」という疑問は、当時の西洋諸国の首脳には浮かばなかった。また、ソ連が持っていた国連安全保障理事会の常任理事席を、ロシアが自動的に引き継いだ。「なぜ多くの侵略行為を犯した国が常任理事国になるのか」という疑問も、誰も思い浮かばなかった。さらに、ロシアが継続支配する諸民族（チェチェン人、タタール人など）の自決権についての議論も欧米諸国はしなかった。

そして、ロシアはとうとうG7にも入ってしまった（G8）。1990年代にロシアが周辺諸国との間で起こした戦争も、完全に不問に付されることとなった。

あり得ないような西洋諸国の優遇と甘やかしの結果、ロシアは「何をしても許される」と確信するようになった。再び拡張主義路線を取り、年々、西洋に対する敵対行為が勢いを増している。そして地理条件から、ロシアの最初の大きな侵略ターゲットとなったのがウクライナである。ロシア帝国やソ連時代、ウクライナはロシアの植民地の中で最も重要な役割を果たしていた。なので当然、ロシアは真っ先に再び支配したい。

ウクライナが陥落すれば次のターゲットはNATO加盟国

2014年に、ロシアはウクライナを侵略し、クリミア半島（クリミア自治共和国）およびウクライナの東部2州（ドネツィク州、ルハーンシク州）で戦争が現在でも続いている。地理的にロシアとＮＡＴＯの間にあるウクライナは事実上、ＮＡＴＯの「盾」となっている。ウクライナが陥落すれば、ＮＡＴＯ加盟国が次のターゲットとなる可能性が高い。

第1章で解説したように、ロシアはＮＡＴＯの抑止力を恐れている。したがってＮＡＴＯ加盟国に対しては、直接の軍事攻撃を行う可能性はない。工作活動によって侵略の対象国を内部から混乱させると同時に、加盟国同士の同盟関係に揺さぶりを掛ける作戦がメインになる。

だから、ＮＡＴＯ諸国は「盾」であるウクライナに陥落してほしくない。かといって、ウクライナと一緒にロシアと戦うつもりもない。ＮＡＴＯ諸国は「可哀想だけど、ウクライナと一緒に戦って血を流すのは無理だ」という感覚を持っている。

たしかにＮＡＴＯはウクライナに経済支援や技術支援、（殺傷兵器の提供を含む）軍事支援を行なってきた。ＮＡＴＯ諸国の軍はウクライナに軍事アドバイザーを派遣し、ウクライナ軍の訓練にも協力してきた。ＮＡＴＯ軍とウクライナ軍の合同軍事演習も定期的に行われている。対ロ制裁も実施中であり、ロシアを極めて強い口調で批判する加盟国もある。今後もウクライナに対し、様々なかたちで支援を行うだろう。

それでもやはり、ウクライナを侵略したロシア軍を排除するために軍事行動を起こすようなことはない。ＮＡＴＯ加盟国に対する侵略なら話は別だが、防衛義務のないウクライナのために自国の兵士を死なせるようなことは、国内の世論が容認しないからだ。

バイデンはウクライナを理解している

今、ウクライナには冷静さと執拗さが同時に求められている。つまりNATO諸国がウクライナを守らず、地政学的な「盾」として利用していることに対する怒りや失望を抑え、NATO諸国との良好な関係を維持できる冷静さが必要である。

同時にNATOがウクライナ支援を怠らないよう、常にNATO諸国に働きかけつづける執拗さが必要である。NATOがウクライナの問題を忘れてしまい、ロシアに対する圧力を緩めないように、ウクライナの多面的な外交努力が求められる。NATO加盟国と良好な関係を保ちながら、支援を求め続けるのは大変難しい。だが厳しい現実を前にして、ウクライナには他の道を選択する余地がない。

現時点で、ウクライナにはNATOに加盟する見込みがない。NATOは加盟の条件として戦争中でないこと、領土問題を抱えていないことを求める。NATOの目的は戦争を抑止し、領土紛争が起きないようにすることだ。しかし、それは「現在、戦争や領土問題を抱えていない国に、将来そうした問題が起きないよう抑止する」という意味である。現時点で戦争中の国、領土の一部を占領されている国を助けるための機構ではない。

したがって、ウクライナがＮＡＴＯに加盟するには、まず戦争を終結させて被占領地を解放し、領土的統一を回復する必要がある。加盟が可能になるのは、その後だ。もし今後、時代の変化によってＮＡＴＯの対応が柔軟になり、加盟国の指導者らが前記の条件を緩和する判断を下せば、状況は変わるだろう。だが、現時点でその見込みはない。

ロシアによるウクライナ侵略が終わり、平和が訪れるのは、おそらく何年も先のことだろう。正確には分からないが、現在の戦争が近いうちに終結する見込みはない。ロシアはウクライナの支配に強い願望を持っているので、簡単には諦めない。独立国であり続けたいウクライナも当然、侵略への抵抗を続ける。一方が支配を求め、他方が独立を求める。この状況では妥協の余地がない。よって、どちらかの勝利で終わらない限り戦争が続く。戦いの規模は小さくなるかもしれないが、完全な終結はあり得ない。

現体制においてロシアがウクライナを諦めない以上、戦争が終結する可能性は二つしかない。ロシアにおいて革命的変化が起きるか、もしくはロシアの財政難によって戦争継続が不可能になるかである。

また、ウクライナとロシアの戦争はいまや完全に新冷戦の一部となっている。戦争当事者のウクライナは自由・民主主義陣営から支援を受けており、対するロシアは独裁主義陣営の第二の盟主である。つまり、両国の戦いは世界の潮流から切り離された争いではなく、自由・民主主義陣営と独裁主義陣営の新冷戦の一局面なのである。

　したがって、この戦争の勝敗も終結の時期も、新冷戦全体の流れによって左右されるだろう。自由・民主主義陣営が早期の勝利を獲得できれば、ロシアによるウクライナ侵略も早く終わる。逆に新冷戦が何十年も続けば、必然的にウクライナとロシアの戦争も長引く。

　ウクライナについて「どちらの陣営にも入らずに、中立国もしくは『緩衝地帯』になればよいのではないか」という意見もある。だが、やはり現実的な提案ではない。なぜなら、ロシアはウクライナが「緩衝地帯」になることを決して許さないからだ。

　緩衝地帯は、対立する両者がその設置を合意した場合にのみ成立する。しかしロシアは、ウクライナをあくまでも自国の勢力圏として認識している。属国化こそあれ、中立化は断じて容認しない。仮に西洋がウクライナを緩衝地帯と認めても、ロシアは必ず征服しに来るだろう。

　したがって、ウクライナにとって主権と独立を守る唯一の方法は、自由・民主主義陣営の国になることだ。

　幸い、バイデンはウクライナの立場についてある程度、理解している。トランプ、オバマ、ブッシュ、クリントンの歴代アメリカ大統領は、誰もウクライナの置かれた状況について分からなかったし、関心もなかった。しかし、バイデンは違う。オバマ政権時、対ウクライナ外交を担当していたのがバイデンだったからだ。彼はウクライナの国内情勢を理解しており、ウクライナが直面している課題も認識している。バイデン政権はウクライナ支援を積極的に行う可能性があり、現在はウクライナがアメリカとの関係を強化する絶好のチャンスである。

前述のように、ウクライナの早期のＮＡＴＯ加盟は難しく、当面の間はＮＡＴＯの「盾」にならざるを得ない。しかし、加盟国ではなくても自由・民主主義陣営の一員として、アメリカを始めとする欧米諸国の重要なパートナーになる機会が訪れているのは間違いない。このチャンスを活かすかどうかは、ひとえにウクライナ人の努力次第である。

だが残念ながら、現時点で、ウクライナの内政は正常な状態ではない。２０１４―２０１９年に存在したポロシェンコ大統領の政権はかなり有能で、多くの実績を残した。しかし、２０１９年の選挙でウクライナはポピュリズムの嵐に巻き込まれ、コント芸人のゼレンスキーが大統領になった。ウクライナ人の多くは、「難しい問題に簡単な解決策がある」というポピュリストの甘言に騙された。

ウクライナのオリガルヒは全員ゼレンスキーを支持し、オリガルヒにコントロールされているメディアはポロシェンコ叩き、ゼレンスキー絶賛を繰り返した。

大統領として、ゼレンスキーは完全に無能だった。経済が著しく悪くなったし、対ロ戦略の数多くの間違いで、ウクライナの立場が不利になっている。また、新型コロナウイルスへの対応も最悪で、本来きちんと対策を取れば助かるはずの国民の多くが、疫病で死亡してしまった。

　また、ゼレンスキーはオリガルヒの利権拡大を黙認し、国民の富が不当に彼らに吸い取られている。バイデン政権はゼレンスキーに対して、オリガルヒの影響力を削ぐことを明確に要求している。しかしゼレンスキーは大統領でありながら、国益ではなく、事実上自分を大統領にしたオリガルヒを選んでいるのだ。

　これからがウクライナの正念場である。無能なゼレンスキー大統領に何かを期待するのは無駄である。なので、愛国心のあるウクライナ人が努力しなければならない。ゼレンスキーが無視できないレベルの国民運動を起こすことができれば、彼も対米協調路線を取らざるを得ないだろう。そしていずれ政権交代が起こり、有能な指導者が現れ、国民の支持を得たら、ウクライナは今のチャンスを活かせる。ウクライナは新冷戦の最前線にある自由・民主主義陣営の「要塞」になれるかもしれない。この展望を現実にするために、ウクライナ人は一度ポピュリズムに陥ったことを反省して、国家の方針の明確なビジョンを持たなければならない。

第3節　日本とウクライナがNATOに入れば世界は平和になる

本書の第1章で解説したように、ＮＡＴＯは世界最大の平和維持装置である。ＮＡＴＯは西・中央ヨーロッパにおいて、恒久的な平和を可能にした。また、ＮＡＴＯが東ヨーロッパに拡大してから、同じく恒久的な平和が東ヨーロッパの空間にまで伝播した。本書の最後となるこの節では、世界平和の実現についてシミュレーションを試みたい。

先述した「ＮＡＴＯ圏＝恒久的な平和が実現された空間」という論理で行くと、「全世界がＮＡＴＯに入れば世界平和が訪れる」という結論になる。だが、これはあまりにも非現実的な展開なので、期待できない。なぜなら、空間的な範囲を横においても、ＮＡＴＯとは自由・民主主義の価値観を共有し、基本的な安全保障の方針が共通する国同士の軍事同盟だからである。世界にこの価値観と方針を共有しない国は多く存在するから、全ての国がＮＡＴＯには入れない。

環太平洋地域の軍事同盟がＮＡＴＯと合併する

それでは、どこまで範囲を拡大すれば、ＮＡＴＯは世界規模での平和維持を可能にするのだろうか。

まず、太平洋における集団防衛体制の確立は極めて重要だ。太平洋の周辺には、自由・民主主義の価値観を共有する国がかなりある。日本、台湾、オーストラリア、ニュージーランド、チリ、メキシコ、アメリカ、カナダ。他にも中米や太平洋の島国で、自由・民主主義の価値観が通じる国はある。また、改革を進め、自由や民主主義を導入する努力をすれば、インドネシアやフィリピンなど、東南アジア諸国も見込みがある。このように、環太平洋地域には、強力な軍事同盟を築くポテンシャルが十分ある。

もちろん厳密に言えば、北大西洋条約機構は名前からして「大西洋」であり、太平洋までは拡大できない。実際の方法論としては、NATOと同じ方式で環太平洋地域の軍事同盟を形成し、その同盟がNATOと合併して世界規模の巨大な軍事同盟を築く、ということになる。そして、NATOと環太平洋の軍事同盟の両方に加盟するアメリカとカナダを介して、両同盟は地理的にも繋がる。

環太平洋の軍事同盟を実現する最も現実的な方法は、TPP（環太平洋パートナーシップ協定）をベースにすることだ。TPPは経済同盟であり、TPPが本格的に稼働すれば、加盟国の間で巨大な経済圏が生まれる。TPPが本格化するためには、アメリカに参加してもらわなければならない。日本を始め、TPPの現参加国は将来の集団防衛体制の構築を見据え、アメリカがTPPに戻るように働きかけるべきである。

巨大な経済圏が誕生し、自由・民主主義国による共存共栄の空間となれば、その空間を中国やロシアなどの独裁国から守る必要性が出てくる。その時は、TPP参加国同士でお互いを守る義務を伴う軍事同盟を結ぶことが、いちばん自然な流れである。

もちろん、いきなりＴＰＰの全参加国が自動的に軍事同盟を締結するわけではない。まずは日本などＴＰＰの主要国と、いわゆるファイブアイズ（アメリカ、イギリス、カナダ、オーストラリア、ニュージーランド、機密情報を共有する五カ国）がＮＡＴＯと同じ中身の軍事同盟を結び、明確な参加基準を設ける。その後、参加基準を満たした他のＴＰＰ参加国が徐々に加盟すればよい。

なぜそうするかというと、ＴＰＰにはベトナムやシンガポールのように、民主主義国ではない国も参加しているからだ。軍事同盟の参加基準には、自由主義経済や共通の敵の存在だけではなく、民主主義や法治主義も必要である。権威主義体制の国を民主主義国の軍事同盟に加盟させれば、いずれ必ず価値観に基づく軋轢が生じるからだ。

加盟国が増え、環太平洋の軍事同盟がＮＡＴＯと並ぶ強力な安全保障体制に成長すれば、いよいよ両同盟の合併もしくは連帯の交渉を行い、両同盟の全加盟国の承認を経て巨大な軍事同盟を形成すればよい。

ポイントは、両同盟の全加盟国は今のＮＡＴＯと同じく「一国に対する軍事攻撃は、全加盟国に対する軍事攻撃と見なす」という原則で動くべきだ、ということである。つまり、どちらかの同盟の加盟国に対する軍事攻撃は、ＮＡＴＯ全加盟国への攻撃であり、環太平洋の軍事同盟の全加盟国への攻撃であると見なされる。もしそうなれば、いかなる凶暴な国であっても、反撃を恐れて軍事攻撃をやめるだろう。

日本とウクライナは自由世界の「フロンティア」

以上のような構想が実現すれば、自由・民主主義国の巨大な軍事同盟の両端に、地理的に日本とウクライナが位置することになる。日本とウクライナはそれぞれ、自由世界の「フロンティア」である。つまり両国は、自由・民主主義の文明世界と、独裁主義の非文明世界の境目にあるということだ。独裁陣営に最も近い自由・民主主義の国の存在は、極めて重要である。「最前線」の防衛が堅固でないと、自由・民主主義陣営の全体に影響を及ぼすことになる。

もし、日本とウクライナが両国とも巨大な軍事同盟に加盟して強国になれば、間違いなく世界平和の維持に繋がる。現在の世界平和を乱す最大の勢力は、独裁侵略国の中国とロシアである。その中国とロシアの隣に、軍事力の強い日本とウクライナがあれば、極めて大きな抑止となるだろう。中ロはもはや、好き勝手に他国への侵略を行うことが難しくなる。世界平和を脅かす独裁二大国が自由に動けなくなれば、必然的に世界全体が今よりも遥かに平和になる。

日本とウクライナが自由世界のフロンティアであることは、決して楽な運命ではない。それは多くの努力や犠牲を伴う茨の道だ。最前線にいるよりも、自由世界の真ん中で自由・民主主義国に囲まれる方が遥かに楽で、安心である。

しかし、地理条件から否応なく、日本とウクライナは「自由世界のフロンティア」の位置にある。これは逃れられない運命だ。先述した巨大な軍事同盟のシミュレーションが実現するかどうかは別にして、日本とウクライナに与えられた道は「自由世界のフロンティア」になるか、「独裁陣営の属国」に成り下がるか、という二択しかない。国際情勢は「中立」というものを許さないからだ。

もちろん、もう一つの選択肢として、日本がいままで続けてきたように「自国の運命を他国に任せ、自分では何もしない」という道もある。もし日本やウクライナが何も自助努力をせず、自分達と関係のないところでアメリカが新冷戦に勝ってくれたら、われわれは助かるかもしれない。しかし人間にとって、自分で生き延びるための努力を放棄し、天に祈るだけというほど危うい選択はないのではないか。

筆者は、新冷戦でも20世紀の米ソ冷戦と同じく、アメリカが率いる自由・民主主義陣営が勝つと思う。しかし、すでに何度も言及したように、今の中ロが率いる独裁陣営は、米ソ冷戦時代の社会主義陣営よりも遥かに強く、狡猾になっている。仮に勝利したとしても、決して楽な戦いではなく、多くの犠牲を伴う辛勝になるだろう。

そして、新冷戦が何十年も続くこともほぼ間違いない。最終的に自由・民主主義陣営が勝ったとしても、戦いの途中で独裁陣営の狡猾な侵略により、ウクライナや日本が独裁陣営に征服される（あるいは属国になる）恐れは十分ある。仮に征服が一時的なものであっても、独裁国の支配は被支配国にとって大惨事だ。この事態を何としても阻止しなければならない。

以上の理由で、日本とウクライナがアメリカだけを頼りにして自国の努力を怠るのは、極めて危険な判断である。自国の安全と平和を守るために、自国で努力するのは不可欠の責務である。同時に両国は、自由世界のフロンティアであるという厳しい運命を奇貨として、明るい未来を築くことができるだろう。フロンティアはフロンティアなりの強みがあるからだ。

たしかに新冷戦の最前線ではなく、中央ヨーロッパや中ロと離れた地域に位置する太平洋地域の国は、安全保障の観点から見ると大きな脅威に晒されていない。特段、国防の努力をしなくても安全でいられる状況は羨ましい。

しかし逆に言えば、何もせずとも安全な国は戦略的に重要な拠点ではなく、自由・民主主義陣営全体の防衛において重要な役割を果たしていない、ということだ。したがって、同盟諸国はそうした国を特別扱いして積極的に支援を行うこともない。

対して、フロンティアとなる国は文字通り、陣営を守る「盾」である。「盾」を失ったら全体が被害を受けるので、「盾」となる国は重視される。このような重要な役割を果たす国に対し、積極的な支援が行われるのは当然のことだ。多くの犠牲や試練を伴うが、自由・民主主義陣営の全体の守りに貢献する国の立場は強い。「盾」となる国の意向は基本的に尊重され、陣営内の発言力も高まるだろう。つまり「盾」の役目はつらいことも多いが、自国の国益を守る手段を他の同盟国よりも多く持っている、ということだ。

もちろん、日本やウクライナは総合的な国力の面で陣営の盟主であるアメリカには叶わないので、陣営の主導権を握るまでには至らない。しかし少なくとも日本の場合、陣営内でアメリカに次ぐ影響力を持つ国にはなれるだろう。ウクライナの場合、国力の面ではヨーロッパの主要国には叶わないが、東欧において最も影響力の強い国になることが理論上、可能である。

日本は予想以上に早く大国になれる

現時点で「環太平洋の軍事同盟がＮＡＴＯと並ぶ強力な安全保障体制を構築する」というシミュレーションは絵空事に見えるかもしれない。だが、実現は決して不可能なことではない。また、文明世界と非文明世界の境目に位置するだけでは自由世界のフロンティアにはなれない。何もしなければ、独裁主義陣営に飲み込まれるだけである。フロンティアや「盾」になるためには、明確なビジョンと計り知れないほどの努力が必要である。国民の大多数の共通認識として、自国の役割は軍事強国になること、独裁陣営に立ち向かい、自由の世界を守る防波堤になることを自覚しなければならない。

ウクライナはポピュリズムから脱却し、これから責任のある愛国政権が20、30年ほど続き経済力、軍事力、国民の意識が発展していけば、自由・民主主義陣営の東端の要塞になれるだろう。

日本は平和ボケから脱却し、愛国教育を確立し、経済改革を進め、軍事力強化を実行すれば、自由・民主主義陣営の西端の要塞になれるだろう。そして、二つの要塞が東西から中ロを圧迫すれば、独裁主義陣営は身動きが取れず、世界が平和になる。

まだ発展途上のウクライナとは異なり、日本は予想以上に早く大国になれる潜在能力を持っている。精神的な面では多くの困難があるが、物理的な面における復活は早期に可能である。なぜなら日本は防衛費を2倍に増やすだけで、防衛費の総額で世界第3位になるからだ。NATO加盟国の基準である防衛費の対GDP比2%は、意思さえあれば簡単に実現できる数字だ。もちろん今後、激化する新冷戦の状況において倍増だけでは不十分だし、予算をどのように配分するかも極めて大事だ。それでも、日本は比較的少ない努力で世界有数の軍事大国になれることは間違いない。中国もそう簡単に日本に手出しはできなくなるだろう。

筆者がとくに強調したいところだが、日本が軍事強国になるのは簡単だ。防衛費を世界の多くの国の当たり前の水準に横並びさせるという少ない努力で、多大な成果を上げられる。これほど楽な話はないのではないだろうか。日本がせっかくの好条件を活かせないのは、勿体なさすぎる。潜在的に強いのに、いつまでも弱小国として振る舞うのはやめるべきであろう。

本書のまとめとして、私は日本人の読者に「日本を信じてほしい」と強く訴えたい。繰り返しになるが、今の日本はたしかに多くの問題を抱えている。しかし先述したように、日本の復活は決して不可能ではない。少ない努力で世界有数の軍事大国になれるし、軍事大国になれば、他の諸問題を解決する道筋も必ず見えてくる。日本が弱いゆえに解決されない多くの問題は、強くなれば解決できるという単純な構造である。最も重要なのは、本節で解説したように、日本が強国になることは間違いなくこの世界を今より遥かに平和にする、という点だ。日本の強国化を自由・民主主義諸国は歓迎する。日本自身のために、そして世界全体のために、日本は強くなるしかない。明るい未来が訪れるために、われわれがやるべきことは決まっている。平和の実現のために、一緒に頑張ろうではないか。

あとがき

最近の世界の動きを見ると、新冷戦はすでに始まったと言っていいでしょう。2014年に、ロシアのウクライナへの侵略から始まった米ロ対立と、2019年の貿易問題をきっかけに始まった米中対立は、ただの前兆でした。本物の新冷戦は2021年の春から始まっています。冷戦というのは、たんなる対立ではなくもっと根本的なものです。

冷戦とは、価値観が根本的に異なる国々がそれぞれの陣営に分かれ、世界の主導権をめぐって直接の武力衝突以外あらゆる手段を使い、競争する状態です。

二国間対立は、基本的に時の指導者の意思で行われるもので、政権交代によって対立は解消できます。しかし冷戦とは、構造の問題です。時の指導者の意思とは関係なく、冷戦の論理に従って動かざるを得ません。

2021年春の動きは、新冷戦の開始を示しています。今まで中国に宥和的だったEUは、天安門事件以来の対中制裁を実施しました。つまり、現状はもはや米中の二国間対立ではなく、「陣営」同士の対立です。バイデン大統領自身が「米中競争は民主主義対専制主義の戦いだ」と発言しています。またバイデンは「アメリカ政府の研究開発投資をGDP比2％まで引き上げる」と表明し、人工知能や量子コンピューターなどの先端分野において中国に優位性を譲らない姿勢を示しました。さらに、バイデンは一帯一路に対抗する新経済圏構想を提案し、中国が途上国に対して行なっている「借金漬け外交」を抑制するために、自由・民主主義陣営が積極的に途上国の支援を行うことも視野に入れています。また、中ロによる「マスク外交」や「ワクチン外交」にも対抗するため、ブリンケン国務長官が自由・民主主義諸国が協力して、ワクチンなどの医療支援を途上国に行う考えを表明しました。これは「世界の主導権を巡る競争」すなわち新冷戦そのものです。イギリスも、新冷戦に備えて核戦力の4割増を表明しています。

新冷戦はすでに開始し、いまや両陣営は結束しつつあります。欧米の連携に対し、中国、ロシア、イラン、北朝鮮は連帯を強化しています。本書で記したように、ヨーロッパには問題児となっている国もありますが、NATOという強い組織があるので、最終的にNATO加盟国は正しい旗の下に歩んでいくでしょう。

この世界の動きを受けて日本人、とくに日本の保守、愛国層は、従来の常識を変えなければなりません。いままでは状況が緊迫していたとはいえ、まだ「平時」でした。しかし、2021年の春以降は「戦時」です。戦時には戦時の常識があります。戦時に平時の常識で物事を判断することを、「平和ボケ」と言います。

日本人の一部には、事あるごとにバイデンを叩く風潮がありますが、これは平和ボケの表れです。事あるごとに安倍首相を叩いていた左翼と、全く同じ思考形式なのです。

今は戦時であり、日本が属する自由・民主主義陣営の盟主はアメリカで、その主導者はバイデン。戦時において、大きな理由もなく所属陣営の盟主のトップを罵倒するのは、利敵行為です。

戦時においては、全ての出来事を評価する時に「自国の陣営のためになっているか」「敵陣営を利することにならないか」を第一の評価基準にすべきです。愛国者のつもりで誤った認識に基づいて間違って行動し、敵陣営を利するようなことが絶対にあってはなりません。自分の思い込みによって、事実上の日米離間工作に加担している愚かな連中を、インターネット空間から追放すべきです。

新冷戦の構造が現実となった今、読者の皆さんに強く訴えたいことがあります。どうか、固定観念に陥らずに「常識」を持ってください。周りの現実をありのままに見てください。現実と何の関係もない陰謀論や作り話、オカルトのような話に振り回されないようにしてください。真偽を見極める基準は「冷戦構造において起こり得る出来事かどうか」。日本の第一の敵は中国、第二の敵はロシアです。もちろん、他に北朝鮮や国内の反日勢力などの敵もいます。

「表の敵は中国だが、裏にはもっと大きな敵がいる」などという話は、意識的か無意識かは別にして、事実上中国を利するだけなのです。

冷戦時代に生きる困難は逃れられない宿命ですが、悪いことばかりではありません。試練は多いのですが、冷戦時代なりのチャンスや生きる面白さがあります。冷戦時代が与えるチャンスについては、第4章で述べた通りです。両陣営が敵側に負けないように様々な分野で技術や思考を鍛錬する努力は、人類全体の発展を促します。たとえば冷戦期には、平時よりかなり早いペースで宇宙開発が行われました。新冷戦下の競争に伴い、人間が常駐する月面基地や火星への着陸も今世紀中に実現するでしょう。

私は本書を通して、甘い期待に陥らず、常にこの世の厳しい現実を見るように何度も訴えてきました。世界最強の軍事同盟であるNATOでさえ、完璧でも無敵でもありません。国際情勢において、実現可能なことと不可能なことを見極めることの重要性もまた、示してきました。

しかし、だからといって自信を失ってはいけません。現実主義は重要ですが、現実主義やリアリズムという名の「敗北主義」に陥ってはなりません。たとえば「日本は弱いから中国と喧嘩しない方がいい」「商売のことがあるから日本は米中対立に加わらず、中立を保った方がいい」「北方領土の全土返還は無理だから、二島返還で解決しよう」という発言は、現実主義ではありません。これは敗北主義です。

本物の現実主義とは、理想を持ちながら、実現可能な手段を全て使って現実を理想に近づけることです。手段においては、目的を達成するために可能なことと不可能なことをしっかり見極めるべきです。

しかし、目的の設定自体は決して妥協してはいけません。目的の設定はあくまでも理想、理念に基づいて行うべきです。NATOはハンガリー、チェコスロバキア、南ベトナムを見捨てましたが、共産主義の打倒という目的そのものは失わなかった。だからこそ勝てたのです。目的設定の段階で妥協することは、いわば「不戦敗」です。

自身の力を信じて、日本の復活、発展と繁栄、そして自由の勝利のために、一緒に頑張りましょう！

本書を最後まで読んでくださった皆さんに、深く感謝申し上げます。皆さんの国際情勢の理解に役に立ち、日本の世論が正しい方向に進むことに少しでも貢献できれば、私にとっては何よりも嬉しいことです。

最後に、本書の出版を可能にしてくれた方々にお礼を申し上げます。プロの言論界で生きるためのご指導を頂いた憲政史家の倉山満先生は、本書の企画で多くのアイディアやヒントを与えてくださいました。倉山工房の尾崎克之様には、数回にわたる口述取材で、本書の本文の骨組みとなった文字起こし原稿を作成して頂きました。そして、デビュー作『プーチン幻想』に続き、本書の編集を担当してくださったＰＨＰ研究所の白地利成様には、約半年間の執筆の際、大変お世話になりました。お三方に感謝して、筆をおきたいと思います。

中国とロシアのスパイが、新型コロナウイルスのワクチンのデータを盗むため、欧州医薬品庁のサーバーにサイバー攻撃を実行したニュース。ワクチン開発競争において、中ロは西洋のデータを手に入れるのに必死だった。

【第４章】

「米国が対中戦略で日本の役割拡大を期待 接近阻止に強い危機感」黒瀬悦成（『産経ニュース』2021年3月15日）(https://www.sankei.com/smp/world/news/210315/wor2103150014-s1.html)

西太平洋情勢と地域安全保障における日本の役割に関するバイデン政権の認識を紹介するニュース。アメリカは中国の脅威を理解し、日本の役割の拡大に期待している。

ドイツ連邦議会に対するサイバー攻撃の件で、EUがロシアに制裁を科したニュース。サイバー攻撃にはロシアの諜報機関「GRU」が関わっている。

США назвали серьезнейшей угрозой кибератаку Sunburst. Подозревают Россию - BBC News Русская служба (https://www.bbc.com/russian/news-55364839)
「SUNBURST」の大規模なサイバー攻撃に関するニュース。

"Пристанище шпионов": Греция обвинила Россию в подкупе, шпионаже и вмешательстве в свои дела / Н В (nv.ua) (https://nv.ua/world/geopolitics/pristanishche-shpionov-hretsija-obvinila-rossiju-v-podkupe-shpionazhe-i-vmeshatelstve-v-svoi-dela-2488146.html)
ギリシャにおける、ロシアによるスパイ活動の取り締まりに関するニュース。

「#85『中国の脅迫で夫は急死した』チェコ議長の妻が衝撃告白！」田中淳（『クーリエ・ジャポン』2020年5月8日）(https://courrier.jp/columns/199054/)
中国がチェコのクベラ上院議長を死に追いやったことを紹介するインターネット記事。

Брюссель предупредил дипломатов ЕС о сотнях шпионов из Китая и России | Новости из Германии о Европе | DW | 09.02.2019 (https://www.dw.com/ru /a-47437665)
欧州対外行動局がEU諸国の外交官に向けて、中国とロシアのスパイに注意するように促すニュース。

De Volkskrant: Мишенью хакеров из России стал лекарственный регулятор ЕС | Новости из Германии о Европе | DW | 07.03.2021 (https://www.dw.com/ru/gollandskaja-gazeta-raskryvaet-podrobnosti-kiberataki-na-lekarstvennyj-reguljator-evropy/a-56796958)

ヨーロッパのリベラルと戦う仲間だ」と発言している。

МЗС вручило ноту протесту послу Угорщини через втручання у місцеві вибори в Україні (radiosvoboda.org) (https://www.radiosvoboda.org/a/news-mzs-nota-protestu-poslu-uhorshchyny/30913301.html)
ウクライナ外務省が在ウクライナ・ハンガリー大使に対し、選挙介入について抗議を伝えたニュース。

Бритва: феномен Міло Джукановича - портал новин LB.ua (https://lb.ua/world/2018/04/17/395438_britva_fenomen_milo_dzhukanovicha.html)
ジュカノヴィチの巧妙な政治手法を紹介するインターネット記事。共産主義者やロシアを裏切って、モンテネグロを独立とNATO加盟に導いた功績を知ることができる。

Монарх и монах: реванш черногорского «воина в рясе» - портал новин LB.ua (https://lb.ua/world/2020/09/22/466443_monarh_monah_revansh_chernogorskogo.html)
ジュカノヴィチが議会選挙で敗北した経緯を解説するインターネット記事。強すぎる相手（セルビア正教会）に戦いを挑み、敗れたジュカノヴィチだが、今回の敗北でモンテネグロ全体の政治路線が変わるわけではない。

Twitter удалил 69 "российских" аккаунтов за "подрыв веры в НАТО" - РИА Новости, 23.02.2021 (ria.ru) (https://ria.ru/20210223/tvitter-1598685871.html)
ツイッターにおけるロシアの偽アカウントの大量削除に関するニュース。ロシアの世論工作の一例。

ЕС ввел новые санкции против России из-за кибератаки на бундестаг ХРГ | Новости из Германии о Европе | DW | 22.10.2020 (https://www.dw.com/ru/es-vvel-novye-sankcii-protiv-rossii-iz-za-kiberataki-na-bundestag/a-55364588)

「クリル上陸作戦75年記念硬貨」の発行を取り上げたニュース。「日本人が記念硬貨に反発している」と小馬鹿にした論調。

Российские врачи следили за здоровьем Пашиняна и Алиева перед встречей с Путиным - политолог (ekhokavkaza.com) (https://www.ekhokavkaza.com/a/31041970.html)
ロシアの医師団が、アゼルバイジャンのアリエフ大統領とアルメニアのパシニャン首相を検査したニュース。

Дворец для Путина. История самой большой взятки - YouTube (https://www.youtube.com/watch?v=ipAnwilMncI)
プーチンの汚職を暴くナワリヌイの動画。プーチンは世界最高級の豪邸に住み、想像を絶するほどの贅沢をしている。不正を通じて億万長者となった側近達と共に、国家予算を私物化している。

【第3章】
"Стоп Сорос". Как в Венгрии борются с врагами российскими методами (svoboda.org) (https://www.svoboda.org/a/29034764.html)
ハンガリーのオルバーン政権が展開した「ソロス陰謀論」に関するニュース。

Chinese university to open Budapest campus as Orban tilts to Beijing | Financial Times (ft.com) (https://www.ft.com/content/55565169-98f3-4391-8df8-5adf30d814f9)
オルバーン政権が中国の大学のキャンパス建設を歓迎するニュース。

Times: Орбан объявил Трампа главным союзником в войне с «чокнутыми» европейскими либералами - ИноТВ (rt.com) (https://russian.rt.com/inotv/2020-09-23/Times-Orban-obyavil-Trampa-glavnim)
オルバーンが、アメリカ大統領選挙でトランプの勝利を望んでいることを報じたニュース。オルバーンは「トランプは、頭がいかれた

った回。

Первая дырка в железном занавесе. 30 лет "Европейскому пикнику" - BBC News Русская служба (https://www.bbc.com/russian/features-49395088)
１９８９年におけるヨーロッパの「ピクニック」（第４節参照）を振り返るインターネット記事。「鉄のカーテン」に初めて「穴が開いた」と言える出来事。

「米、中国共産党員のビザを大幅制限 最大１０年を１カ月に 」黒瀬悦成（『産経ニュース 』2020年12月4日）（https://www.sankei.com/world/news/201204/wor2012040007-n1.html）
トランプ政権による、中国共産党員のビザ制限を取り上げたニュース。トランプ政権の対中路線の本質が窺える。

Полный текст поправок к Конституции: что меняется? (duma.gov.ru) (http://duma.gov.ru/news/48045/)
ロシアの憲法改正における改正箇所の全文（ロシア議会下院の公式サイト）。

https://twitter.com/rusembassyj/status/1292569445836050432
日本を侮辱する、駐日ロシア大使館の公式ツイッターアカウントの連続投稿。

(11) The Embassy of the Russian Federation to Japan - 投稿 | Facebook（https://www.facebook.com/permalink.php?story_fbid=2313697012110143&id=317708145042383）
駐日ロシア大使館の公式フェイスブックアカウントに掲載された、日本を侮辱するロシア外務省のコメント。

Японцы против юбилейной монеты РХ «Курильская десантная операция 1945 года» - ИА REGNUM (https://regnum.ru/news/polit/3037529.html)

Nhu)
マダム・ゴ・ディン・ヌー（チャン・レ・スアン）に関するウィキペディアの記事。

『嘘だらけの日米近現代史』倉山満（扶桑社新書、2012年）
憲政史家が独自の観点から日米関係とアメリカの歴史を解説する著作。

『嘘だらけの日露近現代史』倉山満（扶桑社新書、2015年）
同じく、独自の観点から日ロ関係とロシアの歴史を解説した著作。

Швейцер Петер. Победа. Роль тайной стратегии администрации США в распаде Советского Союза и социалистического лагеря. Издательство Авест. 1995
レーガン政権の対ソ連戦略を解説する著作。とくにCIAやケイシー長官の活動に重きが置かれている。

Cold War - Star Wars [E22/24] - YouTube (https://www.youtube.com/watch?v=BgSEwz28YR4&list=PL3H6z037pboGWTxs3xGP7HRGrQ5dOQdGc&index=21)
米ソ冷戦を解説するCNNの番組。レーガンによる軍拡競争とゴルバチョフ政権初期の内実を取り上げた回。

Cold War - The Wall Comes Down [E23/24] - YouTube (https://www.youtube.com/watch?v=kAHhS43P2hE&list=PL3H6z037pboGWTxs3xGP7HRGrQ5dOQdGc&index=22)
米ソ冷戦を解説するCNNの番組。ハンガリーの改革、東ドイツの民主化、東欧解放を取り上げた回。

Cold War- Conclusions [E24/24] - YouTube (https://www.youtube.com/watch?v=xidgcMW-LpA&list=PL3H6z037pboGWTxs3xGP7HRGrQ5dOQdGc&index=23)
米ソ冷戦を解説するCNNの番組。ソ連崩壊を取り上げ、総括を行な

日本の防衛費を解説するインターネット記事。防衛費の対GDP比のグラフで、比率が全く増えていないことが分かる。

Френов В. В. Хактор Корейской войны в процессе вступления Турции в НАТО / В. В. Френов // Международные отношения в XIX - XXI веках : Сборник трудов молодых исследователей. - Вып. 3. - Екатеринбург: Изд-во Урал. ун-та, 2007. - С. 89-95.
ロシアの研究者による研究論文。朝鮮戦争への参戦がどのようにトルコのNATO加盟に影響を及ぼしたかを考察する内容。トルコ人の努力が窺える。

Краткая история Германии / Пер. с нем. -М : Издательство «Весь Мир», 2004. — 256 с : илл. - (Национальная история)
ドイツの歴史。ドイツ人が書いた通史がロシア語に翻訳されたもの。

【第２章】
Венгерское восстание (1956) - Википедия (wikipedia.org) (https://ru.wikipedia.org/wiki/%D0%92%D0%B5%D0%BD%D0%B3%D0%B5%D1%80%D1%81%D0%BA%D0%BE%D0%B5_%D0%B2%D0%BE%D1%81%D1%81%D1%82%D0%B0%D0%BD%D0%B8%D0%B5_(1956))
ハンガリー動乱に関するウィキペディアの記事（ロシア語）。

Пражская весна - Википедия (wikipedia.org) (https://ru.wikipedia.org/wiki/%D0%9F%D1%80%D0%B0%D0%B6%D1%81%D0%BA%D0%B0%D1%8F_%D0%B2%D0%B5%D1%81%D0%BD%D0%B0)
プラハの春に関するウィキペディアの記事（ロシア語）。

Vietnam War - Wikipedia (https://en.wikipedia.org/wiki/Vietnam_War)
ベトナム戦争に関するウィキペディアの記事。

Madame Nhu - Wikipedia (https://en.wikipedia.org/wiki/Madame_

主要参考文献

【第１章】
NATO - Official text: Североатлантический договор, 04-Apr.-1949 (https://www.nato.int/cps/ru/natohq/official_texts_17120.htm)
北大西洋条約の全文（ロシア語訳）。

NATO - Wikipedia (https://en.wikipedia.org/wiki/NATO)
NATOに関するウィキペディアの記事。NATOの結成の経緯、NATOの歴史について参照。

https://worldjpn.grips.ac.jp/documents/texts/docs/19490404.T1J.html
北大西洋条約の全文（日本語訳）。

Тресковые войны - конфликт между Исландией и Великобританией из-за рыбы трески | Рыбная война (stoneforest.ru) (https://stoneforest.ru/event/history/treskovye-vojny/)
イギリスとアイスランドの間に繰り広げられた「タラ戦争」の原因、経緯、結末を解説する記事。軍事力のない小国が大国に勝つ手段について解説している。

Шантаж как оружие: тресковые войны | Warspot.ru (https://warspot.ru/5020-shantazh-kak-oruzhie-treskovye-voyny)
同上。

Страницы истории: Тресковые войны - RUS.IS (https://rus.is/stranicy-istorii-treskovye-vojny/)
同上。

「日本の防衛費の実情をさぐる」不破雷蔵（『Yahoo!ニュース』2020年５月12日）(https://news.yahoo.co.jp/byline/fuwaraizo/20200512-00177391/)

PHP新書

PHP INTERFACE
https://www.php.co.jp/

グレンコ・アンドリー [Gurenko Andrii]

国際政治学者。1987年、ウクライナ・キエフ生まれ。2010年から11年まで早稲田大学で語学留学。同年、日本語能力検定試験1級合格。12年、キエフ国立大学日本語専攻卒業。13年、京都大学へ留学。19年、京都大学大学院人間・環境学研究科博士後期課程指導認定退学。アパ日本再興財団主催第9回「真の近現代史観」懸賞論文学生部門優秀賞(2016年)。ウクライナ情勢、世界情勢について講演・執筆活動を行なっている。著書に『プーチン幻想』(PHP新書)、『ウクライナ人だから気づいた日本の危機』『日本を取り巻く無法国家のあしらい方』(以上、扶桑社)がある。

NATOの教訓

世界最強の軍事同盟と日本が手を結んだら

PHP新書 1261

二〇二一年五月二十七日 第一版第一刷
二〇二二年四月 七 日 第一版第二刷

著者――グレンコ・アンドリー
発行者――永田貴之
発行所――株式会社PHP研究所
東京本部――〒135-8137 江東区豊洲5-6-52
第一制作部 ☎03-3520-9615(編集)
普及部 ☎03-3520-9630(販売)
京都本部――〒601-8411 京都市南区西九条北ノ内町11
組版――有限会社メディアネット
装幀者――芦澤泰偉+児崎雅淑
印刷所
製本所――図書印刷株式会社

ISBN978-4-569-84936-2

ＰＨＰ新書刊行にあたって

「繁栄を通じて平和と幸福を」(PEACE and HAPPINESS through PROSPERITY)の願いのもと、ＰＨＰ研究所が創設されて今年で五十周年を迎えます。その歩みは、日本人が先の戦争を乗り越え、並々ならぬ努力を続けて、今日の繁栄を築き上げてきた軌跡に重なります。

しかし、平和で豊かな生活を手にした現在、多くの日本人は、自分が何のために生きているのか、どのように生きていきたいのかを、見失いつつあるように思われます。そして、その間にも、日本国内や世界のみならず地球規模での大きな変化が日々生起し、解決すべき問題となって私たちのもとに押し寄せてきます。

このような時代に人生の確かな価値を見出し、生きる喜びに満ちあふれた社会を実現するために、いま何が求められているのでしょうか。それは、先達が培ってきた知恵を紡ぎ直すこと、その上で自分たち一人一人がおかれた現実と進むべき未来について丹念に考えていくこと以外にはありません。

その営みは、単なる知識に終わらない深い思索へ、そしてよく生きるための哲学への旅でもあります。弊所が創設五十周年を迎えましたのを機に、ＰＨＰ新書を創刊し、この新たな旅を読者と共に歩んでいきたいと思っています。多くの読者の共感と支援を心よりお願いいたします。

一九九六年十月

ＰＨＰ研究所